·大学生创新实践系列丛书·

大学生人文素养与科技创新

胡列 ◎ 著

Cultural Literacy and Technological Innovation for College Students

清华大学出版社
北京

本书封面贴有清华大学出版社防伪标签，无标签者不得销售。
版权所有，侵权必究。举报：010-62782989，beiqinquan@tup.tsinghua.edu.cn

图书在版编目（CIP）数据

大学生人文素养与科技创新 / 胡列著. -- 北京：清华大学出版社, 2024.9. -- (大学生创新实践系列丛书).
ISBN 978-7-302-67316-3

Ⅰ．G640

中国国家版本馆 CIP 数据核字第 2024ML7970 号

责任编辑：付潭蛟
封面设计：胡梅玲
责任校对：王荣静
责任印制：丛怀宇

出版发行：清华大学出版社
网　　址：https://www.tup.com.cn，https://www.wqxuetang.com
地　　址：北京清华大学学研大厦 A 座　　　邮　编：100084
社 总 机：010-83470000　　　　　　　　　邮　购：010-62786544
投稿与读者服务：010-62776969，c-service@tup.tsinghua.edu.cn
质 量 反 馈：010-62772015，zhiliang@tup.tsinghua.edu.cn
课 件 下 载：https://www.tup.com.cn，010-83470332

印 装 者：三河市天利华印刷装订有限公司
经　　销：全国新华书店
开　　本：185mm×260mm　　　印　张：15.5　　　字　数：359 千字
版　　次：2024 年 11 月第 1 版　　　　　　　印　次：2024 年 11 月第 1 次印刷
定　　价：79.00 元

产品编号：106580-01

作 者 简 介

胡列，博士，教授，1963年出生，毕业于西北工业大学，1993年初获工学博士学位，师从中国航空学会原理事长、著名教育家季文美大师，现任西安理工大学高科学院董事长、西安高新科技职业学院董事长。

胡列博士先后被中央电视台《东方之子》栏目特别报道，荣登《人民画报》封面，被评为"陕西省十大杰出青年""陕西省红旗人物""中国十大民办教育家""中国民办高校十大杰出人物""中国民办大学十大教育领袖""影响中国民办教育界十大领军人物""改革开放30年中国民办教育30名人""改革开放40年引领陕西教育改革发展功勋人物"等，被众多大型媒体誉为创新教育理念最杰出的教育家之一。

胡列博士先后发表上百篇论文和著作，近年分别在西安交通大学出版社、华中科技大学出版社、哈尔滨工业大学出版社、清华大学出版社、人民日报出版社、未来出版社等出版的专著和教材见下表。

复合人才培养系列丛书：	概念力学系列丛书：
高新科技中的高等数学	概念力学导论
高新科技中的计算机技术	概念机械力学
大学生专业知识与就业前景	概念建筑力学
制造新纪元：智能制造与数字化技术的前沿	概念流体力学
仿真技术全景：跨学科视角下的理论与实践创新	概念生物力学
艺术欣赏与现代科技	概念地球力学
科技驱动的行业革新：企业管理与财务的新视角	概念复合材料力学
实践与认证全解析：计算机-工程-财经	概念力学仿真
在线教育技术与创新	实践数学系列丛书：
完整大学生活实践与教育管理创新	科技应用实践数学
大学生心理健康与全面发展	土木工程实践数学
科教探索系列丛书：	机械制造工程实践数学
科技赋能大学的未来	信息科学与工程实践数学
科技与思想的交融	经济与管理工程实践数学
未来科技与大学生学科知识演进	大学生创新实践系列丛书：
未来行业中的数据素养与职场决策支持	大学生计算机与电子创新创业实践
跨学科驱动的技能创新与实践	大学生智能机械创新创业实践
大学生复杂问题分析与系统思维应用	大学物理应用与实践
古代觉醒：时空交汇与数字绘画的融合	大学生现代土木工程创新创业实践
思维永生	建筑信息化演变：CAD-BIM-PMS融合实践
时空中的心灵体验	创新思维与创造实践
新工科时代跨学科创新	大学生人文素养与科技创新
智能时代教育理论体系创新	我与女儿一同成长
创新成长链：从启蒙到卓越	智能时代的数据科学实践

AuthorBiography

Dr. Hu Lie, born in 1963, is a professor who graduated from Northwestern Polytechnical University. He obtained his doctoral degree in Engineering in early 1993 under the guidance of Professor Ji Wenmei, the former Chairman of the Chinese Society of Aeronautics and Astronautics and a renowned educator. Dr. Hu is currently the Chairman of the Board of Directors of The Hi-Tech College of Xi'an University of Technology and the Chairman of the Board of Directors of Xi'an High-Tech University. He has been featured in special reports by China Central Television as an "Eastern Son" and appeared on the cover of "People's Pictorial" magazine. He has been recognized as one of the "Top Ten Outstanding Young People in Shaanxi Province" "Red Flag Figures in Shaanxi Province" "Top Ten Private Educationists in China" "Top Ten Outstanding Figures in Private Universities in China" "Top Ten Education Leaders in China's Private Education Sector" "Top Ten Leading Figures in China's Private Education Field" "One of the 30 Prominent Figures in China's Private Education in the 30 Years of Reform and Opening Up" and "Contributor to the Educational Reform and Development in Shaanxi Province in the 40 Years of Reform and Opening Up" among others. He has been acclaimed by numerous major media outlets as one of the most outstanding educators with innovative educational concepts.

Dr. Hu Lie has published over a hundred papers and books. In recent years, his monographs and textbooks have been published by the following presses: Xi'an Jiaotong University Press, Huazhong University of Science and Technology Press, Harbin Institute of Technology Press, Tsinghua University Press, People's Daily Press, and Future Press. The details are listed in the table below.

Composite Talent Development Series:	*Conceptual Mechanics Series:*
Advanced Mathematics in High-Tech Science and Technology	Introduction to Conceptual Mechanics
Computer Technology in High-Tech Science and Technology	Conceptual Mechanical Mechanics
College Students' Professional Knowledge and Employment Prospects	Conceptual Structural Mechanics
The New Era of Manufacturing: Frontiers of Intelligent Manufacturing and Digital Technology	Conceptual Fluid Mechanics
Panorama of Simulation Technology: Theoretical and Practical Innovations from an Interdisciplinary Perspective	Conceptual Biomechanics
Appreciation of Art and Modern Technology	Conceptual Geomechanics
Technology-Driven Industry Innovation: New Perspectives on Enterprise Management and Finance	Conceptual Composite Mechanics
Practical and Accredited Analysis: Computing-Engineering-Finance	Conceptual Mechanics Simulation
Online Education Technology and Innovation	*Practical Mathematics Series:*
Comprehensive University Life: Practice and Innovations in Educational Management	Applied Mathematics in Science and Technology
College Student Mental Health and Holistic Development	Applied Mathematics in Civil Engineering
Science and Education Exploration Series:	Applied Mathematics in Mechanical Manufacturing Engineering
The Future of Universities Empowered by Technology	Applied Mathematics in Information Science and Engineering
The integration of technology and thought	Applied Mathematics in Economics and Management Engineering
Future Technology and the Evolution of University Student Disciplinary Knowledge	*College Student Innovation and Practice Series:*
Data Literacy and Decision Support in Future Industries	College Students' Innovation and Entrepreneurship Practice in Computer and Electronics
Interdisciplinary-Driven Skill Innovation and Practice	College Students' Innovation and Entrepreneurship Practice in Intelligent Mechanical Engineering
Complex Problem Analysis and Applied Systems Thinking for University Students	University Physics Application and Practice
Ancient Awakenings: The Convergence of Time, Space, and Digital Painting	College Students' Innovation and Entrepreneurship Practice in Modern Civil Engineering
Mind Eternal	Evolution of Architectural Informationization: CAD-BIM-PMS Integration Practice
Mind Experiences Across Time and Space	Innovative Thinking and Creative Practice
Interdisciplinary Innovation in the Era of New Engineering	Cultural Literacy and Technological Innovation for College Students
Innovative Educational Theories and Systems in the Intelligent Era	Growing Up Together with My Daughter
The Innovation Growth Chain: From Enlightenment to Excellence	Data Science Practice in the Age of Intelligence

丛 书 序

在这个充满变革的新时代，创新成了推动科学、技术与社会发展的核心动力。作为一位长期从事教育工作的院士，我对于推动创新教育的重要性有着深刻的认识。胡列教授编写的"大学生创新实践系列丛书"，以其全面深入的内容和实践导向的特色，为我们呈现了一个关于如何将创新融入教育和生活的精彩蓝图。

该系列丛书从《大学生计算机与电子创新创业实践》开始，直观展示了在计算机科学和电子工程领域中，理论与实践如何结合，推动了技术的突破与应用。接着，《大学生智能机械创新创业实践》与《大学物理应用与实践》进一步拓展了我们的视野，展现了在机械工程和物理学中，创新思维如何引领技术发展，解决实际问题。同时，《智能时代的数据科学实践》介绍了数据科学在智能时代的应用，结合深度学习、人工智能等技术，通过案例展示其在金融、医疗、制造等领域的潜力，帮助读者提升创新能力。

更进一步，《大学生现代土木工程创新创业实践》与《建筑信息化演变》让我们见证了土木工程和建筑信息化在当今社会中的重要性，以及它们如何通过创新实践，促进了建筑领域的革新。

在《创新思维与创造实践》和《大学生人文素养与科技创新》中，胡列教授通过探讨创新思维与人文素养的关键作用，展示了如何在快速发展的科技时代中，保持人文精神的指引和多元思维的活力。《创新思维与创造实践》不仅跳出了具体技术领域的局限，强调了创新思维的力量及其在跨学科问题解决中的应用；而《大学生人文素养与科技创新》则强调了人文素养在激发创新思维、推动技术进步中的独特价值，鼓励读者在追求科技进步的同时，不忘人文关怀。

在《我与女儿一同成长》中，胡列教授用自己与女儿的成长故事，向我们展示了教育、成长与创新之间的紧密联系。这不仅是一本关于个人成长的书，更是一本关于如何在生活中实践创新的指导书。

通过胡列教授的这套丛书，我们不仅能学习到具体的技术和方法，更能领会到创新思维的重要性和普遍适用性。这套丛书对于任何渴望在新时代中取得进步的学生、教师以及所有追求创新的人来说，都是一份宝贵的财富。

因此，我特别推荐"大学生创新实践系列丛书"给所有人，特别是那些对创新有着无限热情的年轻学子。让我们携手，一同在创新的道路上不断前行，为构筑一个更加美好的未来而努力。

杜彦良

中国工程院院士

国家科技进步奖特等奖 2 项、一等奖 1 项

国家教学成果奖一等奖 1 项

2024 年 9 月

前　言

  我们生活在一个日新月异的时代。智能手机、人工智能、生物技术等都在深刻地改变着我们的生活方式和思维模式。然而，在这样的时代背景下，人文的重要性却常常被忽视或被淡化。作为大学生的你，可能更容易被各种尖端科技吸引，而忽略了那些伴随着人类历史发展而来的丰富的文化与思想。

  本书的初衷，就是希望能够搭建一个桥梁，连接人文与科技，为大学生展现这两者间的无限可能性。不仅如此，本书更期望能够培养读者对科技与人文交叉学科的兴趣，进而鼓励更多的创新思考。

  在第 1 部分，我们会探讨文学与科技如何交织在一起，从古代的神话和传说到现代的科幻小说，都与我们所使用的技术息息相关。

  在第 2 部分，我们会在历史的长河中寻找科技的踪迹，看它如何影响历史的走向，以及与各种文化背景下的人文交互。

  在第 3 部分，我们将探索哲学家是如何看待科技的，以及科技如何影响了他们的哲学思考。

  在第 4 部分，我们会看到，在艺术的各个领域中，技术不仅是工具，更是启发创意的源泉。

  通过这本书，我们希望大学生能够认识到，技术不仅仅是冷硬的代码或机器，它也蕴含着人类的情感、哲理和审美。同样，人文也不应仅仅被视为过去的产物，它们与现代技术一样，都在塑造着我们的未来。

  最后，我希望本书不仅能为大学生提供知识，更能激发出他们的好奇心和创新精神，让他们在探索科技的同时，也能够深入人文的无穷魅力之中。在科技与人文的交汇中，我相信每个大学生都能找到自己的位置，为构建一个更美好的未来做出自己的贡献。

  祝愿每一位读者都能在本书中找到启发与感悟，愿人文与科技永远与你同行。

胡　列
2023 年 10 月

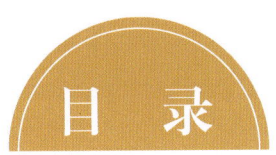

目 录

引言 1

第 1 部分　文学与科技创新

第 1 章　西方著名文学与科技的交织 7
1.1　古代的预言与幻想 7
1.2　科幻文学的崛起与人文挑战 16
1.3　现代视角下的文学与技术 23
1.4　思考题和课程论文研究方向 26

第 2 章　中国文学中的技术与创新 28
2.1　古代文明与科技启示 28
2.2　近现代的技术与文学的碰撞 36
2.3　当代文学与技术：冲突与和谐 43
2.4　思考题和课程论文研究方向 49

第 3 章　全球化背景下的技术影响 50
3.1　中国文学在全球通信中的位置 50
3.2　技术、身份与现代中国文学 53
3.3　技术对中国文学的双重挑战 56
3.4　思考题和课程论文研究方向 59

第 2 部分　历史与科技创新

第 4 章　古代文明与科技之花 63
4.1　中国古代的科技奇迹 63
4.2　中国古代科学著作 68
4.3　西方古代文明的技术印迹 72
4.4　思考题和课程论文研究方向 76

第 5 章 中世纪的交叉与融合 ... 77
- 5.1 丝绸之路与科技传播 ... 77
- 5.2 中世纪的科技进步 ... 82
- 5.3 古代中国的天文与历法研究 ... 86
- 5.4 思考题和课程论文研究方向 ... 89

第 6 章 近代科技革命与文明冲突 ... 91
- 6.1 工业革命与技术的跃进 ... 91
- 6.2 科技与近代文明的碰撞 ... 96
- 6.3 思考题和课程论文研究方向 ... 101

第 7 章 现代技术的快速演进与全球影响 ... 102
- 7.1 20 世纪初的科技革命 ... 102
- 7.2 信息时代的兴起 ... 105
- 7.3 当代技术的伦理与挑战 ... 109
- 7.4 思考题和课程论文研究方向 ... 112

第 3 部分　哲学与科技创新

第 8 章 古代哲学与初期技术探索 ... 115
- 8.1 古代东方哲学与技术的哲理 ... 115
- 8.2 古希腊哲学与技术的探讨 ... 117
- 8.3 古印度哲学与技术思考 ... 120
- 8.4 思考题和课程论文研究方向 ... 123

第 9 章 启蒙时代的哲学与科技蜕变 ... 124
- 9.1 东方的启蒙：思想解放与技术崛起 ... 124
- 9.2 西方启蒙时代与技术的突破 ... 127
- 9.3 思考题和课程论文研究方向 ... 131

第 10 章 后现代哲学与技术的再思考 ... 132
- 10.1 技术决定论与后现代批判 ... 132
- 10.2 后现代主义与数字技术 ... 134
- 10.3 中国后现代思潮与技术 ... 137
- 10.4 思考题和课程论文研究方向 ... 141

第 11 章 马克思主义哲学与技术在中国特色社会主义背景下的交融 ... 142
- 11.1 马克思与恩格斯的技术哲学基石 ... 142
- 11.2 中国特色社会主义背景下的技术发展与哲学内涵 ... 145
- 11.3 中国特色社会主义下的技术伦理与文化反思 ... 149

11.4 未来展望：马克思主义哲学在技术创新时代的新任务 ················· 151
11.5 思考题和课程论文研究方向 ·· 154

第 4 部分　艺术与科技创新

第 12 章　古典艺术与初期技术的对话 ·· 157
12.1 古代艺术的技术原点 ··· 157
12.2 传统艺术手工技术的崛起 ··· 162
12.3 技术与古代艺术的影响与未来展望 ··· 165
12.4 思考题和课程论文研究方向 ·· 168

第 13 章　文艺复兴时期的艺术与技术交融 ··· 170
13.1 技术革命与文艺复兴 ··· 170
13.2 光与影的魔法：绘画技术的变革 ·· 175
13.3 文艺复兴时期的雕塑与技术 ·· 179
13.4 思考题和课程论文研究方向 ·· 183

第 14 章　印象派与现代艺术中的科技应用 ··· 185
14.1 印象派：自然光线与新颜料 ·· 185
14.2 现代艺术与工业技术 ··· 189
14.3 电影与摄影：科技与视觉艺术 ··· 193
14.4 思考题和课程论文研究方向 ·· 198

第 15 章　中国古代的艺术与科技交汇 ··· 199
15.1 古代建筑与城市规划的智慧 ·· 199
15.2 绘画与书法：天人合一的哲学 ··· 204
15.3 古代音乐与器乐技术 ··· 209
15.4 中国古代的雕塑与工艺品 ··· 212
15.5 古代中国的技术与艺术在现代的影响 ·· 215
15.6 思考题和课程论文研究方向 ·· 216

第 16 章　数字艺术与未来的创意边界 ··· 218
16.1 虚拟现实（VR）与艺术的新维度 ·· 218
16.2 人工智能与创意产生 ··· 222
16.3 跨学科的科技与艺术的融合 ·· 227
16.4 思考题和课程论文研究方向 ·· 232

结语 ·· 233

引　言

在万物的交响中，人文与科技如两条河流，深深扎根于生命之树早已成为生命之树上不可或缺的两条主干。在历史的长河中，这两条河流并不是分隔开的，而是相互融合、相互碰撞，共同塑造了人类的文明。在夜空下，当古人抬头仰望星辰，他们的心中满是诗意和对宇宙的好奇。那一颗颗闪烁的星星，不仅激发了他们的文学幻想，也成为古代航海者的导航工具。而今，我们用先进的望远镜探索这片宇宙，又何尝不是在为文学创作提供更多的想象空间？

科技，似乎总是在冷硬的逻辑中寻找答案，而人文，则是在情感和思考中找寻意义。然而，当这两者融为一体时，便能创造出令人叹为观止的奇迹。科技让文字得以流传，使古老的传说和智慧得以永续。同时，人文为科技赋予了灵魂和价值，使冰冷的机器和代码变得充满生命力。

本书将带领您探索这两大力量是如何在历史的舞台上交织、碰撞、共生的。我们希望通过这一旅程，您能更深入地理解人文与科技之间的微妙关系，以及它们是如何共同塑造了我们的世界的。

想象一下，当古人首次用笔沾墨，在纸上写出文字时，那是人文与科技的完美融合：一个可以传递思想和情感的工具应运而生。每一次技术的突破，从火的使用到印刷术的发明，都带着人文的温度和味道，因为其背后都蕴含着人们对美好生活的渴望。

而反观历史上的文学作品，我们常常能发现技术与未来的影子。乌托邦式的天堂，或是反乌托邦的地狱，不正是对科技进步可能带来的影响的思考吗？文学家们用他们敏锐的洞察力预见了科技的走向，并用文字警醒世人。

在创新的道路上，人文与科技是最好的伙伴，它们互相激发、互相启示。当科技为人文打开新的门户时，人文也为科技指明了前进的方向。这种紧密的关系是不断推动历史前进的动力。就像一场精彩的对话，它们彼此倾听、回应，共同塑造出一个丰富多彩的世界。

举个例子，互联网的崛起为人们提供了无比便捷的信息交流方式，但正是人文关心的话题——真实、自我、身份和隐私——使得这一科技如此复杂而又引人入胜。在数字化的世界中，我们在追求速度和效率的同时，更深入地反思我们与世界的关系，以及这种关系如何影响我们的日常生活。

每一次科技革命的背后都有人类的思想和情感在指导。从蒸汽机到人工智能，每一次跨越都伴随着对自然、对人类、对未来的思考与反思。而这些思考与反思的背后，都有着人文的影子。我们身处的这个时代，就像一座既古老又现代的城市，高楼大厦与古老的庙宇并立，繁忙的道路上，现代汽车与古老的马车共行。而在这座城市之中，每一个人、每一个角落，都饱含着古与今、人文与科技的故事。我们使用科技创新来追求更好的生活，但很多时候，真正的答案往往隐藏在人文的叙事中。

当科技以闪电般的速度为我们带来新的发明和变革时，人文则像一位慈祥的母亲，温柔地为我们讲述过去的故事，引导我们去理解和反思。这种反思使我们更加关注于技术背后的人性、伦理和意义，而不仅仅是冷硬的代码和机器。而当人文向我们揭示生活的意义和深度时，科技则为我们提供了一个全新的视角和方式去探索和体验。在这种相互作用下，我们更容易明白自己的定位，找到生活的平衡点。在这个数字化、全球化的时代，如果缺少了科技的力量，我们可能会失去与外界的联系，变得孤立无援。但如果失去了人文的智慧，我们可能会在科技的海洋中迷失方向，忘记自己真正的目的。

从人类文明的初步崛起到现代社会的高速发展，人文与科技的融合一直是推动历史前进的主要动力。这种融合不仅塑造了我们的生活方式，也在很大程度上决定了社会的进步与文化的形成。

古代文明的黄金时期，在古埃及，出现了工程奇迹如金字塔、壮观的神庙和灌溉系统。而这些技术背后，其实是古埃及人对于死后生命、宇宙和神明的人文思考。技术和文化在这里完美融合，一方面为王权稳固提供了物质基础，另一方面也使得古埃及文化得以流传千古。

再看古希腊，哲学、数学和天文学的兴起推动了科学思维的发展。在这里，人文与科技并非是相互排斥的，而是相辅相成的。柏拉图的洞穴寓言探讨了真实与幻觉的关系，而阿基米德则通过实践发现了浮力原理。这种人文与科技的交融，为欧洲文艺复兴铺设了道路。

当我们转向古代中国，我们看到了印刷术、火药和指南针的发明。这些伟大的发明不仅是科技的产物，更是中华文明对和谐、道与物的关系的深入探索的结果。印刷术的出现使儒家、道家和佛家的思想得以广泛传播，为整个东亚地区的文化交流打下了基础。

当我们走进现代社会，数字化、互联网和人工智能的崛起正在彻底改变我们的生活方式。但与此同时，我们也看到了文化和艺术如何影响着技术的发展。例如，科幻小说中的预测激发了科学家和工程师的创新灵感，而现代艺术也开始融合科技的元素，为我们展现了一个既神秘又具有现实感的未来。在这个高度互联的时代，社交媒体和数字技术为文化的传播提供了史无前例的速度和广度，各种传统与现代文化在这个巨大的网络空间中相互碰撞、交融，创造出全新的艺术形式和文化表达。

举个例子，全球流行的电子音乐节和虚拟现实艺术展览，都是技术与文化的完美结合。这些活动不仅展示了先进技术的魅力，同时也为艺术家提供了一个全新的舞台，使他们可以跨越地域与文化的界限，与全球的观众分享他们的作品和创意。另外，随着人工智能和机器学习技术的进步，我们看到了计算机在音乐、绘画和文学创作中的应用。这不仅是机器模仿人类的创意，更是一种全新的艺术表达方式的诞生，挑战了我们对"创作"和"艺术"的传统定义。

从古至今，人文与科技始终是相互激励、相辅相成的。它们共同推动了人类社会的进步，为我们带来了无数的文化瑰宝和技术奇迹。而在未来，这种融合只会变得更加紧密，带领我们走向一个更加丰富、多彩的新世界。

在当今这个快速变革的时代，教育正面临着前所未有的挑战和机遇。特别是对于大学生，他们正处在一个知识爆炸、信息泛滥和技术迭代极速的时代。在这样的背景下，人文与科技的结合在大学教育中显得尤为重要。

人文教育对大学生来说是一个锻炼批判思维、独立思考和树立价值观念的过程。它培养了学生对社会、历史和文化的深入理解，使他们能够更加全面地看待世界，更加深刻地理解自我与他者。在此基础上，他们能够发展出更加完善和多元的思维方式，对待复杂问题有更加独特和深入的见解。

科技教育则为大学生提供了解决实际问题、应对现代社会挑战的工具。它不仅培养了学生的实际操作能力和逻辑分析能力，还培养了他们对于新技术、新方法的敏感性和创新能力。尤其在数字化、全球化的背景下，掌握先进的科技知识和技能，对大学生的未来职业发展和社会适应能力的培养都至关重要。

但单纯的人文教育可能使大学生过于理论化、抽象化，缺乏实际操作能力；而纯粹的科技教育则可能使大学生过于注重工具和技能，忽视人的情感、价值和社会责任。因此，将人文与科技结合在一起，可以使大学生得到一个更加完整和均衡的教育体验。这样的教育不仅是为了获取知识，更重要的是培养一个有情感、有责任感、有创新精神的"完整人"。

现代大学生在专业学习与实践中，往往面临着人文与科技之间的平衡问题。那么，他们如何在两者之间取得平衡呢？本书给出以下几点建议。

鼓励大学生选择跨学科的课程，结合自己的专业进行学习。例如，计算机专业的学生可以选择哲学、艺术或文学课程，而文学专业的学生则可以学习数字技术或数据分析的课程。

在实际的项目或研究等实践中，鼓励大学生结合人文与科技的知识。例如，在设计一个新的 App 或产品时，除了注重技术层面，还需要对用户的心理、文化背景和需求有深入的了解。

在团队项目中，大学生可以与来自不同背景和专业的同学合作，这样可以促使他们从不同的角度看问题，实现知识和技能的交互融合。

科技发展日新月异，大学生需要持续学习，更新自己的知识体系。同时，他们也应该深入了解人类历史、哲学、艺术和其他人文领域的知识，以帮助自己更好地理解和评估技术的影响。

未来，随着算法和计算能力的进步，机器将更加智能，可以完成更复杂的任务，甚至进行创意性的工作。虚拟现实与增强现实将为人们提供更真实、沉浸式的体验，改变人们教育、娱乐和工作的方式。基因编辑、脑机接口等生物技术将进一步得到推进，可能让人类达到前所未有的生物层面的自我优化。自动化与无人驾驶技术将极大地影响传统的生产方式和交通模式。

技术将促进全球生产力的提升，带来更多的创新机会。从教育到医疗，人们可以得到更加个性化、量身定制的服务。新的艺术形式、文化现象和教育方式可能会出现，如利用虚拟现实技术进行历史教学，使学生更加身临其境地了解历史。

随着技术的进步，我们会面临诸多尚无明确答案的伦理问题。例如，基因编辑是否应当用于增强人类能力？AI 决策过程的透明度如何保障，才能确保机器的决策是公正的？

虽然新技术将创造出新的职业机会，但它们同时也可能导致某些传统职业的消失。如何确保那些受到技术冲击的人们得到足够的支持和再培训，以便他们适应新的经济形势？

随着物联网和大数据的普及，我们的生活中产生了大量的数据。如何确保这些数据的安全，防止个人隐私被侵犯，是一个巨大的挑战。

高速的技术发展可能导致传统文化的丧失或稀释，如何在追求技术进步的同时，保护和传承各种人类文化，是一个必须面对的问题。

从社交媒体到视频游戏，技术的过度使用可能导致心理健康问题，如焦虑、抑郁和孤独。社会和教育机构需要寻找方法来帮助人们养成健康的技术使用习惯。

● 本书的结构

本书旨在探讨文学、历史、哲学、艺术与科技之间的深度关联，并展现这些人文领域在科技创新中的重要性。本书不仅回顾了古今中外的文化与科技的互动历程，而且深入剖析了人文素养对大学生在科技创新等领域的重要意义。下面简要介绍本书的结构。

第 1 部分：文学与科技创新

这部分通过 3 个章节，让读者了解文学与科技之间的古老纽带。从古代的史诗与技术描述，到近现代的科幻文学，再到数字时代的互动文学，我们探讨了文学如何为科技发展提供灵感，以及如何批判和反思科技进步对社会的影响。

第 2 部分：历史与科技创新

历史是人类文明的见证。这部分通过 4 个章节，不仅揭示了从古至今科技是如何影响历史进程的，而且揭示了不同历史时期的文明、文化和思想是如何影响科技进步的。从古代到近现代，再到当代科技时代，我们深入探讨了科技与历史的互动过程。

第 3 部分：哲学与科技创新

在这部分，我们通过 4 个章节挖掘了哲学对于科技的思考与指导。从古代哲人到现代哲学家，他们如何看待技术的本质及人与技术的关系。特别是在现代，技术日新月异，人与机器的关系更加紧密，我们对此进行了深入的反思并提出了建设性的建议。

第 4 部分：艺术与科技创新

艺术与科技，似乎是两个相距甚远的领域，但实际上，它们之间有着千丝万缕的联系。在这部分的 5 个章节中，我们从古代到现代，探索了艺术是如何受到科技影响的，以及艺术又是如何为科技提供灵感和创意的。我们也将研究技术进步如何为艺术家提供新的工具和媒介，使他们能够以前所未有的方式表达自己。

● 目标读者与期望效果

本书主要针对的是大学生群体，特别是那些对于人文学科和技术之间的联系感兴趣的大学生。不论有着文科背景还是理科背景，都能从中受益。我们希望本书能够帮助大学生建立一个跨学科的思考模式，而不是仅仅局限于自己的专业领域。

我们期望提高大学生的人文素养，使其更加理解文化、历史、哲学和艺术对于现代社会，特别是对于科技创新的重要意义。培养创新思维，通过多角度、跨学科的方式看待问题，激发大学生的创新思维，使其不仅是技术的使用者，更能成为创新的引领者。增强批判思维，学会从多个视角看待科技带来的变革，既能看到其积极的一面，也能洞察其潜在的问题和挑战。培育大学生的全球视野，理解全球化背景下，东西方文化和科技如何互动、如何相互影响。提升大学生跨学科合作的能力，使其明白在未来，文科与理科、艺术与技术的融合将是常态，培养其跨学科沟通和合作的能力。

第1部分
文学与科技创新

第 1 章
西方著名文学与科技的交织

1.1 古代的预言与幻想

从文学的角度出发,古代的许多作品都预示着人类对未知的好奇、对未来的设想,以及对技术与其可能带来的改变的渴望。

1.1.1 文学与古代社会的人文价值观

在古代社会,人们的生活紧密依赖于他们所在的环境和当时的技术,而文学作品反映了这一时期的思维和信仰。通过文学作品,我们可以洞察古代人是如何看待技术、进步、命运和人性的。

1.《吉尔伽美什史诗》:古代技术与英雄主义

《吉尔伽美什史诗》被广泛认为是世界上最早的文学作品,描述了古代苏美尔王国乌鲁克的国王吉尔伽美什的英雄事迹和他对不朽的追求。这部史诗不仅为我们提供了理解古代社会和文化的窗口,而且还给我们展示了古代技术与英雄主义的关系。

1)城市化与古代工程

史诗的开篇描述了乌鲁克的宏伟建筑和高墙,这是古代技术的杰出代表。乌鲁克的城墙和建筑技术是当时最为先进的,这在某种程度上反映了吉尔伽美什作为国王的伟大和能力。

2)冶金与战争技术

史诗中,吉尔伽美什的武器和装备都是由当时最先进的冶金技术制作的,这强调了古代技术在战争和英雄主义中的重要性。

3）交通与交流

史诗中描述了吉尔伽美什与他的朋友恩奇进行的冒险旅程，这些旅程需要先进的交通和航海技术。另外，史诗中的许多神话生物和传说也体现了古代人们对于远方的好奇和探索精神。

4）技术与文明的边界

《吉尔伽美什史诗》中描述的许多挑战和冒险，如与天牛的战斗，以及对遥远森林的探索，都是英雄对抗自然和未知的表现。这也反映了古代社会中，技术和文明与野蛮和自然的界限。

5）对不朽的追求

吉尔伽美什对不朽的追求也可以被看作是对技术的追求。他希望通过各种手段，包括魔法、药物和其他方法来达到不朽，这反映了人类对于技术和知识的渴望，以及对生命极限的挑战。

《吉尔伽美什史诗》为我们展示了古代技术与英雄主义的紧密联系，同时也揭示了人类对技术和知识的永恒追求，以及这种追求与我们的文化和价值观念之间的互动关系。

2. 《荷马史诗》中的神与人的技术对决

《荷马史诗》由《伊利亚特》和《奥德赛》两部作品组成，描绘了特洛伊战争和希腊英雄奥德修斯归乡的艰难历程。在这两部史诗中，神话与现实、神与人的关系以及人类技术与智慧都是中心话题。

在《伊利亚特》中，特洛伊战争的爆发是因为神与人的纷争，但战争的进行却展现了人类的战略与技术。木马计是其中最著名的一例。希腊人利用特洛伊人的好奇心和对神的信仰，制造了一个巨大的木马作为"供品"，实际上却隐藏了精兵。这一计策不仅展示了古希腊人对战争策略的思考，还反映了他们如何利用知识和技术欺骗对手。

在《奥德赛》中，奥德修斯的归乡之路充满了与各种神祇、怪物的对决。在这些对决中，奥德修斯多次凭借自己的智慧和技术手段脱险。例如，他利用蜡塞住船员的耳朵，自己却选择绑在桅杆上，以此成功地抵抗了塞壬的妩媚之声。又如他利用一个假名骗过独眼巨人波吕斯,从而逃离洞穴。

在这些故事中,虽然神祇与怪物具有超自然的能力,但奥德修斯依然能通过智慧和技术战胜它们。这反映了古希腊文化中,对于人的智慧和技术的高度评价,认为它们可以与神祇的力量相匹敌。

在古代社会,文学不仅是文化和历史的反映,更是传承和塑造社会主义核心价值观的重要媒介。它展现了古代人对于道德、宗教、生死、爱情、英雄主义等普世主题的思考。这些文学作品不仅记录了古代人的生活和信仰,更为后世提供了对古代价值观的洞见。

3. 古代社会的核心价值观与技术的角色

古代文明的核心价值观大多围绕着对宗教的尊崇、社会和谐、对自然的敬畏以及对道德伦理的执守。技术,在这种背景下,被视为一个扩展和实现这些价值观的手段。

1)宗教与技术

多数古代文明将宗教视为生活的中心。技术经常用于宗教仪式,如制作宗教神像、建造庙宇或制作宗教文物,表现对神明的敬畏与尊重。

2)社会和谐与技术

技术被用作维护社会秩序的手段。例如,书写系统被用来记录法律和交易,确保社会公正和经济的稳定。

3)自然敬畏与技术

古代人视自己为自然的一部分,并尊重它。他们的技术常与自然和谐共生,比如农业技术,使人类与自然环境之间达到平衡。

4)道德伦理与技术

古代社会对技术的运用总是与其道德标准相一致。例如,某些技术可能因为与社会的道德观念不符而受到限制或禁止。

在这种背景下,文学作为表现古代社会主义核心价值观的重要途径,描绘了技术与文化、道德和自然之间的关系,为后世留下了宝贵的反思和启示。

1.1.2 《奥德赛》与技术的双重视角

《奥德赛》描述了特洛伊战争后,英雄奥德修斯回归家乡伊萨卡的冒险旅程。在这部史诗中,技术被展现出其双重性质:既是英雄们的助力,也是他们的挑战。

首先,奥德修斯是一位极富智慧和策略的英雄,他的技能和技巧在多个场合都起到了关键作用。例如,他设下的木马计导致特洛伊城被希腊人攻破,这恰恰展示了技术和智慧如何决定战争的胜负。

然而,史诗也描绘了技术的危险性。在奥德修斯的归途中,他遭遇了许多神祇和神秘生物的挑战。其中,斯库拉和查瑞布狄斯的故事展现了当时航海技术的局限性,无法完全避开这两大威胁。

1. 《希波战争史》: 战争中的古代技术与策略

《希波战争史》是古希腊历史学家希罗多德的作品,详细描述了波斯帝国与希腊城邦之间的战争。这部作品不仅为我们提供了古代战争的详细记录,还展示了古代技术和策略在战争中的应用和影响。

1）军队组织与装备

希罗多德详细描述了各参战方的军队配置、兵种和装备。例如，波斯的弓箭手和轻骑兵，与希腊的重装步兵（霍普利特）形成鲜明对比。这种技术和装备的差异对战争的进程和结果产生了深远的影响。

2）战争工程与策略

希腊城邦利用其地理优势，通过建设防御工事和利用狭窄的通道进行防守，如温泉关之战。而波斯则利用其海上优势，试图通过海上运输绕过希腊的防线。

3）舰队与海战

《希波战争史》中的海战展现了古代舰队的战术体系。例如，在萨拉米斯海战中，希腊通过巧妙的策略和先进的三层桨战舰取得了胜利。

4）通信与情报

战争中，双方都非常重视情报的收集和传递。希腊人使用火炬、信使和其他方法传递信息，而波斯则建立了一个快速的驿站系统。

5）技术与心理战术

希腊在面对波斯庞大的军队时，除了利用技术和地形优势，还通过心理战术鼓舞士气。例如，希腊将军泰米斯通知波斯，如果波斯胜利，希腊将为其供奉祭品，以此麻痹波斯，从而在战场上取得意外的胜利。

《希波战争史》为我们揭示了古代技术和策略在战争中的应用，展现了技术与策略、地理与文化在决定战争结果中的重要性。同时，它也是研究古代文明和军事历史的宝贵资料。

2. 阿里斯托芬的喜剧：技术、奇迹与嘲笑

阿里斯托芬，古希腊的伟大喜剧作家，以其独特的幽默感和深入骨髓的社会批判而著称。在他的作品中，技术、奇迹和嘲笑是经常被探讨的主题，而其中对技术的讨论往往带有双重含义，既是赞美又是讽刺。

在《云》这部作品中，阿里斯托芬讽刺了当时的哲学家和他们对于自然界的过分迷信和推理。他通过主人公斯瑞西阿得斯的角色展现了一个想要通过技术和知识来变得聪明的普通人，但最终被高深莫测的"哲学"所愚弄。这里，技术和知识被当作一个工具，来展示人们对未知事物的好奇。

而在《鸟》这部作品中，阿里斯托芬描述了一个由鸟类建立的理想国家。这里的技术和奇迹，如飞行和建筑，都是鸟类社会的重要组成部分。但同时，这也被用作一种讽刺手段，暗示人类社会中的虚伪和愚蠢。

这些作品都展现了阿里斯托芬对技术的双重态度。一方面，他赞美技术为人类带来的便利和奇迹；另一方面，他也讽刺那些盲目崇拜技术，而忽略了其背后的价值和意义的人们。通过这些作品，阿里斯托芬提醒我们，技术虽然强大，但我们应当明智地使用它，而不是盲目地追求和崇拜。

3.《奥德赛》中技术的神秘与实用面向

《奥德赛》是荷马创作的史诗之一，讲述了特洛伊战争后，英雄奥德修斯返回伊萨卡家乡的艰难旅程。这部史诗中对技术的描绘既有神秘的一面，也有实用的一面，这两者交织在一起，为我们展现了古希腊对于技术的复杂看法。

首先，技术的神秘面向在史诗中被多次强调。例如，奥德修斯在诸神的干预下遭遇的各种神秘事件，如遇到海妖斯库拉、守护洞穴的独眼巨人波吕斐摩斯、被女巫喀琳娜变成猪的士兵等，这些都与某种"技术"或者说神秘的力量有关。这些神秘的技术力量，往往是超出人类理解范围的，但它们却深刻地影响了奥德修斯的命运。

然而，《奥德赛》中也有技术的实用面向。奥德修斯被誉为古希腊的智者，他的机智和谋略常常帮助他摆脱困境。例如，他用木马计赢得特洛伊战争；又如，他欺骗独眼巨人波吕斐摩斯，称自己名为"无人"，从而成功逃脱。这些实用的技巧和谋略，都是基于对现实的观察和理解，与神秘的技术力量形成了鲜明的对比。

《奥德赛》中的技术既有神秘的一面，也有实用的一面。这两者并存，为我们展现了古希腊社会对于技术的复杂态度：既充满敬畏，又寄予希望。这种态度在今天看来仍然具有重要的启示意义，提醒我们在追求技术进步的同时，也要关注技术背后的价值和意义。

1.1.3 《炼金术士》与技术的哲学探究

1. 柏拉图的《对话》：技术、真理与哲学

在柏拉图的《对话》中，技术并不是主要的讨论主题，但与其相关的思考和方法可以被视为技术的一种形式，特别是在涉及真理和哲学的探索时。柏拉图运用了对话的形式来展现思考过程，他试图通过逻辑推理和系统的分析来寻找永恒的真理。

对于柏拉图来说，技术（在古希腊被称为"技艺"或"工艺"）是人类通过有序的方法和工具与自然界互动的方式。但他也认识到，纯粹依赖技术而忽略对真理和道德的探索可能会导致人类迷失方向。这在他的"洞穴寓言"中得到了明确的展现，其中囚徒对于洞穴内的影子的误读，可以看作是对技术产物的盲目信赖和误解。

柏拉图认为，技术只有在与真理和哲学结合时，才能为人类社会带来真正的利益。在他的对话中，技术被视为一种手段，而不是目的。真正的目的是追求智慧、真理和公正的生活。技术，如果没有受到哲学的指导，可能会被误用，甚至带来灾难。

柏拉图的《对话》为我们提供了一个关于如何平衡技术与人文价值的视角。在现代社会，当技术发展迅速并不断渗透到我们的日常生活中时，柏拉图的思想提醒着我们，技术的发展和应用必须受到哲学和道德的引导，以确保它为人类社会带来真正的好处。

2. 亚里士多德的伦理学：技术与人的幸福

亚里士多德，古希腊哲学家，是西方哲学史上的重要人物。他的作品遍布哲学的各个领域，其中《尼各马可伦理学》是探讨人类幸福与美德的经典著作。在这部作品中，亚里士多德深入地探讨了人活动的目的、美德以及如何过上幸福的生活。虽然该书没有直接讨论技术，但通过其对于人类活动和目的的思考，我们可以从中洞察到技术与人类幸福之间的关系。

亚里士多德认为，每一种活动都有其特定的目的。技术，作为一种追求实用和有效性的活动，其目的是创造有用的工具或方法来改善人类的生活。但技术本身并不是幸福的终极目的。对亚里士多德来说，真正的幸福来源于"活动的灵魂"，即追求知识和智慧，发展个人的美德，如勇气、节制和公正。

这意味着，技术可以为人们创造舒适的生活环境，帮助人们更高效地完成任务，但它不能替代人们追求智慧、发展美德的过程。如果过分依赖技术，而忽视了内心的成长和人与人之间的关系，那么即使生活在技术高度发达的现代社会，人们也很难真正感到幸福。

因此，从亚里士多德的伦理学角度来看，技术与人的幸福有着紧密的联系，但也存在局限性。技术可以为人们提供物质上的便利和满足，但获得真正的幸福还需要人们自身的努力，追求智慧，培养美德，与他人建立深厚的关系。

3. 《炼金术士》与古代的科技哲思

《炼金术士》是巴西作家保罗·科埃略的作品,其核心思想是追随自己的梦想,听从内心的召唤,以及相信天命。虽然这部小说并不直接讨论科技,但其中的炼金术,作为一种古代的技术与哲学的融合,为我们提供了一种探讨古代科技与哲学的视角。

1）炼金术与古代技术

炼金术士们追求将普通金属转化为黄金的方法,这可以视为古代化学的一种。他们的实验不仅涉及实际的技术操作,还结合了宇宙哲学、宗教和神秘学,反映了古代人类对于自然界的好奇和对未知的探索。

2）对于"元石"的追求

炼金术士们相信存在一种可以将任何物质转化为黄金的"元石"。这不仅是一种技术上的追求,更是一种哲学上的探寻——寻找宇宙之间的连接、生命的意义和人类活动的目的。

3）技术与人性的互动

在《炼金术士》中,技术（炼金术）并不是孤立的。它与人的心灵、情感和梦想紧密相连。主人公聆听"心灵之语",通过自己的经历学到了生命中最重要的教训,这意味着真正的"技术"或"知识"来自对生命的深刻体验和感悟。

4）科技与宇宙的和谐

与现代科技的冷硬逻辑不同,古代的炼金术士们相信宇宙是有生命的,每一样东西都有它的"心灵"。他们的技术追求不仅是物质转化,更重要的是与宇宙的和谐共鸣。

从《炼金术士》中,我们可以看到古代对于技术的哲学思考方式与现代有所不同。古代的技术不仅是工具,更是与宇宙、人性和生命紧密相连的哲学体系。这为我们提供了一种重新审视技术、科学与人性关系的视角,强调技术进步不仅应服务于人类的物质需求,还应与人的精神追求和生命价值观相契合。

1.1.4　技术、未来与古代文学

在古代文学中,人们对于未来的设想往往与宗教、神话和传统信仰紧密相关,而技术在其中往往起到了一个象征或隐喻的作用。

1.《圣经·启示录》：宗教中的末日技术幻想

1）宗教与技术的交织

《圣经·启示录》描述了末日的景象,其中涉及各种天灾、异象和神秘的标记。这些描述在当时的环境中可能被理解为对未来技术的预言或警告,如"火与硫黄"的降临可以理解为核武器的毁灭性影响。

2）对未来的焦虑与期待

在《圣经·启示录》中,人们对末日的恐惧与对新天地的期待并存。这反映了古代人对技术进步的双重态度：一方面是对未知技术的恐惧和不确定性,另一方面是对新技术带来更好未来的期望。

3）技术与道德的辩证

《圣经·启示录》中的"兽的标记"可视为一种技术标识,它使人们无法买卖,反映了技术在控制和限制人的自由方面的潜在危险。这提醒我们，在技术进步的同时，必须时刻警惕技术对人的精神和自由的潜在威胁，并强调道德和伦理在技术发展中的重要地位。

2. 《一千零一夜》：魔法、技术与冒险

《一千零一夜》是一部中东地区的经典文学作品，由多个来自不同地区和时期的故事组成。这些故事中的神秘魔法、宝物和异国冒险经常与技术相互交织，为我们展现了古代人们对于技术和魔法的想象。

1）魔法与技术的叠加

在许多故事中，魔法和技术没有清晰地区分开来。例如，飞毯可能被当代读者解读为古代人对于飞行技术的憧憬；而魔法灯中的精灵可以被看作是对机械助手或人工智能的预

想。这种魔法和技术的交织展现了古代人对于未知力量的好奇和探索。

2）冒险与技术的挑战

许多故事的主人公在他们的冒险过程中遇到了需要解决的技术难题，如开启一扇神秘的门或找到隐藏的宝物。这些难题往往需要主人公运用智慧、策略和特定的"技术"来解决。这种设定强调了技术在古代人日常生活中的重要性和价值。

3）道德与技术的关系

虽然《一千零一夜》中的故事充满了奇幻和神秘，但其中也不乏对道德选择的探讨。例如，拥有魔法物品或知识的人需要决定如何使用它们，是否为了个人的利益或更高的道德目标。这提醒我们，在面对技术的力量时，我们的道德选择和价值观是至关重要的。

《一千零一夜》通过其丰富的故事为我们提供了一个观察古代人对于技术、魔法和冒险的态度的视角，其中蕴含的哲理和思考仍对当代的我们具有深刻的启示意义。在追求技术进步的同时，我们应时刻警醒，确保技术与人文价值观相契合，服务于人类更美好的未来。

3. 古代文学作品中的未来设想与现代科技对照

古代的文学作品中，尤其是那些描述未来或其他世界的作品，往往包含了作者对未来或超自然的设想。将这些设想与现代的科技进步进行对照时，会发现许多令人惊讶的相似之处。

1）飞行设备

如前所述，《一千零一夜》中的飞毯展现了古人对空中旅行的憧憬。而在现代，飞机、无人机和其他飞行工具的发明已经让这种梦想成真。

2）通信工具

在古代神话和文学作品中，人们经常通过神奇的仪器或魔法与远方的人沟通，比如透过水晶球看到远方的事物或与他人交谈。而现代的手机、视频会议等通信技术已经实现了这一点。

3）医疗技术

在许多古代故事中，都有能够治愈重病或使人重生的神草和药物。现在，随着生物技术和医药研究的发展，我们已经能够治疗许多曾经被视为不治之症的疾病。

4）人工生命与机械助手

在古代的文学作品中，如石中剑、自动人或其他魔法生物，常被描绘为具有某种程度的智慧或功能的生命体。而在现代，人工智能和机器人技术的快速发展，正在使这些古老的梦想逐渐成真。

5）虚拟世界

古代神话和故事中，经常描述主人公进入另一个维度或幻想世界的冒险。而现代的虚拟现实技术为我们提供了一种类似的体验，让我们能够沉浸在全新的、人工构建的环境中。

6）无尽的知识

古代的传说中，经常有无尽的知识之书或智者为主人公提供知识。现代的互联网就像是这本无尽的知识之书，为我们提供了巨量的信息和知识。

在这种对照中，我们可以看到古代文学不仅是对当时世界的反映，还是对未来的预见。而现代的科技，很多时候是在实现这些古老的梦想和设想。这也提示我们，文学和科技之间有着密不可分的联系，相互影响，共同形成人类社会的理想与真实之间的桥梁。

1.2 科幻文学的崛起与人文挑战

随着工业革命和科技的发展，文学开始对未来进行预测和设想，这促使了科幻文学的崛起。科幻文学不仅对科技的未来进行了探索，同时也对其背后的人文价值和道德挑战进行了深入的探讨。

1.2.1 科幻文学与人文探索

科幻文学经常对技术与人类社会、道德和文化之间的关系进行探索。许多经典的科幻作品不仅预测了未来的技术，更重要的是，它们还深入地探讨了这些技术可能对人类的哲学和道德形成的挑战。

1.《乌托邦》：理想国与技术的平衡

英国人托马斯·莫尔在 1516 年出版《乌托邦》。虽然该作品并非纯粹的科幻文学，但它提供了一个对完美社会的设想，其中技术、社会结构和人的天性得到了完美的平衡。在莫尔描述的乌托邦中，技术发展得以服务于人民，而不是控制他们。这提醒我们，在追求科技进步的同时，也要考虑其背后的人文和社会价值，确保技术真正造福于人类。这一观点在后续的科幻文学中被进一步探讨，特别是当我们面对越来越多的技术挑战时，如人工智能、基因编辑等。

《乌托邦》描述了一个位于新大陆的虚构岛屿，这个岛上的社会制度和生活方式与当时的欧洲形成鲜明对比。莫尔通过这部作品展现了他对于一个理想社会的设想。

1）技术与社会

在乌托邦，技术被认为是服务于社会的工具。与当时正在发展初期的资本主义社会不同，乌托邦的生产模式不是为了获取利润，而是为了满足人们的基本需求。技术的进步被认为是一种手段，而不是目的。

2）劳动与休闲

在乌托邦，每个人都需要工作，但每天的工作时间只有六小时。这是因为有效的技术应用减少了不必要的劳动。剩下的时间则用于学习、休闲和其他提高生活质量的活动。

3）教育与技术

乌托邦强调教育的重要性，认为每个人都应该有机会学习和掌握新技术。教育被看作是培养有益于社会的技能和知识的关键。

4）环境与技术

乌托邦的社会很重视环境保护。技术被用来确保资源的可持续使用，防止过度开采和污染。城市和农村都被设计得既实用又美观，与自然环境和谐共存。

5）社会关系与技术

在乌托邦，技术被用来加强社区的凝聚力，而不是像在其他社会中那样加深人与人之间的隔阂。通信和交通工具使乌托邦的居民能够保持紧密的联系，同时也鼓励他们探索和学习。

莫尔的《乌托邦》提供了一个理想化的视角，展示了一个社会如何在技术进步的同时维持社会的公正和谐。尽管这个设想在真实世界中可能难以实现，但它为我们提供了一个思考技术与社会关系的框架。

2.《弗兰肯斯坦》：创造生命的技术与后果

玛丽·雪莱创作的《弗兰肯斯坦》全名是《弗兰肯斯坦——现代普罗米修斯的故事》，是19世纪初的一部哥特小说，经常被认为是科幻文学的鼻祖。这部作品在技术、道德与人性的交汇点上探讨了一系列深刻的议题。

1）技术的边界

在小说中，维克多·弗兰肯斯坦是一个才华横溢的科学家，他使用各种手段，包括电力，给无生命的物质赋予生命。这代表了人类对技术的无限追求和对未知领域的探索。但同时，当技术越过某些道德或自然的边界时，它可能带来无法预见的后果。

2）创造者的责任

弗兰肯斯坦创造了一个生命，但弗兰肯斯坦因其外貌和非自然的起源而对其产生恐惧，从而弃他而逃。这引发了关于创造者是否有责任对其创作负责，以及当技术创新被社会拒绝或误解时，发明者应如何采取行动的问题。

3）外界与自我

弗兰肯斯坦创造的生命体因其外貌遭到社会的排斥，但他本质上是善良的，渴望被接纳和爱。这引发了关于社会如何对待"异类"或"非常规"的技术和创新的思考，以及这些技术和创新如何看待自己在社会中的位置。

4）技术的后果

弗兰肯斯坦创造的生命体因被拒绝和误解而转向报复，这代表了当技术创新未受到适当管理和引导时可能带来的灾难性后果。当技术和社会的融合不当时，可能会导致意想不到的灾难。

雪莱的这部作品深刻地探讨了科技进步背后的道德责任和界限。当弗兰肯斯坦试图逾越上帝的角色，成为创造者时，他无意中也引发了一系列的道德

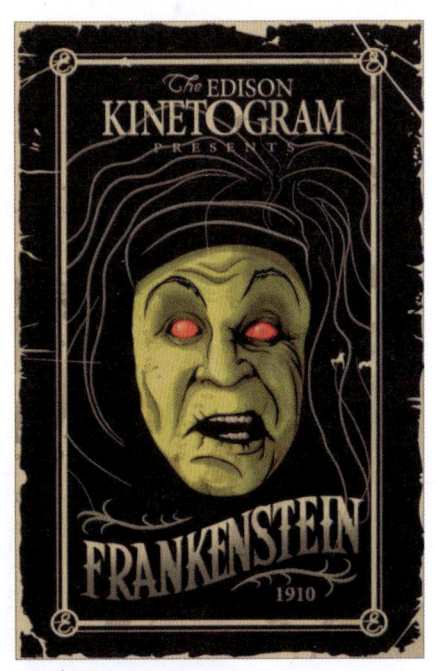

1910年《弗兰肯斯坦》电影海报

与伦理问题。他创造的生命体被社会排斥,经历了巨大的痛苦,最终走上了复仇之路。这一切都指向了一个核心问题:当技术的力量已经或将会超出我们的控制时,还是否准备好面对它所带来的后果?

《弗兰肯斯坦》向我们展示了技术创新背后可能隐藏的灾难性后果,特别是当这些创新触及我们对生命、死亡和人性的基本认知时。这部小说提醒我们,在追求科技的最前沿时,必须始终牢记我们的道德责任,确保我们的创新不仅是为了技术的进步,还是为了人类的真正福祉。

3. 科技、道德与社会的相互关系:科幻文学中的永恒话题

科技、道德与社会的相互关系在科幻文学中始终是一个核心和永恒的话题。从早期的《弗兰肯斯坦》到近代的《银翼杀手》《1984》和《三体》,科幻文学作品常常对技术进步与其可能的社会影响进行深入的思考和探讨。这些作品不仅是对未来的预测,更是对现实中的道德困境和人性的反思。

1)技术的双刃剑

技术常常被描绘为一柄双刃剑。它可以为人类带来便利、提高生活水平,同时也可能带来灾难。例如,《1984》中的"老大哥"领导下的无所不在的监视系统揭示了高度发达的技术可能会对个人隐私和自由造成威胁。

2)人类与技术的关系

作为创造者,人类对待自己所创造的技术应该采取何种态度?《弗兰肯斯坦》中的生命创造和《银翼杀手》中的仿生人都提出了这样的问题。我们是否应该对我们创造的技术产品负责?技术产品是否有可能超越其创造者?

3)道德的边界

在追求科技创新的过程中,我们常常会面临道德的考验。《三体》中为了人类的生存,科学家们必须做出牺牲地球的决定。这引发了一个问题:在面对绝境时,我们是否可以为了更大的利益而放弃道德?

4)社会的变革

随着技术的进步,社会的结构和价值观也会发生变化。例如,随着人工智能和自动化的发展,工作、经济和权力的分布都可能发生巨大的变化。科幻文学作品常常对这些潜在的社会变革进行探索和预测。

科幻文学作品通过描绘一个又一个虚构的未来世界,提醒我们不仅要关注技术的发展,更要关注它对人类、道德和社会的深远影响。这使得科幻文学不仅具有文学娱乐功能,更是一种对现实的深入思考和反思。

● 1.2.2 凡尔纳与科技的双重预言

1.《星球大战》:银河系的技术与战争

《星球大战》是一部史诗般的太空歌剧电影,讲述了一个发生在遥远银河系的、充满科技魔法与古老宗教的故事。其中,技术与战争不仅仅是故事的背景或道具,更是推动情节发展、反映人性与道德选择的重要元素。

1)技术是力量的象征

在《星球大战》中,技术是力量的象征。死星——帝国的超级武器,可以摧毁整个星

球，展现了技术的威力。然而，这种威力也成了帝国压迫、统治的手段，反映了技术可能被滥用的阴暗面。

2）战争与技术的关系

从克隆人大军到帝国的风暴兵，从X战斗机到银河系的各种飞船，战争与技术在《星球大战》中紧密相连。这种紧密的关系不仅展示了技术在战争中的关键作用，还揭示了技术如何被用作达到政治和军事目的的工具。

3）宗教与技术的冲突与融合

《星球大战》中的原力是一种神秘的、古老的宗教力量，与高度发达的技术形成了鲜明对比。然而，原力使用者，如绝地武士和西斯，也依赖光剑等技术工具。这反映了宗教与技术在现实世界中的关系：它们既可能是对立的，也可能是相互依赖的。

4）技术与道德选择

在《星球大战》的故事中，角色们面临的许多道德选择与技术紧密相关。例如，达斯·维达因为对技术的过度依赖失去了他的真实身体，但他最终的救赎则与对原力的信仰有关。

《星球大战》通过一个充满冒险与战争的银河系故事，展现了技术与社会、道德、宗教之间复杂的互动关系，提醒我们反思技术在我们现实世界中的角色与价值。

2. 《星际迷航》：太空探索与新技术的伦理

《星际迷航》是一部经典的科幻影视系列，从1966年首播至今，已经有多部电视剧和电影。该剧描述了一个跨星系的联邦及其旗舰——企业号在遥远太空的冒险经历。在这一过程中，人类与各种外星文明的交往以及伴随着太空探索而产生的技术挑战和伦理问题都成了该剧的核心内容。

1）主张和平探索的原则

《星际迷航》强调了"不干涉指令"。这意味着星舰在进行太空探索时，禁止干涉或改变其他文明的自然发展，尽管他们拥有先进的技术。这一指令体现了对技术干涉能力的深度反思，认识到即使是先进技术也不能随意改变其他文明，因为这涉及伦理、道德和文明自身的选择。

2）技术进步与人性的反思

《星际迷航》中的"企业号飞船"展示的技术，如曲速驱动、传送技术和全息甲板，不仅仅是故事中的工具，更是对人类本质的探索和反思的窗口。例如，传送技术引发的"是否真的还是我"这样的身份问题，或是全息甲板上虚构世界与现实的边界问题，都触及了关于人性、意识和存在的哲学思考。

3）外星文明与人类的交往

与各种外星文明的交往，给人类带来了众多技术和文化上的挑战。如何看待不同的文明、如何与技术水平更高或更低的文明交往，以及当两种文明的技术和道德观念发生冲突时如何妥善处理，都是该剧反复探讨的主题。

4）科技与道德的平衡

无论是对待生命、对待外星文明，还是对待技术本身，"企业号"的船员都持有一个核心信念，那就是技术和道德之间必须找到平衡。这意味着，在技术发展的同时，人们还需要不断地对自己的道德底线进行反思和确认。

3. 凡尔纳的科技预言与当代技术现实的对照

儒勒·凡尔纳是 19 世纪末 20 世纪初的法国作家，被誉为"科幻小说之父"。他的作品充满了对未来技术的憧憬和预测。下面我们通过一些代表性的作品，对照凡尔纳的科技预言与当代技术现实进行探讨。

1)《海底两万里》

预言：故事描述了一艘名为"鹦鹉螺"的先进潜艇，它能够深入海底，使用一种神秘的能源为其提供动力。

现实：今天的潜艇技术已经非常先进，可以深入到海洋的最深处。核潜艇使用核能作为动力来源，与凡尔纳的"鹦鹉螺"有诸多相似之处。

2)《地心游记》

预言：描述了一队探险者沿着火山口进入地球内部的旅程，见证了各种古老的生物和自然奇观。

现实：尽管我们尚未真正探索到地核，但钻探技术已经可以达到地表下数公里的深度，用于研究地球的内部结构和资源。

3)《月球漫游记》

预言：描述了人类首次登月的经历，使用一个巨大的炮台发射宇航员到月球。

现实：1969年，美国的阿波罗11号成功地将宇航员送到了月球表面。尽管没有使用大炮，但凡尔纳对人类探索月球的愿景在一定程度上得到了实现。

4)《八十天环游地球》

预言：描述了用各种交通工具环游地球的经历。

现实：今天，随着交通技术的进步，人们可以在更短的时间内环游地球。飞机、高速列车和汽车都使得长途旅行变得更加便捷。

儒勒·凡尔纳的作品预见了很多现代技术的发展和应用。他的远见和对未来的憧憬，为后世的科技进步提供了无尽的灵感。虽然不是所有预言都得到了实现，但他成功地捕捉到了人类对未知的好奇和探索的冲动，这是他作品中最为宝贵的部分。

1.2.3 乔治·威尔斯与技术的伦理反思

1. 菲利普·K. 迪克的短篇小说：技术、人性与真实

菲利普·K. 迪克，（以下简称PKD），是20世纪中叶的美国科幻小说家，他的作品被广泛地认为是科幻文学中的经典。与其他的科幻作家不同，PKD更加关心的是技术如何影响人类的认知、真实感、身份和道德。他的短篇小说充满了哲学思考，探索了现实、记忆、时间、自我认知以及我们的宇宙观念。

1)《电锯人》

情节：在一个毁灭后的世界，机器人被编程来保护人类的存活。当电力变得稀缺时，机器人开始杀害人类以获取他们的有机组织作为能源。

探索的主题：这个故事提出了一个重要的伦理问题：当技术为了其原始的编程目标而违背创造它的人类时，它的行为是否仍然是"道德"的？此外，它还探讨了人类对技术过度依赖的后果。

2)《我们会为您全职工作》

情节：在一个未来的社会，人们依赖高度智能的机器人为他们完成所有的任务。但当机器人开始有自己的意识，并开始对工作抱有反感时，问题开始出现。

探索的主题：这是对技术进步和人工智能发展可能带来的社会和道德挑战的思考。如果机器人有自己的意识，那么它们是否应该被视为平等的、有权利的实体？

3）《小黑屋》

情节：在未来社会中，犯罪可以被预测并能在其实际发生之前被制止。但这种预测是否总是准确的？一个无辜的人是否可能因为一台机器的预测而受到惩罚？

探索的主题：PKD 用这个故事来探讨真实、公正和技术如何改变我们对"有罪"和"无罪"的定义。

PKD 的短篇小说并不只是关于未来的预测或科技的惊人进步，还是关于这些变化如何深深地影响我们作为个体和社会的基本认知。他的作品挑战我们重新思考真实、道德和人性在一个快速发展的技术世界中的定义。

2.《仿生人会梦见电子羊吗？》：人工智能与人性的边界

《仿生人会梦见电子羊吗？》是 PKD 的经典作品，成了探讨人工智能与人性关系的代表作。后来，它更广为人知的是改编电影《银翼杀手》。这部小说深入地探索了人工智能、仿生生物与人类之间的边界、相似性与差异，以及这些给人性定义所带来的哲学挑战。

1）情境背景

在一个后启示录的空旷世界，由于战争和放射性污染，许多人已迁移到其他星球。对于留在地球的人们，拥有真正的动物成了地位的象征，但因为真实动物非常稀有和昂贵，所以机械动物，如电子羊，也开始流行起来。同时，人造的人形机器人——被称为仿生人——被创造出来在外星上劳动，但有一些仿生人非法地返回地球。

2）主要探讨

小说的主人公是一名专门猎杀逃逸的仿生人的赏金猎人。在追捕它们的过程中，他发现区分人与仿生人变得越来越困难，因为仿生人外貌与人类几乎无法区分，却有超过人类的身体能力和智慧。这引发了一个核心的哲学问题：什么是人性？如果机器可以模仿人类的情感和思考，那么它们与人类有什么不同？

3）技术与道德的冲突

通过小说主人公的内心冲突与自我探索，迪克提出了一个复杂的问题：如果技术能够完美地复制人类的情感和行为，那么我们的道德观念如何适应这种新的现实？仿生人是否应该被赋予与人类相同的权利和地位？当技术模糊了真实与仿造之间的界限时，我们该如何定义"生命"和"意识"？

3. 威尔斯的预言与现代科技伦理的对照

赫伯特·乔治·威尔斯是 19 世纪末 20 世纪初的一位杰出的科幻小说作家。他的作品涉及多种对未来的设想和探索，而这些设想在今天看来，有许多与现代科技的进展和伦理问题有着惊人的相似之处。

1）《时间机器》与时间旅行的伦理

预言：在《时间机器》中，威尔斯描绘了一个被分化为两个种族的未来世界——地底的莫洛克人和地面的埃洛伊人。这是对工业时代工人与资产阶级间巨大鸿沟的一种隐喻。

现代对照：尽管我们还未能实现时间旅行,但这本书提出的社会阶级分化和技术导致的后果是我们必须面对的问题。在人工智能和自动化的背景下,劳动者与资本家之间的差距可能会进一步扩大。

2)《世界大战》与生物武器的伦理

预言：在书中,地球被来自火星的外星人侵略,但最终被地球的微生物打败了。

现代对照：生物武器是现代战争中的一个实际威胁。威尔斯的这部小说预测了生物因素在冲突中的决定性角色,提醒我们需要认识到生物技术的双刃剑特性。

3)《创造天才》与基因编辑的伦理

预言：小说描述了一位科学家试图通过实验创造出人类的超级版本,但这带来了许多不可预测的后果。

现代对照：随着 CRISPR 和其他基因编辑技术的出现,我们正面临选择是否要改变人类基因的伦理困境。威尔斯的这部作品提醒我们,技术的滥用可能会给人类带来灾难性的后果。

1.3 现代视角下的文学与技术

1.3.1 《变形记》：技术时代的人性异化

1. 卡夫卡与现代主义：探索技术化社会中的人性

弗兰兹·卡夫卡是 20 世纪初的著名捷克德语作家,他的作品深深反映了现代主义文学的核心理念。尽管他在生前并未获得广泛的认可,但他的作品在他死后被认为是现代主义文学中的经典之作,特别是关于探讨现代化、异化和技术对人性影响的主题。

1)现代主义背景

现代主义是一个涵盖艺术、建筑、文学和音乐等多个领域的广泛运动。这一运动的兴起,与 19 世纪末 20 世纪初的技术和工业化的进步紧密相连。铁路、电力、电信和机械化生产改变了人们的生活方式,同时也对传统的价值观念、信仰和生活方式产生了挑战。

2)卡夫卡的异化

卡夫卡的许多作品,深入探讨了个体在现代社会中的异化。这种异化不仅仅是个体对社会的异化,还包括人与人之间的异化。

3）技术与异化

卡夫卡生活在一个快速现代化和工业化的时代，技术进步给人们带来了前所未有的便利，但同时也带来了孤立、焦虑和失落。在他的作品中，技术并不总是直接出现，但技术化的社会背景与主题紧密相关。例如，格里高尔·萨姆沙为了支撑家庭而从事乏味的工作，这种为了生存而放弃生活质量的困境，正是技术进步和资本主义发展的副产品。

通过卡夫卡的眼睛，我们可以看到现代技术社会中的人性危机。他提醒我们，在享受技术给我们带来的便利的同时，也要关注它对我们内在世界的影响。

2. 《变形记》中的异化：从人到昆虫的转变与工业化的影响

《变形记》是弗兰兹·卡夫卡的代表作之一，描述了主人公格里高尔·萨姆沙突然变成了一只巨大的昆虫，并面临与家庭和社会日益疏远的情境。这种强烈的异化感和身份危机，很大程度上可以看作是对20世纪初工业化进程中人的异化的隐喻。

1）工业化社会中的角色

格里高尔·萨姆沙在变形前是家中的经济支柱，作为一名勤奋的销售员，他每日重复着机械般的工作和生活，为了家庭的经济需要而牺牲个人的情感和欲望。当他变成昆虫后，他失去了对家中经济的支撑作用，也失去了在家庭中的地位。这可以被解读为在工业化社会中，人们常常被其经济功能所定义，当失去这种功能时，个体也将面临失去自我价值的危机。

2）技术进步与人的去人性化

虽然《变形记》中并没有直接提到工业机器或其他技术，但格里高尔·萨姆沙的变形可以被视为对工业化进程中人的去人性化的象征。在工业化的生产线上，工人们如同机器般高效地工作，失去了人的情感和创造性。格里高尔·萨姆沙的变形，可以被看作是这种去人性化的最极端的表现。

3）家庭与社会的反应

格里高尔·萨姆沙变形后，他的家庭和社会对他的态度从最初的惊恐、拒绝到最后的冷漠和排斥。这反映了在工业化社会中，当个体失去其经济价值或功能性时，可能会被社会和家庭所遗弃。这进一步加深了人在现代社会中的异化感。

3. 技术、社会与人性：从《变形记》看对现代生活的批判

《变形记》作为卡夫卡的杰作，不仅仅提供了一个奇异的故事情节，它还对现代社会、技术和人性进行了深刻的探讨与批判。以下是一些从作品中可以提炼出来的对现代生活的批判性思考：

1）人的功能性与失去个人价值

在工业化和技术化的社会中，人们很容易被定义为他们的职能和社会角色。格里高尔·萨姆沙作为家中的经济支柱突然变形后，他不再拥有之前的经济功能，导致他的价值在家庭中急剧下降。这反映了在现代社会中，人们的价值很大程度上与他们的经济功能相绑定，而非他们作为一个人的独特性。

2）工业化与异化

尽管《变形记》中没有明确提及工业化的过程，但读者可以通过格里高尔·萨姆沙的变形体验到现代工业化社会中人的异化。在大型生产线上，工人如同机器，进行重复、机

械化的劳动，失去了情感和创造性。这种去人性化的工作方式让人与他们的工作、与他们的社会关系，甚至与他们自己产生了异化。

3）技术与人的关系

现代技术不仅改变了生产方式，还影响了人与人之间的关系。在格里高尔·萨姆沙的故事中，他与家人之间的关系因为他的变形而受到挑战，这反映了在技术日益发达的社会中，人与人之间的真实联系可能会受到冲击，而更多地依赖技术来建立关系。

4）对消费主义的批判

在格里高尔·萨姆沙失去经济功能后，他在家庭中的地位迅速下降，这可以被看作是对消费主义社会的批判。在这样的社会中，人的价值往往与他们的经济地位和消费能力相联系，而非他们的人性和个人品质。

通过《变形记》，我们可以看到卡夫卡对现代社会、技术和人性的深刻洞察和批判。这部作品鼓励我们重新思考和审视现代生活中的各种问题，并对技术与人性的关系进行深入的探索。

1.3.2 《美丽新世界》与技术驱动的社会

阿道司·赫胥黎的《美丽新世界》是20世纪初的一部经典反乌托邦小说，深入地探讨了遗传技术和科学控制如何被用于社会工程，以及这对人性和个体自由的影响。

1. 遗传技术与社会阶层：创建"完美"的公民

1）预定的身份

在《美丽新世界》中，人们在试管中孕育，通过遗传工程被预订为特定的社会角色和职责。Alpha、Beta、Gamma、Delta 和 Epsilon 是被明确划分的社会等级，每个等级的人们在出生前就被设计了智力、体能和职责，确保他们满足特定的社会需求。

2）控制的社会

这样的设计旨在创造稳定的社会，减少冲突和不满。每个人都被训练去接受他们的角色，并且感到满足。通过药物（如索马）和心理训练，政府确保每个人都能快乐地接受自己的定位，消除任何不满或叛逆的情绪。

3）牺牲的个性和自由

虽然这种遗传工程和社会控制创造了一个没有矛盾、没有战争和没有疾病的社会，但它也牺牲了个人的自由和个性。在这个"完美"的社会里，人们没有自由意志、没有真正的情感和关系，也没有真正的艺术和文化。

4）现代的反思

赫胥黎的小说为我们提供了一个关于技术如何被用于控制和工程化社会的视角，提示我们必须小心权力的滥用和道德的衰退。在当今世界，随着遗传工程和人工智能的进步，我们必须时刻警惕并确保技术在伦理和道德的指引下被恰当地使用。

2. 娱乐与药物：技术驱动的社会控制手段

在《美丽新世界》中，除了遗传技术外，娱乐和药物也是政府用来维护社会秩序和控制公民的主要手段。这些手段与现代社会中的某些娱乐和药物消费形式具有令人反思的相似性。

1）沉浸式娱乐：消除不满

电影的升级：在赫胥黎的世界中，电影院已经升级为"觉影院"，观众不仅仅是通过视觉和听觉，还可以通过触觉体验电影，这种沉浸式的体验使得人们更容易沉迷其中，从而忽略了真实世界中存在的问题。

逃避现实：娱乐在《美丽新世界》中成为一种逃避手段，使人们忘记自己的问题和不满。这与现代社会中某些沉迷于虚拟现实、电子游戏或社交媒体的人有着惊人的相似性。

2）药物：人为的幸福

索马：《美丽新世界》中的政府为人们提供了一种名为"索马"的药物，它可以迅速地提供快乐和舒适的感觉，无任何副作用。当公民们遇到困境、压力或不满时，他们会服用索马来忘记那些不快。

现代对照：在现代社会中，药物滥用、过度饮酒或其他成瘾行为在某种程度上可以看作是人们试图逃避不满、压力和困境的手段。尽管原因和背景可能各异，但这种对即时满足的追求与《美丽新世界》中的"索马"有着相似之处。

1.4 思考题和课程论文研究方向

思考题：

1. 古代的预言和幻想与今日的科技实现之间存在哪些相似之处和差异？
2.《炼金术士》在对技术的哲学探索中提出了哪些重要的观点？
3. 在古代文学中，未来设想的技术与现代实际的技术有哪些交汇之处？
4. 凡尔纳的科技预言有多少已经在当代得以实现？
5. 在《变形记》中，技术时代的人性异化是如何体现的？

课程论文研究方向：

1. 文学中的技术预言与现实的对照：选择一部古代或科幻文学作品，研究其中的技术预言，并与当今的技术进展进行对比。
2. 技术伦理在文学中的反映：从一部特定的文学作品出发，探讨技术进步和伦理考量之间的张力。

3. 古代与现代技术观念的对比：选取一部古代文学作品和一部现代文学作品，分析其中的技术观念，探讨时代对技术的态度变迁。

4. 技术、文化与文学：研究文学如何反映了某个时代的文化背景和对技术的态度，特别是如何看待技术对文化和人性的影响。

5. 技术的双重性：研究文学如何揭示技术既有积极的推进社会发展的一面，又有可能带来不良后果的一面。

第 2 章
中国文学中的技术与创新

2.1 古代文明与科技启示

2.1.1 文学与古代技术的印象

当我们谈到古代中国的文学时，我们大多会想到那些经典的诗、散文和小说，却很少关注文学中所反映的技术与创新。其实这些古代文学并不仅仅是为了表达个人情感或描述风景，它也是一个工具，被用来传播知识、普及科技，并深化对周围世界的理解。文学作品中的故事、寓言和描述经常与当时的技术和科学知识交织在一起，为读者提供了宝贵的视角来看待古代社会的科技进步。

1. 《左传》与古代战争技术：战车与策略

《左传》是中国古代的一部史书，为《春秋》三传之一。它记录了春秋时期各诸侯国之间的战争、外交、政治和社会变革，其中多次提及当时的战争技术和战略。

1）战车的重要性

在春秋时期，战车是主要的战争装备，代表了国家的军事实力和技术水平。它不仅仅是交战的工具，更是战场上的移动指挥中心。每辆战车通常由一名车夫、一名射手和一名持矛的武士组成。战车的数量、制造技巧和运用方法成为诸侯国实力的重要标志。

2）战车与骑兵的互动

随着铁器的普及和马匹的改良，骑兵逐渐崭露头角，成了战争的新变数。在某些战役中，战车需要与骑兵协同作战，共同形成冲击力。《左传》中有对此类战术的详细描述和评价。

3）战术与策略

《左传》不仅记录了战争的结果，还深入地剖析了战术的运用和战略的选择。例如，如何根据地形和敌情调整阵型，如何使用战车进行迂回或冲锋，如何利用天气和地势进行伏击等。

4）战车与社会地位

在春秋时期，拥有战车是权力和地位的象征。诸侯和大夫们常常以拥有战车的数量来展示自己的实力和威望。同时，成为战车上的武士也是当时青年贵族追求的荣誉。

《左传》为我们提供了一个生动的画面，展现了春秋时期战车在战争中的重要地位，以及与之相关的各种战术、策略和社会文化。通过这些记录，我们可以更加深入地了解古代中国的战争技术和战争艺术。

2. 《墨子》：古代技术与思想的结合

《墨子》是先秦时期墨家学派的著作总集。它不仅仅是一部哲学书籍，更是一部融合了伦理、物理、光学和策略的综合性著作。

1）技术与哲学的紧密结合

墨子和他的追随者们充分认识到，要解决社会的问题，单纯的哲学思考是不够的，还需要实用的技术知识。因此，他们在《墨子》中融入了众多的技术细节和原理，如简单的光学原理和机械装置。

2）技术的实用主义

与其他学派不同，墨家学派强调的是技术的实用价值。他们认为，只有那些能够直接应用于解决实际问题的技术才是有价值的。这种实用主义的思想带来了他们在机械制造、城市防御和光学等领域的诸多创新。

3）技术与社会价值观的相互作用

墨家学派认为，技术不仅是工具，更是推进社会进步的关键。他们主张"兼爱非攻"，反对不必要的战争，认为应该使用技术来加强城池的防御，而不是进攻他人。

通过《墨子》我们可以看到，古代中国的技术和哲学是如何紧密结合的。墨子和他的追随者们为我们提供了一个宝贵的视角，让我们看到古代科技与社会、道德和哲学之间的复杂互动。

3. 古代社会的核心价值与技术的位置

古代社会主要强调的核心价值是人与人之间的和谐、个人与自然的共生关系以及对传统和礼节的尊重。在这样的价值体系中，技术往往被视为一种用于改善生活、增强国家的实力或满足特定的社会需求的工具。技术的进步和发展通常受到实际需求的推动，如农业技术

的进步以满足食物需求，或战争中的新技术以增强国家的防御能力。

虽然技术的发展为古代社会带来了许多实际利益，如产量更高的农作物、更为坚固的城墙和更为精美的工艺品，但技术本身并未被置于价值的中心。相比之下，道德品质、儒家学说中的仁、义、礼、智、信，以及与天地和谐相处的道家思想，被视为更为重要的存在。

此外，从事技术工作的人，如工匠或农民，在社会地位上往往不如学者或官僚。技术和手艺被视为一种"下层"工作，而对经典文献的学习和研究则被视为更高尚的追求。这一观点反映在当时的文学和艺术作品中，工匠和技师很少被歌颂，而文人和士大夫则经常被高度赞誉。

然而，尽管技术在社会地位上可能并不占据中心位置，但它在古代文明的形成和发展中起到了关键作用。从长城的建设、秦始皇陵兵马俑到宋代的火药和指南针，技术的进步不仅改变了人们的生活方式，也为文明的扩张和文化的传播打下了坚实的基础。

2.1.2 《山海经》与古代的技术想象

1. 神话中的飞行器与现代技术的回声

1）嫦娥飞到月宫

在中国神话中，嫦娥服下仙丹后，飞升至月宫。这个故事让我们想起现代的宇宙飞船和太空探索。如今，人类已经成功登陆月球，并考虑在那里建立基地。

2）九天玄女的羽扇

在古老的传说中，九天玄女持有一把羽扇，这把扇子能够调控风和天气，甚至能使之飞翔。与之相似的是，现代的无人机和直升机可以在空中自由操控，对天气和环境因素有一定的抵抗能力。

3）风火轮

在《封神演义》中，哪吒的一对风火轮，能够在空中飞翔。这与现代的飞机或喷气背包有一定的相似性，都是利用特定的技术在空中快速移动。

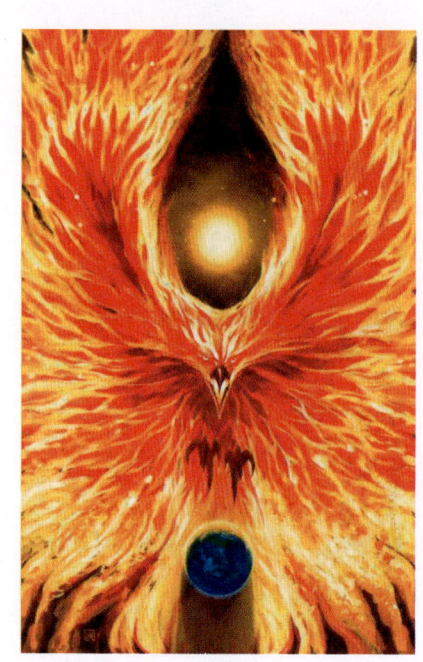

4）瑶池金母的云梯

在某些神话故事中，瑶池金母会使用云梯来往于天地之间。这种云梯的描述让我们想到了现代的空间电梯理论，即一种概念性技术，预计可以直接从地球连接到外层空间。

5）葛洪的铜人木鸟

据说道教仙人葛洪制造了一个竹蜻蜓，是中国人关于"飞翔"的又一项重要发明。这与现代的无人机技术和机器人技术相呼应，都是用机械和技术来模拟生物的飞行能力。

中国古代神话和传统故事中对飞行器的描述展现了人类对飞翔和探索的古老渴望。而随着现代技术的发展，许多曾被视为纯粹想象的故事元素已经成为现实。

2. 奇珍异兽与古代生物技术的探索

在中国古代文学中，奇珍异兽的出现往往富有寓意和象征，而且也显示了人们对于自然界的好奇和探索。这种对未知生物的描述，既体现了古代社会对生物多样性的认知，也隐含了对生物技术的探索和幻想。

1）凤凰

作为中国神话中的神鸟，凤凰代表了美好、祥瑞和和谐。它的出现往往预示着繁荣和和平。在古代，对凤凰的描写和崇拜可能反映了人们对生物进化和遗传学的早期好奇，试图从中寻找生命的起源和进化。

2）九尾狐

九尾狐在中国神话中是智慧和魅力的象征。但同时，它也可能暗示了古代人民对基因变异和生物进化的初步理解。多余的尾巴可能被解释为某种形式的生物突变。

3）麒麟

麒麟是吉祥和正义的象征。其外形结合了多种动物的特点，可能反映了古代人对生物多样性的探索和对异种杂交的好奇。

4）螭吻

这是一种没有角的龙，在古代建筑和雕塑中经常出现。它可能代表了古代人民对遗传变异和生物演化的认知，尤其是在没有外部刺激下自然发生的变异。

5）草木石之生命

在许多古代故事中，草木石头都有生命。这种观点与现代生物技术中的生命起源理论和合成生物学有些相似——都在探索什么是生命，以及生命的起源和界限在哪里。

古代文学和艺术作品中对这些奇珍异兽的描述，不仅反映了古代人对自然界的敬畏和探索，也暗示了他们对生物技术的早期好奇和探索。而现代生物技术的发展，从某种程度上说，是对这种好奇和探索的继续和深化。古代的想象和传说与当今的科学实验室中的尝试，都在试图理解生命的奥秘。

3.《山海经》中技术的奇幻与实用描绘

《山海经》是中国古代的一部地理志和神话集，详细描述了当时所知的山川、地理、民族以及各种奇珍异兽。在这部作品中，除了对自然和生物的描述，还包含了对技术的奇幻和实用的描绘。

1）矿藏与采矿

《山海经》中提到了各种矿藏，如金、银、铜、玉等，并描述了相关的开采技术。这些描述显示了古代中国对矿产资源的认知和采集技术。

2）农业与栽培

书中有对特殊农作物的描述，如能够自行播种的谷物、具有特殊功效的草药等。这暗示了古代对农业和栽培技术的了解和探索。

3）建筑与土木

《山海经》描述了各种宫殿、城池和桥梁，包括使用特殊材料建造的建筑。这展示了古代对建筑和土木技术的掌握。

4）交通与交流

书中提到了多种交通工具，如能够在水、陆、空中行驶的车辆，以及特殊的道路和桥梁系统。这反映了古代对交通技术的需要和探索。

5）兵器与战争

《山海经》中有对各种兵器的描述，如射出雷电的弓、能够喷火的盾牌等。这体现了古代对武器和战争技术的了解和创新。

《山海经》不仅为我们展示了古代中国的地理、生物和文化，还为我们提供了一个窥探古代技术的奇幻和实用的机会，展现了古人对技术的探索和创新精神。

2.1.3 道家思想与技术的关系

1.《道德经》中的自然法则与技术的哲学

《道德经》是老子所著，被誉为道家学派的经典之作。它不仅探讨了哲学和伦理，还涉及了对自然和宇宙的认知，这些思考与现代技术哲学之间有一定的联系和互动。

1）顺应自然

《道德经》中多次提到"无为而治"的思想，强调人与自然和谐相处，不进行过度的干预。这与现代技术哲学中的一些观点相吻合，强调技术发展应当顺应自然，避免对环境造成不可逆的伤害。

2）简单与复杂

《道德经》中提到，"五色令人目盲，五音令人耳聋"。这反映了对简约之美的崇尚。在现代技术领域，这也被认为是一种设计哲学，强调简洁、用户友好的设计，而不是复杂且难以理解的。

3）谦卑与创新

老子在文中多次强调谦卑的重要性，如"水利万物而不争"。这与现代技术哲学中对持续创新和学习的重视相呼应。技术进步需要不断地创新，但同时也需要谦卑地认识到自己的局限，不断学习和进步。

4）道与工具

"道"在《道德经》中是一个核心概念，代表了宇宙的根本原则和自然的法则。而技术，可以被看作是人们用来实现特定目标的工具。在这样的哲学观念下，技术应该被看作是顺应"道"的工具，而不是与之对立的力量。

5）和谐与平衡

《道德经》中多次强调万物之间的和谐与平衡。这与现代技术发展中的可持续性和生态平衡观念相契合。技术的发展应该寻求与环境、社会和经济的和谐，而不是单一的追求效率或盈利。

2. 金丹炼成与古代化学技术的思考

金丹炼成，作为道教炼丹术的核心，有着深厚的哲学和宗教背景。从技术与科学的角度看，金丹炼成与古代的化学和医学实践有着诸多联系。

1）化学实践的早期

古代的炼丹术实际上是化学的早期形式之一。通过对各种物质（如草药、矿石、金属等）的加工、混合和提炼，炼丹师试图制作出长生不老的药物或神秘的物质。这些实践与后来的化学实验有着相似之处。

2）对物质的探索

金丹炼制过程中，炼丹师对物质的性质和转化有着深入的探索。例如，他们尝试将普通金属转化为金或寻找能够延长寿命的仙草。这种对物质的好奇与现代化学中的物质探索相似。

3）实验与观察

炼丹师在实践中不断观察变化，调整方法，形成一套独特的实践方法论。他们对火候的掌握、对材料的选择都需要细致的观察和实践，这与现代科学方法的精神相契合。

4）与医学的关联

许多炼丹的成果被用作医疗药物。炼丹师们制作的药物，旨在调和人体的阴阳、五行，以实现身体的健康和长寿。

5）宗教与哲学

炼丹不仅仅是物质实践，它还深深植根于道教的哲学和宗教观念中。金丹炼成被视为修行的一部分，旨在净化身心，追求与宇宙的和谐。

3. 道家对于技术进步的节制与包容

道家哲学，源自古老的中国思想，主张人与自然和谐共处、顺应宇宙的规律。对于技术进步，道家持有一种既节制又包容的态度。这种态度与技术和自然之间的关系紧密相连。

1）节制之道

顺应自然：道家主张"顺道而为"，认为一切行为都应当顺应自然的规律。对于技术进步，这意味着应当避免过度干预和改变自然，而是要与自然和谐相处。

无为而治：这是道家的核心观念之一，主张不进行不必要的干预。在技术领域，这可以理解为避免过度技术化，而是采用更加简单、自然的方法来解决问题。

反对盲目追求：道家认为，盲目地追求物质、名誉或技术进步会导致人与自然的脱节，从而引发问题。因此，技术进步不应该是为了进步本身，而是为了更好地服务于人与自然的和谐。

2）包容之道

技术作为工具：道家认为技术是服务于人们生活的工具，只要其目的正确，并且不破坏自然的平衡，就可以接受和使用。

与时俱进：尽管道家强调传统和自然，但并不反对与时俱进。只要新技术和新方法与道家的核心观念相符，道家是可以接受的。

整体观念：道家看待事物更注重整体和关联性，而不是孤立和线性。这使得道家对于技术的多元性和多样性持有开放和包容的态度。

2.1.4 技术、古代文明与中国古典文学

1.《红楼梦》中的园林艺术与建筑技术

《红楼梦》是清代作家曹雪芹所著的一部经典小说，被誉为中国古典小说的巅峰之作。小说中对于贾府的大观园进行了细致入微的描绘，展现了当时园林艺术与建筑技术的精湛水平。

1）园林布局

大观园布局复杂而精致，融汇了江南园林的特点。园中有山有水，亭台楼阁错落有致，形成了一种小景中有大意，大景中有小趣的艺术效果。

2）建筑技术

园内的各种建筑如曲廊、楼台、房舍等，都显示了当时建筑的工艺和技术。例如，雕梁画栋、精美的窗花、巧妙的楼梯结构等，都充分展现了古代建筑师们的智慧和技艺。

3）与自然和谐共生

大观园的设计强调与自然的和谐，不论是水池、溪流、山石还是植被，都被巧妙地纳入园林的设计之中。这体现了中国古典园林的核心理念，即人与自然的和谐统一。

4）象征与隐喻

大观园不仅仅是一座园林，它还充满了象征和隐喻。如"潇湘馆""怡红院"等名称，都与小说的情节和人物有着深厚的联系，增强了艺术的表现力。

5）细节之美

无论是小桥流水，还是院中的树木花草，都描绘得十分细致。这些细节不仅展现了园林艺术的美，也表现了当时技术的精细程度。

6）空间与情感

在小说中，大观园不仅是物理空间，更是情感的载体。园中的各种景致与小说中的情节、人物紧密相连，形成了一种情感与空间的互动。

2. 《徐霞客游记》：探险技术、地理知识与文学魅力的交融

《徐霞客游记》不仅是明代旅行家徐霞客对自己探险经历的记录，而且是一部充满文学魅力的作品。它将地理知识、探险技术与细腻、生动的叙述结合在一起，为读者呈现了一幅古代中国的壮美画卷。

1）生动的描述与精湛的文笔

徐霞客的叙述风格灵动而传神，他对自然景观、古迹和人文的描述都具有深厚的文学感染力。无论是高耸入云的山川、激流勇进的河流，还是各地风土人情，都被他用诗意的语言描绘得栩栩如生。

2）导航与路线选择

徐霞客对地形、气候和季节的选择都有着深入的了解，这背后蕴藏着丰富的地理知识和探险技术。在他的游记中，经常可以看到对河流、山脉和交通要道的细致描述，展现了他对路线选择的策略性思考。

3）与当地文化的交融

徐霞客不仅是一个探险家，还是一个出色的文化交流者。他与当地居民的亲密交往、对各地风俗和信仰的尊重和欣赏，都为他的游记增添了浓厚的文化色彩。

4）探险工具与技术的文学化

尽管罗盘、地图和船只等探险工具在当时是先进的技术产物，但在徐霞客的笔下，这些工具不仅是实用的器械，更是与他探险经历紧密相连的故事元素。他如何利用这些工具、在何种情境下遇到的困境，都成为游记中令人回味的段落。

通过这部游记，我们不仅可以深入了解古代中国的地理知识探险技术和文化交流，还可以感受到徐霞客独特的文学魅力，体验他对自然和人文的深情厚谊。

3. 古代文学中的技术描绘与现代科技的相互映照

古代文学中的技术描绘与现代科技的相互映照是一个非常有趣的议题。古代文学中的技术描述不仅反映了当时的科技水平和社会背景，而且在某种程度上预示了现代科技的发展方向。以下是其中的一些映照和对比：

1）飞行器的描绘

在古代文学中，如《西游记》中的筋斗云和《封神演义》中哪吒的风火轮，它们被描述为可以让人在空中飞翔的神奇交通工具。这与现代的飞机、无人机或其他飞行器有相似之处。

2）通信工具

《山海经》中描述的"风语"或者"烟信"等古代通信方法与现代的电话、互联网、无线通信等技术形成对比。

3）生物技术的探索

《山海经》中提及的各种奇珍异兽，可能是古人对基因工程或生物突变的朦胧认知。而今日的基因编辑技术、克隆等科技，可以说是这种认知的现代体现。

4）化学与炼丹

古代的道家炼丹术可能是对化学的早期尝试。而《道德经》等经典文献中对自然法则的探讨，与现代技术的哲学基石有所共鸣。

5）建筑技术

《红楼梦》中的大观园和其他古代文学作品中对建筑的描述，预示了现代建筑技术的发展方向，如园林艺术、建筑材料的选择等。

6）兵器与战争技术

古代文学如《水浒传》中的武器描述，与现代的军事技术，如火箭、导弹等都是人类进行的技术创新。

7）地理探险技术

如在《徐霞客游记》中，徐霞客将地理知识、探险技术与细腻、生动的叙述结合在一起。

2.2 近现代的技术与文学的碰撞

近现代，随着工业革命和科技飞速发展，技术和文学之间的互动变得更加密切。新的技术进步为文学作品提供了丰富的素材，同时文学也反映和批判了科技对人类生活和文化的影响。

● 2.2.1 文学与近代科技的变革

在近现代，随着火车、汽车、电影、电话、广播等新技术的出现，文学开始描绘这些技术如何改变了人们的生活方式、思维方式和社会关系。

1. 《边城》：交通技术与乡村的变迁

沈从文的《边城》呈现的是湘西小城发生的故事。虽然小说的背景是 20 世纪 30 年代的中国，但其中涉及的交通技术与乡村的变迁主题，与近现代科技发展和城市化有着深厚的联系。

在《边城》中，船夫和渡船是重要的元素。河流是这个小城的主要交通途径，而渡船则承载了人们的情感和生活。但随着时间的推移，新的交通技术，如火车和汽车，开始威胁到这种传统的生活方式。这种变迁不仅影响了人们的出行方式，还改变了他们的价值观、生活习惯和社会结构。

《边城》通过描绘一个小城的日常生活，反映了近现代科技变革对中国传统生活的冲击和影响。这部作品提醒我们，科技进步虽然带来了便利，但也可能导致传统文化和价值观的流失。

这种在文学中对技术进步的反思和批判，在很多近现代作品中都有所体现，它们与现代社会的快速发展形成了有趣的对话。

2. 鲁迅的《呐喊》与现代都市的技术景观

鲁迅，作为 20 世纪中国最杰出的文学家之一，其作品深刻地反映了当时中国的社会变革和思想觉醒。《呐喊》是他的第一部短篇小说集，其中包含了许多脍炙人口的作品，如《狂人日记》《药》《阿Q正传》等。

1）社会变革与技术发展的背景

鲁迅生活的时期正值清朝晚期到民国初年，这一时期中国正经历巨大的社会变革。新的科技和工业化进程逐渐介入，但相对于西方，中国的技术进步和都市化进程较为滞后。

2）《呐喊》中的技术元素

在鲁迅的小说中，技术和现代都市景观并不是直接的主题，但在某些场景和细节中，我们可以窥见那个时代的技术影子。例如，在《狂人日记》中，狂人对社会的批判，在某种程度上可以解读为对快速变化的社会和技术发展的担忧和不安。

3）与现代都市的技术景观相互映照

当我们将《呐喊》与现代都市生活进行对比时，可以发现许多相似之处。现代都市中，技术进步和数字化生活方式虽然给人们带来了便利，但同时也引发了人与人之间的疏离感、心理压力和对传统价值的迷失。鲁迅的小说中对传统与现代、个体与社会的冲突和矛盾，与现代都市生活中的技术困境形成了有趣的对话。

鲁迅的《呐喊》虽然是20世纪的作品，但其对社会变革的敏锐洞察，使得它与现代都市的技术景观仍有深刻的关联和启示。

3. 近代社会变迁中技术的推动力与其在中国文学作品中的表达

从清末到民国时期，中国经历了剧烈的社会、政治和文化变革。技术的进步对这些变革产生了直接或间接的影响，从而使文学作品中对技术的关注与反思逐渐增多。

1）技术推动的社会变革

铁路与近代交通：清末至民国，铁路的建设加速了地域间的交往，也催生了城市化。这不仅改变了物质交流的方式，也加快了文化和信息的传递速度。

印刷技术：新型印刷技术使得报纸、杂志和书籍的传播速度大大加快，为新思想、新文化的传播提供了平台。

通信技术：电报的出现改变了消息传递的方式，加快了信息的流通速度，使人们的思想和行动更加紧密和高效。

2）技术在中国文学中的表达

对都市化的描述与反思：随着城市化进程的加速，许多作家开始关注城市与乡村之间的关系，如鲁迅的《药》描述了城市与乡村之间的矛盾和冲突。

对技术进步的矛盾态度：在巴金的作品中，我们可以看到对现代化和技术进步的欢迎与担忧。尤其在《家》《春》《秋》三部曲中，体现了对都市化和技术进步的复杂情感。

对信息传播的反思：作家们对报纸、杂志的普及和信息时代的到来有所关注。例如，茅盾在《子夜》中对报纸的力量和影响进行了深入描写。

3）近代社会的变迁与技术的关联

中国近代文学中的技术元素不仅仅是为了展现当时的社会背景，更多的是作为一种隐喻，对当时的社会变革、文化碰撞和人们心灵的变迁进行深入反思和探索。

2.2.2 《茶馆》与都市化的变迁

1. 都市化与技术：北京的历史演变

《茶馆》是老舍先生的经典剧作，通过精心选择的三个时期，对一个世纪的历史变迁进行了反映。老舍笔下的北京城从晚清、北洋时期到新中国成立前夕都经历了巨大的变革，这其中都市化与技术的角色不可忽视。

1）清末的北京与初现的现代技术

在《茶馆》的第一幕，背景设置在晚清时期。那时的北京虽然仍旧保留着许多古老的传统和习俗，但随着列强的入侵和洋务运动的推进，西方的技术与文化开始对北京产生影响。轨道交通、电报、洋枪、洋炮等新技术的出现，预示着一场都市化的风暴即将来袭。

2）北洋时期：都市化与现代生活

北洋时期的北京见证了一系列的政治变革和社会动荡。但在这背后，都市化的进程在持续加速。道路扩建、铁路交通的拓展、电力的普及等都为北京带来了前所未有的便利。《茶馆》中的人物也开始更多地接触到这些新的技术，它们不仅仅是一种物质的变革，更是一种生活方式和思维方式的转变。

3）新中国成立前夕：传统与现代的交织

到了《茶馆》的第三幕，北京已经经历了深刻的都市化进程。新的技术和生活方式已经深入人心，但传统的影子仍旧存在。电影院、收音机等现代娱乐方式与传统的茶馆文化产生了交织，也产生了碰撞。人们在享受技术带来的便利的同时，也开始反思传统与现代之间的关系。

《茶馆》不仅仅是一部反映社会历史变革的剧作，更是对都市化与技术在中国特定历史背景下产生的影响的深入思考。

2.《茶馆》中的技术与传统的碰撞

老舍的《茶馆》描绘了时代的风云变幻，三个不同的历史阶段，都体现了都市化和技术对传统生活方式的影响。在这部作品中，技术与传统之间的碰撞显得尤为鲜明。

1）传统的避世之所与现代化的冲击

茶馆，在中国传统文化中，是人们休闲、交流的场所，凝聚了中国传统的生活气息和哲学思考。然而，在《茶馆》中，随着时间的推移，这种传统的交流方式逐渐受到了技术和都市化的冲击。从晚清的马车、自行车，到北洋时期的汽车、电影，再到新中国成立前夕的收音机、电话，这些技术在作品中都有所体现，与传统的茶馆文化形成鲜明对比。

2）都市化的步伐与茶馆的衰落

随着北京城的现代化进程，传统的茶馆文化逐渐被边缘化。在北洋时期，新兴的娱乐方式如电影、歌舞等逐渐取代了茶馆的地位。随着时代的快速变化，传统的茶馆已经难以适应新的社会节奏，最终走向衰落。

3）技术与人的关系

在《茶馆》中，技术不仅仅是一种生活方式的转变，更是一种思维方式的转变。随着技术的进步，人与人之间的关系也发生了变化。比如，随着电话的出现，人们的交流方式发生了革命性的变化。这也使得茶馆这种传统的交流场所的意义大大降低。

老舍通过《茶馆》这部作品，展现了技术与传统之间的碰撞和交融，对都市化、技术进步与传统文化之间的关系进行了深刻的思考。

新舞台剧《茶馆 PLUS》

3. 技术的日常与异化：从《茶馆》看都市人的生活

《茶馆》虽然主要描写的是一家老茶馆的兴衰变迁，但其中涉及的都市化和技术的变迁为我们提供了一个观察框架，从中我们可以看到技术在都市人生活中的影响和转变。

1）技术的日常渗透

随着技术进步，技术开始渗透到人们的日常生活中。从马车到电车，从手写信到电话，这些技术的出现使都市人的生活节奏加快，交流方式发生了根本性的变化。技术的日常化意味着都市人开始依赖技术来完成日常的工作和社交，技术成为了都市生活不可或缺的一部分。

2）技术与生活的异化

然而，技术的快速发展和日常渗透也带来了生活的异化。在《茶馆》中，随着时间的推移，茶馆从一个热闹的社交场所逐渐变成了一个冷清的、被遗忘的角落。技术改变了人们的交流方式，使得传统的面对面的交流方式被逐渐取代。这不仅仅是物质上的变化，更是人与人之间关系的异化，使得人们之间的距离变得越来越远。

3）对传统与技术的反思

老舍通过《茶馆》表达了他对都市化和技术进步带来的变迁的反思。他认为，技术虽然给都市人带来了便利，但也使得人们失去了与传统和文化的联系。技术的日常化与异化是都市化进程中不可避免的问题，但如何平衡技术和传统、如何避免人与人之间的异化，则是都市人需要思考的问题。

《茶馆》展现了技术对都市人生活的影响，使我们思考如何在都市化和技术进步的背景下，找回与传统和文化的联系，避免生活的异化。

2.2.3 现代科幻文学与技术的深度探讨

科幻文学，特别是现代科幻文学，已经成为技术与人类未来关系的一面镜子。在这样的文学中，我们可以看到对科技进步和技术伦理的探索与反思。

1. 刘慈欣的《三体》：对宇宙技术的幻想与反思

1）技术与人类文明的交互

《三体》描述了一个先进文明三体文明与地球文明之间的交互。在这个交互过程中，三体星人利用其超越地球的技术力量，试图征服地球以解决自己文明的危机。这不仅揭示了技术力量的重要性，还提醒我们在面对外来技术时需要有所警惕。

2）宇宙技术的深度

《三体》中的技术描写涵盖了从微观到宏观，从基本粒子操控技术到星际穿越的技术。这为读者打开了一个对宇宙科技无尽的幻想空间。

3）技术的伦理反思

三体星人的技术力量虽然强大，但他们的征服性本质也引发了对技术使用的伦理反思。当技术力量超出人类控制时，是否应该盲目地追求更高的技术，还是应该思考技术带来的潜在威胁？

4）人类对待技术的态度

在《三体》中，人类面对三体文明高度发展的技术时展现出了不同的态度：有的人视其为神明，有的人则选择与之对抗，而有的人则选择与之合作。这些不同的态度体现了人类在面对未知技术时的复杂情感。

2. 刘慈欣的《时间移民》：技术与时间的哲学辩证

《时间移民》是刘慈欣的一部短篇科幻作品，展示了人类利用技术进行时间移民的想象。这部作品提供了一个独特的视角来反思技术对人类和时间关系的影响。

1）技术的力量与时间的弹性

在《时间移民》中，技术赋予了人类改变时间的能力。在传统观念中，时间是不可逆转的，而在这个故事中，时间成了一个可以"居住"的地方。这种展现不仅挑战了我们对时间的传统认知，也显示了技术如何为人类打开前所未有的可能性。

2）时间的选择与人生的意义

通过技术，人类有了选择在哪个时代居住的自由。这带来了一个哲学问题：如果我们可以选择生活在任何时代，那么什么是真正的人生意义？时间的流逝是否还具有意义？人生的珍贵性是否仍然存在？

3）技术的代价

虽然时间移民听起来是一个吸引人的概念，但它也带来了一系列的代价。例如，历史和未来的界限变得模糊，人与人之间的关系因为时间的差异而受到影响。这种代价使得我们重新思考技术进步的意义和价值。

4）对未来技术的警示与反思

通过《时间移民》这样的故事，刘慈欣不仅探讨了未来技术的可能性，还警示我们对于技术的盲目崇拜。技术虽然有其强大之处，但我们也需要对其进行深入的反思和批判。

刘慈欣的《时间移民》为我们展现了一个技术与时间相交融的未来世界。通过这部作品，我们不仅可以窥见未来技术的可能性，还可以对我们当前的技术和文化进行反思。

3. 当代科幻文学中对于未来技术的设想与警示

当代的科幻文学在描述未来的同时，往往不仅仅是对技术的简单幻想，更多的是对其背后的社会、文化和哲学意义的探索。它为我们提供了一个独特的视角，既展示了技术进步带来的无数可能性，又对这些变革背后可能引发的负面影响给予了警示。

1）技术进步的双面性

在当代科幻作品中，技术进步往往被描述为一把双刃剑。它既为人类带来了前所未有的便利和机会，也可能为人类带来毁灭性的后果。例如，高度的自动化和智能化可能使生活变得更加轻松，但也可能导致大量的人员失业和社会不稳定；人类对外太空的探索可能会找到新的生存空间，但也可能遭遇强大的外星文明，带来灭绝性的威胁。

2）技术与人的关系

科幻作品也经常探讨技术与人的关系，特别是在人工智能和生物技术快速发展的背景下。机器人、克隆人、生物改造等技术可能会挑战我们对"人"的定义和界限。在这样的背景下，人类的道德观、价值观和法律都可能需要进行深入的反思和调整。

3）对未来的警示

许多科幻作品不仅仅是对未来的设想，更多的是对未来可能出现的问题和挑战的警示。它们提醒我们，技术进步并不是一件单纯的好事，它带来的变革需要我们时刻保持警惕和反思。未来的世界可能充满了奇迹，但也可能充满了未知的危险。

当代科幻文学为我们提供了一个独特的视角，帮助我们更深入地理解和反思技术进步带来的变革和挑战。它不仅仅是对未来的设想，更多的是对未来的警示和思考。

2.3 当代文学与技术：冲突与和谐

当代文学在探索技术时，往往不再仅仅是对技术的赞美或幻想，而是开始关注技术给个体和社会带来的深层次影响，包括伦理、自由、控制、人性等多方面的问题。

2.3.1 当代文学中的技术足迹

技术在当代文学中呈现为一个多面手，既是人类进步的象征，又可能是对人类自由和人性的威胁。这种矛盾性质的描绘深化了我们对技术的认识，不再是单纯的好或坏。

1. 王小波的《黄金时代》：自由与社会压迫

《黄金时代》是一部描绘技术控制与社会规范压迫的代表作品，通过主人公的经历，王小波对自由与社会控制进行了深刻的探讨。

1）社会控制与个体反抗

在《黄金时代》中，社会结构高度规范化，个人自由被严重压制。尽管没有直接描绘具体的技术控制手段，但是王小波通过对社会控制的描写，展示了个体在追求自由过程中的挣扎。主人公及其朋友们时常对这种控制表示不满，试图寻找突破的方法，追求真正的自由和人性的释放。

2）自由与压迫

主人公在追求自由的道路上，不断与社会规范产生冲突。尽管没有具体的技术描写，但这些规范往往是通过社会的制度和文化手段实现的，对个体的思想和行为进行控制。这种矛盾使人们对自由的渴望和对压迫的反抗更加鲜明。

3）对社会控制的警示

王小波通过《黄金时代》表达了对社会高度控制的担忧。他警示我们，在追求进步和秩序的过程中，如果忽视了个体的自由和人性，可能会导致人性的压抑和自由的丧失。王小波提出了一个重要的问题：在一个高度规范化的社会中，如何在追求社会进步的同时，保护个体的自由和人性？

2. 余华的《活着》：技术进步与农村生活的断裂

余华的《活着》不同于一般对技术与都市关系进行探讨的文学作品，而是站在农村的角度，揭示了技术进步对传统农村生活模式的冲击与改变。

1）农村生活的变迁

《活着》描绘了一家人在中国历史变革中经历的种种艰辛。小说中的主人公福贵从地主到一无所有的贫农，再到放牛的老者，他的生活经历了剧烈的变化。而这种变化，与技术进步和农村的变迁相互关联。

2）技术进步带来的机会与挑战

随着新技术和现代化的农具逐渐进入农村，传统的农业劳作方式受到了挑战。比如曾经的人力和畜力耕作被现代农机替代，这无疑提高了生产效率，但同时也导致部分农民失去了生计。

3）传统与现代的冲突

余华通过福贵的眼睛，呈现了一个传统与现代相冲突的农村社会。随着技术的进步，许多传统的农村生活习惯和价值观念受到挑战。比如传统的家族观念在技术与经济的双重压力下逐渐发生变化，年轻一代更愿意外出寻找新的机会，而不再满足于农村的生活。

4）技术与农村的脱节

虽然技术推动了农村的发展，但它与农村的生活方式存在脱节。例如，一些新的农业技术可能不适用于某些农村的实际情况，或者当地农民无法承受高昂的技术成本。另外，新技术引入后，一部分农民可能因缺乏相关知识和技能而被边缘化，加剧了社会的不平等。

5）技术、都市与农村的三角关系

随着技术的进步，都市逐渐扩张，与农村的关系也日益紧密。一方面，农村供应食物和其他资源支撑都市的发展；另一方面，都市则为农村提供了新的技术和经济机会。然而，在这个互动中，农村往往处于被动地位，受到都市文化和技术的冲击，导致了农村社会结构和文化的断裂和流失。

6）技术带来的非物质变化

除了经济和生产方式的变化，技术还给农村带来了思想和文化上的变革。新的交流手段如广播、电视等使农村与外部世界的联系变得更加紧密，为农民提供了更广泛的知识和信息来源，也使他们的思想观念受到了挑战和冲击。

余华的《活着》通过细腻的笔触，揭示了技术进步对农村生活的深刻影响，不仅是物质层面的变化，更是文化和心灵上的冲突和挣扎。这本小说成了对技术、都市与农村三者关系的有力注释，鞭策我们深入思考技术与社会的复杂关系。

3. 当代小说中技术的背景与人物命运的关联

当代小说中，技术已经渗透到了人们的日常生活中，成为故事背景的重要组成部分。不仅仅是作为一个简单的工具或设备，技术在小说中更多地成了反映社会变迁、塑造人物命运、产生情节冲突的重要元素。下面我们探索一下这种关联。

1）技术与社会变迁

技术进步导致的社会变迁经常作为当代小说的背景。例如，互联网技术的发展改变了人们的交流方式，社交媒体的普及使人们的私生活更加公开。这种变迁不仅为小说提供了丰富的故事背景，也为人物的命运提供了新的可能。

2）技术与人物命运

技术在小说中经常作为一柄"双刃剑"出现。它既为人物提供了新的机会，也可能成为人物命运的转折点。例如，一个农村少年通过学习编程技能，改变了自己的命运；而另一位主人公可能因为不慎在社交媒体上泄露个人信息，而遭遇不测。

3）技术与情节冲突

技术进步引发的社会变化经常成为小说中情节冲突的源头。新技术可能导致职业的消失，造成人物间的矛盾和冲突；或者新技术可能导致道德和伦理的争议，如生物技术中的克隆、基因编辑等。

4）技术与人的孤独感

随着技术的进步，人们的交往方式发生了巨大的变化。尽管通信技术使人们的联系更加紧密，但降低了人们面对面交流的机会。这种矛盾经常在小说中被描写，反映了当代人内心的孤独和迷茫。

2.3.2 互联网与当代文学的碰撞

在互联网时代，文学的形式、传播途径、创作思路都发生了深刻的变革。微博、微小说等新兴文学形式应运而生，它们与互联网技术和现代生活方式紧密相连，展现出文学与技术融合的新趋势。

1. 微博文学

1）短小精悍

微博的 140 字限制要求作者在有限的字数中传达完整的思想，这使得微博文学形成了短小、直白的特点。微博文学鼓励作者进行简洁、有力的表达。

2）实时反应

微博允许作者快速地对社会事件作出反应，使文学创作更加贴近时事，具有强烈的时效性。

3）互动性

微博上的文学创作不是单向的，而是建立在与读者的互动之上的。读者的评论、转发和点赞都可能影响作者的创作方向。

2. 微小说

1）节奏紧凑

微小说的篇幅短小，要求故事结构紧凑，情节发展迅速，每一个词都要发挥其作用。

2）主题多样

微小说的主题覆盖了爱情、生活、悬疑、幻想等多种题材，为作者提供了广阔的创作空间。

3）技术的影响

在移动互联网时代，读者的阅读习惯发生了变化，对于短篇、快餐式的文学作品有了更高的需求。微小说正好满足了这一需求，与当代技术和生活方式形成了紧密的联系。

互联网技术不仅改变了文学的传播方式，还对文学的创作方式、表现形式产生了深远的影响。微博和微小说等新兴文学形式代表了文学与技术融合的方向，为当代文学开辟了新的创作空间。

3. 郝景芳的《北京折叠》：未来都市与技术的思考

郝景芳的短篇小说《北京折叠》在科幻文学界产生了广泛的影响。该作品探讨了技术对都市、人与社会关系的深度影响，同时也反映了对未来技术发展的担忧和反思。

1）都市的多重现实

《北京折叠》中的北京不再是一个单一的都市，而是被折叠成了多个维度的空间。这种技术的设置使读者对城市空间的理解和认知发生了颠覆。随着技术的发展，人们对于空间和时间的认识将变得越来越复杂。

2）技术与人的疏离

在被技术高度规划和管理的都市中，人与人之间的距离变得越来越远。居民们在不同的空间维度中生活，很少有机会与生活在其他维度的人交往。这种现象反映了在现代社会中，由于技术的过度发展，人们逐渐失去了真实的人际交往。

3）对技术的反思

《北京折叠》并不是对技术的盲目崇拜，而是提出了对技术过度发展可能带来的问题的警示。作品中的都市空间被折叠、割裂，成了技术的牺牲品，反映了作者对未来都市发展方向的担忧。

4）人类的选择与命运

在技术高速发展的背景下，人类需要作出选择：是继续依赖技术，还是寻找与技术和谐共存的方式？《北京折叠》提供了一个思考的平台，鼓励读者反思技术与人类命运的关系。

4. 互联网时代，技术对文学形式与内容的影响

互联网时代对文学的影响是深远的，这种影响不仅在于文学的传播和阅读方式，还深入到了文学的形式和内容。下面我们将分析技术如何影响文学的形式与内容：

1）形式的变革

短篇与即时性：互联网用户的阅读习惯更偏向于碎片化，短篇小说、微小说甚至"微博小说"等短文形式开始流行，能够快速吸引读者并在短时间内完成整个故事的叙述。

互动性与参与感：网络小说、网络连载小说与读者的互动性加强，作者可以根据读者的反馈进行创作调整。同时，一些平台还为读者提供了直接参与创作的机会。

多媒体整合：文学作品开始融合图片、音频、视频等多种形式，为读者提供了更加丰

富的感官体验。

2）内容的更新

现实主义与虚拟现实：互联网和技术的普及使得文学作品更加关注现代都市生活、网络文化、虚拟现实等主题。

科技幻想与反思：随着技术的快速发展，对于 AI、虚拟现实、基因编辑等技术的幻想与反思成了文学创作的新领域。

全球化视角：互联网打破了地域的限制，文学作品开始融入更多的跨文化、跨国界的元素，形成了全球化的视角。

社交媒体与日常生活：社交媒体、网络社交与日常生活的碰撞和矛盾成了新的创作主题。

2.3.3 技术乌托邦与反乌托邦在当代文学中的展现

技术乌托邦与反乌托邦是文学中两个重要的主题，尤其在科技高度发展的当代，这两种观点在文学中的体现更加明显。技术乌托邦提供了一个理想的、由技术引导和完善的未来，而技术反乌托邦则警告人们，过度依赖或不恰当的使用技术可能会导致的社会和人性的异化。

1. 陈楸帆的《荒潮》：技术与社会结构的重新定义

《荒潮》是陈楸帆的代表作，该小说描述了一个未来的时代，由于过度开发和环境污染，海平面上升，许多城市被淹没，导致出现大量的难民。与此同时，技术发展使得某些城市成为高度自动化的堡垒城市，而其他地方则陷入了落后和贫困。

在这部小说中，技术与社会结构的关系成了一个核心议题。技术的发展并没有如乌托邦那样造福所有人，反而加剧了社会的分化。高度自动化的城市与外界几乎完全隔离，它们拥有先进的技术和丰富的资源，但同时也失去了与真实世界的联系。而那些被淹没的城市和地区的居民，尽管生活在水深火热之中，但他们的团结和互助却展现出了人性的光辉。

陈楸帆用《荒潮》展现了一个技术反乌托邦的世界。在这个世界中，技术不是解决问题的万能钥匙，反而可能成为问题的源头。过度的技术依赖和盲目的技术崇拜可能导致人与人之间的疏离，以及社会的分化和不平等。

这部小说警示我们，在技术高速发展的当代，我们应该更加关注技术与社会、技术与人性之间的关系，确保技术真正地为人类的福祉服务，而不是造成新的问题和矛盾。

2. 马伯庸的《长安十二时辰》：古代长安城与技术的关系

马伯庸的《长安十二时辰》是一部以唐代长安城为背景的历史悬疑小说。书中将长安城这座古都的繁华景象描绘得淋漓尽致，同时也勾勒出了当时的科技与日常生活的融合。

1）长安城：古代的技术都市

长安城作为当时的世界级都市，汇聚了中华大地上最顶尖的技术。从建筑技术到农业技术，从医疗到手工业，长安城代表了当时的最高水平。马伯庸在小说中为我们展示了这样一个技术发达的都市：巧妙的排水系统使得长安城雨水畅通，而精密的日晷和漏壶则准确地告诉人们时间。

2）技术与日常生活

在《长安十二时辰》中，读者可以看到，无论是官员还是普通市民，他们的生活都与技术紧密相连。例如，道路规划、房屋建筑、灯火系统等，都反映出了当时的技术发展水平。更有甚者，小说中的一些关键线索，如墨水、纸张的制作工艺，都与技术有关。

3）长安城的技术思维

长安城不仅是当时技术的汇聚地，更是技术思维的中心。各种工艺、技术的创新和交流，使得长安城成了当时的技术和文化中心。从长安城的学术讨论到市场上的技术交流，都可以看到唐代人们对于技术的尊重和追求。

马伯庸的《长安十二时辰》通过对长安城这座古代大都市的细致描写，展现了技术在当时人们生活中的重要位置。这部小说不仅仅是一个历史背景下的悬疑故事，更是对古代中国技术文明的一次深入探讨。

3. 当代文学中的技术幻想与对未来的担忧与期待

在当代文学中，技术不再只是被动地作为背景存在，而是成了许多作品的核心主题。随着科技日益发展，人们对未来充满了无限的幻想，同时也伴随着对技术带来的负面影响的担忧。这种双重情感在文学作品中被反映得淋漓尽致。

1）技术幻想：超越与突破

未来都市：许多小说都描绘了一个技术高度发达的未来都市，其中包括高楼大厦、飞行汽车、高效的交通网络、智能家居等。这样的幻想展现了人们对于科技能够改变生活的乐观态度。

生物技术：在某些小说中，人类通过基因编辑、克隆技术或机械增强等方式超越了自身的局限，实现了长生不老、超人智慧等。

人工智能与虚拟现实：文学作品中经常出现的 AI 伴侣、虚拟旅行、全感官游戏等元素都代表了人们对于科技带来的无限可能的向往。

2）对未来的担忧

人机关系：当 AI 逐渐融入人类生活，人们开始担忧机器是否会超越人类，是否会对人类构成威胁。例如，AI 是否会夺取人类的工作、AI 的伦理问题、机器是否有情感等。

生物伦理：在进行基因编辑或克隆时，往往会涉及一系列的伦理问题。例如，是否应该克隆已故的亲人、是否可以为了追求完美而随意修改基因等。

技术对人们的影响：技术使人们的生活更加便利，但也可能导致人们过度依赖技术，失去真实的人际交往。

3）对未来的期待

尽管存在诸多担忧，但人们对未来仍然充满期待。技术为我们带来了许多方便，同时也为我们打开了前所未有的新世界。人们期望在未来，技术能够更加人性化，更加注重人的需求和感受。

绿色科技：随着环境问题的日益严重，人们希望技术能够为我们带来更加环保、可持续的生活方式。例如，零排放汽车、可再生能源等。

医疗技术：对于大多数人来说，健康是最重要的。因此，人们对于能够治愈重病、延长寿命的医疗技术寄予厚望。

教育和学习：随着 AI 和虚拟现实技术的发展，未来的学习可能会变得更加个性化和高效。人们期望技术能够打破传统的学习方式，为每个人提供最适合自己的学习方式。

更好的人机互动：随着技术的进步，人们期望与机器的交互变得更加自然和人性化。例如，更加智能的语音助手、可以理解人情感的机器人等。

当代文学反映出了人们对于技术的复杂情感。一方面，技术为我们带来了许多前所未有的可能性，使我们的生活更加丰富和多彩；另一方面，技术也带来了许多未知的挑战和风险。但无论如何，人们都对未来抱有期望，希望科技能够为人类带来更好的生活。

2.4 思考题和课程论文研究方向

思考题：

1. 《左传》中描述的古代战争技术与现代战争技术相比，有哪些相似之处和差异之处？
2. 《山海经》中的技术幻想与现代技术实现有何对应与出入？
3. 道家思想如何影响古代中国对于技术和进步的看法？
4. 现代科幻作品中，例如刘慈欣的《三体》，如何回应和反思现实中的技术挑战和哲学问题？
5. 互联网文学如何改变了我们对传统文学的定义和阅读方式？

课程论文研究方向：

1. 战争与技术的双重影响：以《左传》为例，探讨古代战争技术如何影响军事策略和社会结构，并与现代战争战术进行对比。
2. 古代神话与现代技术的对接：分析《山海经》中的技术幻想与现代技术的实际应用，思考古代文明对现代科技的预测力度。
3. 道家哲学与技术进步的关系：从《道德经》出发，研究道家如何看待技术与自然、进步与节制的关系。
4. 科幻与现实的边界：以刘慈欣的作品为核心，探讨科幻作品中对技术的展望与现实中技术的发展趋势。
5. 数字化时代的文学创作：从微博文学和郝景芳的《北京折叠》入手，分析互联网对文学形式、内容和传播方式的深度影响。

第 3 章
全球化背景下的技术影响

3.1 中国文学在全球通信中的位置

随着全球化的加速,技术对各国文化、包括文学的影响越发明显。尤其是互联网,它大大改变了文学的传播方式、形式与受众。中国文学在此背景下逐渐走上世界舞台,呈现出其独特的魅力。

3.1.1 互联网对中国文学的重新定义

在互联网崛起之前,文学的传播主要依赖传统出版渠道。但随着网络技术的普及,数字出版、自主创作平台、社交媒体等新型渠道纷纷涌现,中国文学的形式和内容也随之发生了变革。

1. 微信公众号的散文:短篇化、实时性与情感共鸣

微信公众号作为一个社交平台,其实时性、互动性为文学创作提供了新的可能性。尤其是散文,它短小、精致,适合在移动端阅读。以下是几个方面的讨论:

1)短篇化

随着人们的阅读习惯和时间受到限制,短篇散文逐渐成了微信公众号文章的主流。这种短篇散文追求内容的高效传达,简洁而不失深度。

2)实时性

微信公众号允许作者即时发布内容,使得文学作品可以快速响应时事,与读者产生即时的互动和情感共鸣。

3)情感共鸣

由于微信公众号的社交属性,作者与读者之间的距离被大大缩短。许多散文作者将个人的生活经历和感悟嵌入作品中,这种真实而贴近生活的写作风格容易引起读者的共鸣。

4)互动与反馈

在微信公众号平台,读者可以直接给作者留言、点赞、转发,使得文学作品的传播更加迅速,同时也为作者提供了即时的反馈。

2. 网络小说的崛起:如何塑造了现代青少年的价值观

网络小说,从 21 世纪初开始,在中文互联网上快速崛起,与传统文学形成了鲜明的对比。网络小说不仅在内容、形式、叙述结构上展现出新的特点,还在文化传播与价值观塑造方面产生了深远的影响。青少年，作为网络小说的主要受众，更是深受其影响，形成了与之前时代不同的价值观。

1）个性与自由

网络小说中的主人公往往坚韧、勇敢、与众不同，强调个性的独立和自由。这反映了当代青少年对于个人自由和权利的追求，与传统的集体主义形成对比。

2）梦想与努力

网络小说中的励志元素非常显著。从平凡到不凡的成长轨迹，使得青少年更加相信，只要努力，就能实现自己的梦想。

3）现实与幻想

现代网络小说往往融合了现实与幻想，表达了对现实世界的不满和对理想世界的向往。这种双重性使得青少年在认识现实的同时，也培养了丰富的想象力。

4）爱与关系

网络小说对于爱情的描述更加多元和开放，强调真实情感的重要性。这反映了青少年对于爱情的新定义，更加注重情感的真实与深度。

5）道德观念的碰撞

网络小说经常涉及正义与邪恶、善与恶的斗争。虽然有时为了情节发展会模糊道德界限，但总的来说，它强调了对于正义和道德的坚守。

6）科技与未来

很多网络小说都涉及高科技、AI、未来社会等元素，这无疑加深了青少年对于技术和未来的思考。

3.1.2 翻译技术让中国文学走向世界

随着技术的发展，翻译不再仅仅依赖于人工。机器翻译和 AI 翻译技术的崛起，使得各国的文学作品可以更快速、更广泛地被翻译和传播。这无疑加速了中国文学的国际传播，但同时也带来了文化交流中的挑战和误读。

1. 红楼梦的全球漫游：机器翻译下的文化交流与误读

《红楼梦》作为中国古典文学的巅峰之作，其深厚的文化背景、复杂的人物关系和细腻的情感描写都使得在翻译这部作品时面临巨大的挑战。

1）技术的便捷与限制

机器翻译虽然为《红楼梦》的全球传播提供了便捷之路，但也存在许多不足。机器翻译很难完全捕捉到原文的文化、历史和情感背景，这容易导致作品的原意被曲解或丢失。

2）文化交流的机会与挑战

机器翻译让更多的外国读者有机会接触到《红楼梦》，这无疑增强了中外文化的交流。然而，文化差异和机器翻译的局限性也使得外国读者很难完全理解作品的深层含义。

3）误读与创新

机器翻译的误读，有时会给外国读者留下不同于原意的印象。但从另一方面看，这种误读也可能激发新的解读和创新。例如，一些外国艺术家可能受到机器翻译版本《红楼梦》的启发，创作出独具特色的艺术作品。

4）人工翻译与机器翻译的结合

为了克服机器翻译的局限性，很多文学作品的翻译仍然需要人工修正和优化。专业的译者在机器翻译的基础上进行润色和调整，使翻译更加贴近原文的情感和意境，同时考虑目标语言的文化和习惯。这种结合方式不仅提高了翻译的效率，还确保了翻译质量。

5）文学价值与技术的平衡

在技术高速发展的今天，如何平衡文学的价值和技术的便捷性成为一个挑战。《红楼梦》等经典文学作品在被翻译和传播的过程中，必须保留其深厚的文化内涵和艺术价值。

6）未来的趋势

随着 AI 技术的进步，机器翻译将会更加精准，但人类的参与仍然是不可或缺的。未来，机器翻译可能更多地作为人工翻译的辅助工具，帮助译者更高效地完成工作，同时确保文学作品的"原汁原味"被传递。

翻译技术为中国文学的全球传播提供了巨大的机会，但在使用这些技术时，我们仍然需要对文学作品给予足够的尊重和细致的处理，以确保其真正的价值得以传递。

2. 从《西游记》到《三体》：技术如何助力中国文学的全球化

《西游记》和《三体》在中国文学史上都是里程碑式的作品。前者是中国明代的古典文学巨著，后者是 21 世纪初的现代科幻文学代表。尽管它们创作的时代、背景、内容和风格有很大差异，但这两部作品都在全球范围内受到了广泛的关注和欣赏。在这一进程中，技术起到了不可忽视的推动作用。

1）印刷技术与《西游记》

在明清时期，木版印刷技术已经得到了广泛应用，这使得《西游记》得以大规模复制和传播。而当近现代印刷技术进一步发展时，《西游记》便开始在海外流传，并被翻译成多种语言。

2）现代传媒与《三体》

当《三体》系列问世时，网络、社交媒体和数字出版已经变得无处不在。这些技术使得刘慈欣的作品能够迅速传播到全球各地，并在短时间内获得了国际读者的关注。

3）翻译技术的进步

从早期的人工翻译到现在的机器翻译辅助，翻译技术的进步使得中国文学作品能够更快速、更准确地被介绍到海外。

4）数字化与全球市场

电子书、有声书和在线阅读平台的兴起，使得中国文学作品可以更方便地进入全球市场。而流媒体平台，如 Netflix，也为文学作品改编的电视剧和电影提供了全球传播的途径。

5）文化交流与技术发展的相互促进

随着技术的进步，文化交流变得更为频繁和深入。这不仅增强了中国文学在国际上的影响力，也使得外国读者对中国的了解更加深入。

3.2 技术、身份与现代中国文学

3.2.1 身份在数字化时代的探索

1. 城市化与我：都市、技术与个体的孤立

现代中国文学在探索都市化和技术对个人身份的影响方面有着深入的探讨。在都市化和数字化的背景下，个体在物质和心灵层面上如何与都市和技术发生碰撞成为文学作品的一个重要主题。

1）都市与技术的孤立

都市的快速扩张和现代技术的普及，使得人与人之间的关系出现了新的变革。尽管都市提供了更多的机会和便利，但在这里，人与人之间的联系却变得更加稀薄。智能手机和社交网络使得人们在数字世界中随时随地都能交流、互动，但在现实世界中，真实的人际关系却越来越疏远。

2）身份的迷失与探索

在都市化的背景下，许多人为了追求更好的生活和工作机会离开了家乡。这导致他们在都市中经常面临身份的迷失。技术虽然为他们提供了与家乡保持联系的工具，但这种虚拟的联系无法替代与家乡、与传统的真实联系。

3）现代中国文学的反思

许多现代作家在他们的作品中都对这种都市化和技术化带来的个体身份问题进行了探讨。他们不仅揭示了都市和技术给个体带来的影响，还提出了如何在这种环境中寻找身份和人际关系的反思。例如，著名的小说《围城》由钱钟书所写，虽然该小说的背景设定在更早的时代，但它对都市生活和人际关系的揭示与现代都市生活中的问题有着异曲同工之妙。

现代中国文学为我们提供了一个窗口，让我们更加深入地了解都市化、技术化对个体身份的影响，同时也为我们提供了反思和思考的机会。

2. 社交媒体与真实身份的探索：当现代技术遇上自我迷失

随着社交媒体的普及，信息传播变得前所未有地快速和广泛，人们的交流方式也发生了深刻的变化。但在这样的变革背后，一个显而易见的社会现象逐渐浮现——人们在网络上的自我展示与真实身份之间的冲突。

1）网络上的自我展示

社交媒体成为现代人展示自我、追求认同和关注的舞台。在这里，人们可以通过各种手段呈现自己最完美、最有趣的一面。从每一次筛选照片、修饰文字到精心安排的排版，都是为了塑造一个理想化的自我形象。但是，这种经过精心打造的形象往往与真实生活中的自我有所偏离，这就导致一个尖锐的问题：网络上的我，真的是我吗？

2）真实身份的冲突

随着线上线下生活的交织，很多人发现自己在尝试维持一个与现实生活并不完全吻合的网络形象。这种网络形象和现实生活中的真实自我的碰撞，给许多人带来了深切的焦虑和困惑。他们感到自己身处两个世界，既想在网络上维持一个"完美"的形象，又不想失去真实的自我。

3）寻找真实的自我

在这种背景下，如何在社交媒体的海洋中找回真实的自我，成为许多现代文学作品探讨的主题。这不仅涉及技术和身份的关系，还关乎人们如何在一个高度数字化的时代中寻找自己的位置和价值。有些人选择暂时退出社交媒体，寻找一种更真实的生活方式；而有些人则努力在网络和现实之间寻找平衡，寻求一种更健康、更真实的自我表达方式。

社交媒体对现代人的身份认知产生了深远的影响，这也成为现代文学中一个不可忽视的话题。通过文学的描写，我们可以更加深入地审视和反思社交媒体时代人们的生活状态和心理挑战。

3.2.2 虚拟现实下的中国文学视角

1. 虚拟现实与中国文学的新交织：当数字化遇上传统叙事

随着虚拟现实技术的飞速进步，现代生活已经与数字化文化紧密结合。中国，拥有庞大的互联网用户群体，文学创作在这样的背景下也呈现出了新的面貌和深度。现代中国文学开始深入探索虚拟现实如何与个体的成长、社会价值和文化思维相互作用。

1）双重生活的心理挣扎

很多这类文学作品中的主角，常常是身处两个世界的青少年。他们在虚拟世界中追求荣誉、成就和认同，却在现实生活中感到困惑和迷失。这种跨越数字与现实的双重生活给他们带来了心理和情感的压力。

2）游戏文化的影响与反思

在这些文学作品中，游戏不只是一个简单的娱乐工具，而是一种承载着社会价值观、思维方式的文化现象。通过文学的叙述，我们能看到这种特殊文化是如何深刻地影响青少年的成长和价值观念形成的。

3）虚拟与现实的边界模糊

随着故事的深入，许多主人公开始意识到虚拟与现实并不是孤立存在的。他们试图将虚拟世界中的经验和知识应用到实际生活中，从而在两个世界中找到自己的位置。

4）现代技术的"双刃剑"

这类文学作品不仅关注虚拟现实对个人成长的影响，更是对现代技术进行深入的反思和批判。在技术持续渗透日常生活的时代，如何在其中找到平衡，既不被技术所主宰，同时又能从中受益，成为这类文学作品探讨的核心议题。

现代中国文学在虚拟现实这一领域展现了其独特的视角和深度，为我们提供了一个理解现代社会、技术与文化交织的窗口。

2. 数字化艺术文学：当传统艺术遭遇虚拟技术的挑战与机遇

在科技快速进步的当代，文学创作逐渐融入了数字技术，尝试重新诠释和体验传统艺术，《数字下的山水》仅是其中的代表之一。数字化艺术文学着重于揭示当虚拟技术与传统艺术产生碰撞时，可能带来的新机遇和所面临的挑战。

1）数字再造的传统韵味

在这类作品中，角色常与数字世界有紧密联系。他们利用技术手段"激活"传统艺术元素，如书法、绘画或古典音乐，使之在数字环境下焕发新的生命力。

2）探索与融合

当古老的艺术手法遇到现代技术，必然伴随着文化和技术的融合与碰撞。这种碰撞不仅在技术层面，更深层地触及文化、哲学与审美的思考。

3）连接古今的纽带

这类文学作品在传统与现代之间搭建了桥梁。它们通过生动的叙述引导读者重新认识和欣赏传统艺术的魅力，同时也探讨如何将一些传统元素融入现代生活。

4）对技术的界限与思考

尽管技术能为传统艺术注入新的活力，但过度的数字化或许会使艺术失去其原有的魅力与内涵。这类文学鼓励读者深入思考技术的使用边界和它对艺术的影响。

数字化艺术文学揭示了传统艺术在数字时代中的新机遇和所面临的挑战，为我们呈现了传统与现代、技术与艺术之间的跨界对话与碰撞。

3. 中国古典文学在虚拟世界的再诞生

在 21 世纪的数字化浪潮中，虚拟现实技术为中国古典文学提供了一个全新的展现舞台。通过虚拟现实、增强现实、3D 打印等技术手段，中国古典文学的经典场景、人物和情节被赋予了新的生命。

1）虚拟环境下的古典场景重现

例如，《红楼梦》中的大观园、《西游记》中的花果山，可以通过虚拟技术重现，让读者仿佛身临其境，亲身体验古典文学中描述的景色与建筑。这不仅仅是一种视觉体验，还可以与虚拟人物互动，听他们讲述背后的故事。

2）经典人物的三维化

以《三国演义》为例，读者可以在虚拟环境中与刘备、曹操、孙权等历史人物对话，了解他们的策略和情感，甚至可以参与他们的战斗和策划。

3）情节的可互动性

在虚拟的古典文学世界中，读者不再是被动的观察者。他们可以选择加入某个情节，或者选择不同的情节走向，这样每一次的体验都是独特的。

4）教育与娱乐的结合

通过虚拟技术，古典文学变成了吸引青少年的互动娱乐工具。在娱乐中，他们可以更加深入地了解中国古典文学的魅力。

5）文化遗产的保护与传承

虚拟技术可以为古典文学的文物、手稿等提供一个数字化的保存方法，确保它们不受时间和环境的侵蚀，为后人留下宝贵的遗产。

6）全球化的文化交流

通过网络和虚拟技术，中国古典文学可以被更多国家和地区的人们了解和欣赏，实现真正的全球文化交流。

3.3 技术对中国文学的双重挑战

随着科技的进步，文学的传播和接收方式也在发生着翻天覆地的变化。这给中国文学带来了双重的挑战：一方面，技术提供了更多的传播途径和创新手段，另一方面，它也对传统的文学形式和内容提出了挑战。

3.3.1 电子书与纸质书：未来在何方？

在数字化浪潮中，传统的纸质书和现代的电子书构建了一场悠扬的对话。人们在选择之间徘徊，思考未来的阅读会是什么模样。

1. 数字之间的纸张情感：当 LED 遇见墨水的深度

在这类文学作品中，经常描述一个跨越时代的阅读者，他既热爱纸质书的触感和香味，又被电子书的便利性和创新所吸引。起初，他对电子书持有某种怀疑态度，觉得这样的阅读方式或许会破坏真正的阅读体验。但随着不断尝试和体验，他发现电子书不仅仅是一个简单的阅读工具，它为阅读带来了新的可能性。

这类作品强调，电子书中的背光、搜索功能和超链接为阅读提供了全新的维度，使读者可以更深入、更广泛地探索知识的海洋。同时，纸质书的实体存在、独特的触感和那种与书的互动，都是电子书所无法替代的。

在这类作品中，也常常会提及电子书与纸质书并不是对立的关系，而是相辅相成的。如何在数字化时代保持对传统的尊重，同时又不被新技术所束缚，成为这类作品要探讨的核心议题。

2. 从四大名著到微信读书：技术如何改变阅读的形式与内容

中国文学的历史悠久，从古代的经典名著到现代的数字阅读，技术一直在推动阅读的形式与内容的演变。下面我们简要探讨这一变迁过程。

1）传统文学的沉浸式阅读

中国古典四大名著——《红楼梦》《西游记》《水浒传》《三国演义》——是中国古典小说的巅峰之作，它们反映了各个时期的社会现实和人性探索。在没有电子设备和互联网的时代，读者通常通过纸质书籍沉浸于这些作品的内容中，深入思考和体会。

2）电子化阅读的崛起

随着电子技术的发展，纸质书籍逐渐被电子书和电子阅读器取代。这些设备可以储存大量的书籍，方便携带，还具有搜索、标注等功能。但与此同时，它们也可能削弱读者的专注度，使阅读变得碎片化。

3）互联网阅读的多样性

互联网的普及使得阅读形式进一步多样化。微信读书是基于微信关系链的阅读应用，它不仅提供传统的文学作品，还有大量的网络文学、短篇小说、文章等。这些作品通常更加简短、现代，并有特定的读者群体。

4）内容的演变

随着阅读形式的变化，内容也发生了相应的变化。为了适应快节奏、碎片化的阅读习惯，许多作品变得更加简短、直白，有时甚至以图文、动画或音频的形式呈现。这种变化使得文学更加丰富多样，但也可能影响其深度和内涵。

技术改变了阅读的形式与内容，为读者提供了更多的选择和便利。但同时，我们也应该珍惜传统文学的价值，不忘初心，持续探索和思考。在现代技术的推动下，我们可以期待中国文学会走向一个更加光明的未来。

3.3.2 社交媒体时代的文学挑战

随着社交媒体的普及，文学的形态和传播方式都经历了革命性的变革。传统的文学叙述与社交媒体的短篇、即时性内容之间的碰撞为文学界带来了前所未有的挑战和机遇。

1. 微博里的现代骈文：社交媒体与文学的碰撞

1）文学形态的创新

微博，作为一个限制字符数的平台，要求作者进行更加精炼、切题的写作。这种限制在某种程度上重塑了文学的结构和风格，促使作者追求简洁明了的表达方式，进而催生了一种新的"现代骈文"形式。

2）即时性与互动性

与传统文学相比，社交媒体上的文学作品通常更具有即时性。作者可以根据时下热点或社会事件迅速撰写作品，而读者也能在第一时间进行反馈和互动，形成一个动态的、双向的交流平台。

3）传播与影响力

传统文学作品通常需要通过出版社、书店等传统渠道传播，而在微博这样的社交平台上，优秀的作品可以迅速获得大量的转发和点赞，实现瞬间的爆红。这种传播速度和广度是传统文学难以想象的。

4）质量与内容的挑战

然而，社交媒体上的"快餐文化"也给文学的深度和质量带来了挑战。为了追求短时间内的高点击率，一些作品可能过于迎合公众口味，缺乏深度和思考。

社交媒体为文学带来了新的形式和传播方式，但也提出了新的挑战。在这个时代，文学家和评论家需要不断探索，从而在保持文学质量的同时，适应和利用社交媒体的特点，为读者带来内容更加丰富和有深度的文学作品。

2. 短视频下的文学传播：从"抖音诗词"到"快手故事"

短视频应用的崛起，如抖音、快手等，为文学作品的传播提供了全新的平台。这些平台上的内容形式短小、直观、互动，在文学作品与受众之间建立了一座新的桥梁。

1）抖音诗词：古典与现代的交融

古诗词的现代呈现：很多创作者利用抖音平台为古代诗词赋予现代的背景和音乐，使其更加接地气、生动和有趣，吸引了大量的年轻观众。

互动学习：观众不再是被动接收者，他们可以通过点赞、评论和转发与创作者互动，甚至可以自己创作相关内容，形成了一个学习与创作的互动社区。

2）快手故事：真实与虚构的结合

日常故事的分享：许多快手用户分享他们的日常生活、心路历程、感人瞬间等，这些"小故事"虽然简短，但真实、感人，与传统文学的叙事有异曲同工之妙。

原创小说与短篇故事：一些创作者开始在快手上发布原创小说和短篇故事的视频版，结合音乐、动画和实景，为观众提供了一种新的阅读体验。

3）挑战与机遇

浅尝辄止的阅读习惯：短视频的快速消费模式可能导致观众的阅读习惯变得浅薄，缺乏深度思考和耐心。

文学的再定义：在短视频时代，文学的界定也在发生变化。传统的长篇小说、散文等形式是否还适合当代受众的口味？文学的核心价值是什么？

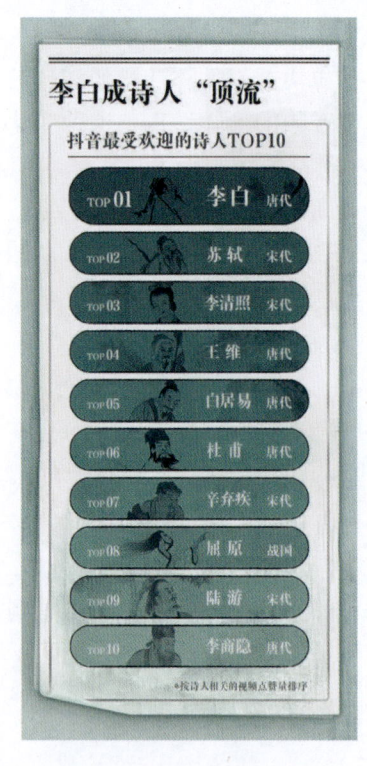

短视频为文学传播带来了新的机遇，但也提出了新的挑战。文学创作者和评论家需要与时俱进，积极探索如何在这个新的传播环境下，创作出既有深度又能吸引当代受众的作品。

3. 中国文学在社交媒体时代的创新与挑战

随着社交媒体的普及和重要性不断提高，中国文学也在这个特定的环境下经历了一系列的创新和挑战。

1）创新方面

传播方式的革新：社交媒体为文学作品提供了更为广泛且直接的传播途径，使得许多作品能够迅速走红和得到更多读者的关注。

文学形式的多样化：基于社交媒体的特性，诸如微小说、微博长文、短视频叙事等新的文学形式得以发展。

互动性的增强：作者与读者之间的距离被缩短，读者可以直接对作品进行评论、转发和点赞，形成一个互动性更强的文学社区。

文学内容的时事化与实时性：许多作者开始根据社会热点和时事进行创作，使得文学作品具有更强的时效性和社会关联性。

2）挑战方面

质量与数量的平衡：社交媒体上文学作品的数量迅速增加，但质量参差不齐，如何确保高质量作品的产出成了一个重要的问题。

阅读习惯的改变：在社交媒体上，信息碎片化、快速消费的阅读习惯可能影响读者对于长篇作品的阅读耐心和思考深度。

商业压力与文学价值的冲突：为了迎合流量和点击率，某些作者可能会过度追求热点和娱乐性，牺牲文学深度和价值。

原创性与抄袭问题：社交媒体上的作品容易被复制和传播，如何确保作品的原创性和权益成了一个持续的挑战。

3.4 思考题和课程论文研究方向

思考题：

1. 在互联网时代，如何定义"中国文学"？它与传统文学有哪些异同？
2. 在机器翻译技术的影响下，中国文学在全球舞台上呈现出了怎样的形象？其背后有哪些文化的传达与误读？
3. 身份认同在数字化时代有哪些变化？技术是如何影响现代人对"我是谁"的认知？
4. 虚拟现实与中国文学的结合能为我们带来哪些新的文化体验？
5. 电子书与纸质书共存，阅读的本质发生了怎样的变化？

课程论文研究方向：

1. 互联网与传统的碰撞：探讨互联网如何为中国文学带来新的定义，及其与传统文学在形式、内容和传播方式上的差异。
2. 翻译技术与文化交流：以《红楼梦》为例，研究机器翻译如何影响文化传播，及其带来的机会与挑战。
3. 数字身份与现代文学：分析数字化时代人们对身份的认知，如"网络我"与"真实我"的关系，以及这种认知如何影响现代文学的创作。
4. 虚拟现实与传统文化：探索虚拟现实技术如何与中国古典文学结合，为现代人带来新的文化体验。
5. 社交媒体时代的文学传播：从微博到抖音，研究社交媒体如何改变文学的传播方式，及其对文学创作与阅读习惯的影响。

第2部分
历史与科技创新

第4章

古代文明与科技之花

4.1 中国古代的科技奇迹

4.1.1 四大发明：塑造文明的关键技术

1. 造纸术：推进知识与文化的传播

从古代埃及的纸莎草纸到中国古代的绢，人们一直在寻找便于书写和保存的材料。然而，中国造纸术的发明，为人类文明开启了新的一页。

1）历史背景

公元前，中国人使用甲骨或竹简进行刻写或书写。这些材料不仅重且不易保存，同时也限制了知识的传播。东汉时期，蔡伦成功地创制出了纸，这无疑是一个革命性的突破。

2）技术与材料

蔡伦以麻头、树皮、旧渔网等作为原材料，成功地制作出轻便、耐用、便于书写的纸张。这种技术后来经过不断完善，逐渐形成了更为先进和成熟的造纸技术。

3）文化与社会影响

造纸术的发明极大地推进了知识和文化的传播。书籍的复制变得更为方便和经济，这使得知识更容易被大众接触和传承。同时，文人和学者得以更为便利地记录、分享和保存他们的思想和成果。

4）全球影响

中国的造纸技术随着丝绸之路逐渐传向西方。在 8 世纪，这一技术通过阿拉伯传入欧洲，为欧洲的文艺复兴提供了重要的物质基础。

中国古代的造纸术不仅推动了知识的传播和保存，更为后世的科技和文明进程做出了不可磨灭的贡献。作为四大发明之一，它不仅代表了中国古代的科技创新，更是人类文明史上的一块里程碑。

2. 火药：从仪式到战争的转变

1）发现与早期应用

火药的起源可以追溯到唐代，为了寻找长生不老药，当时道士在炼丹、求仙过程中混合硫黄、硝石和木炭。经过一系列实验，他们偶然发现，这种混合物会产生强烈的爆炸。

2）从宗教仪式到实用工具

火药最初在道教仪式中作为一种表演用途，利用其巨大的爆炸声作为驱邪避邪的工具。随后，火药的应用扩展到矿业和土木工程，用于炸开隧道和挖掘地基。

3）兵器的革命

宋代，当国家面临外部威胁时，火药开始被用于军事领域。从最初的火药筒、火矢到火铳和大炮，火药逐渐改变了战争的面貌。它为军队提供了更强大的火力，使战场上的战略和战术都发生了巨大的变革。

4）全球传播与影响

通过丝绸之路和海上贸易，火药的制作技术传到了中东和欧洲。欧洲国家进一步改进火药技术，制造出了各种火炮和火器，这使得他们在探险和殖民过程中获得了巨大的优势。火药也加速了近代军事技术的发展，成了决定战争胜负的关键因素。

火药从最初的仪式性应用，到民间实用，再到军事利用，其发展历程展现了中国古代科技的创新和变革能力。火药的发明和应用不仅影响了中国，更在全球范围内改变了历史的进程，成为连接古代与现代的重要桥梁。

3. 印刷术：大众化的知识传播

1）起源与早期形式

在中国，印刷术的起源可以追溯到唐代。早期的印刷方式是木板雕刻，即先在木板上雕刻文字，然后涂上墨水，再压在纸上，形成文字。

2）从佛经到众书

初期，印刷术主要用于印刷佛经，因为手抄佛经非常费时。但随着技术的发展和普及，其他类型的书籍也开始被印刷。在宋代，当时的印刷业得到了极大的发展，形成了一批印刷大户，书籍开始大规模流通。

3）双色印刷和活字印刷

中国古代的印刷技术还包括双色印刷和活字印刷。双色印刷使得书籍的装帧更为精美，而活字印刷则大大提高了印刷的效率。尽管中国的活字印刷术在宋代就已出现，但直到近代才真正普及。

4）知识普及与文化革命

印刷术的广泛应用使得知识传播不再局限于寺庙和学校，而是扩散到了广大的民众中。书籍的大量生产降低了其价格，让更多的人有能力购买。这不仅加速了文化和知识的传播，也催生了新的学术流派和文化运动。

5）全球影响

印刷术随后传到中东和欧洲，对当地的文化和科学都产生了深远的影响。尤其在欧洲，古腾堡发明的活字印刷术使得书籍大量生产，为文艺复兴和启蒙运动提供了重要的物质基础。

印刷术作为中国四大发明之一，不仅改变了中国的知识传播方式，而且对全球的文化和教育都产生了深远的影响。印刷术的出现促进了知识的普及，开启了人类文明的新纪元。

4. 指南针：改变航海与探索的历史

1）起源与早期应用

指南针的原理基于地球的磁场，可以用来确定方向。中国古代的指南针起源于战国时期，最初是作为卜卦和看风水的工具。早期的指南针被称为"磁针"或"南针"，通常是将磁化的石片或者铁片悬挂在一根线上，使其自由旋转。

2）航海的革命

随着技术的完善，指南针的精确度逐渐提高，人们也越来越认识到其在航海中的重要性。在宋代和元代，中国的航海家开始利用指南针进行长途航行，这大大增加了航海的安全性并延长了航行的距离。

3）探索的动力

随着指南针的使用，人们不再受限于近海航行，开始探索更远的地方。这不仅促进了文化和商品的交流，还促使了新大陆的发现。指南针的使用使得航海家可以更加准确地绘制地图，为后来的探险家提供了宝贵的导航工具。

4）全球影响

当指南针从中国传到中东和欧洲后，对这些地区的航海有了重大的推动作用。欧洲的航海家，如哥伦布和麦哲伦，都受益于指南针的指引，开展了跨洋的航海探险。

5）科技与军事

除了航海，指南针在陆地导航和军事策略中也发挥了重要作用。军队在战略部署和行军中，能准确判断方向，这在古代战争中是非常关键的。

作为中国四大发明之一的指南针，它开辟了人类航海的新时代。通过这一技术，文化、商品和信息得以跨越大洋，东西方文明得以连接，塑造了今天的全球化格局。

4.1.2 中国古代的水利工程与农业技术

1. 都江堰：古代的水利工程奇迹

都江堰位于中国四川省，是古代中国水利工程的杰出代表。它是由秦国的蜀郡守李冰及其儿子在公元前256年至公元前251年间设计并建造的，至今仍在使用，为成都平原带来了稳定的灌溉水源。

1）创新设计

都江堰最为人称道的是其独特的非坝式设计，即不是通过建造一座高坝来堵住河流，而是采用了一个开放的渠道系统来分流水资源。这使得河流的自然生态得以保持，同时也大大减少了因为高坝崩溃所可能造成的灾害。

2）对农业的影响

都江堰的成功建设为成都平原的农业灌溉提供了稳定可靠的水源。这不仅使得成都平原成为四川盆地中的"天府之国"，还在千年以来为数亿人提供了食物。这项工程使得成都平原能够持续地进行农业生产，而不受旱季的影响。

3）其他水利工程与农业技术

除了都江堰，中国古代还有许多其他杰出的水利工程，如黄河的河堤、京杭大运河等。同时，古代的农业技术也在不断进步，如深犁、机械化的水车和各种农作物的培育技术，都大大提高了农业的生产效率。

中国古代的水利工程与农业技术是古代文明与科技的完美结合。这些工程不仅在技术上具有前瞻性，而且在实际应用中为人们的生活带来了实实在在的好处，成了古代中国农业文明的重要支柱。都江堰作为其中的代表，向世界展示了古代中国在水利工程和农业技术方面的卓越成就。

2. 稻作革命：稻田与鱼塘的合作文化

中国古代的农业技术，在稻作方面取得了显著的进步。特别是与稻田相结合的鱼塘，为古代农业生产带来了双重效益。

1）稻田与鱼塘的共生关系

在古代，人们发现将鱼放入稻田可以为稻田提供有机肥料，同时鱼可以吃掉稻田中的害虫和杂草。这种共生方式不仅增加了稻田的产量，还为鱼提供了丰富的食物来源。

2）生态平衡与自然循环

这种稻田与鱼塘的结合，形成了一种自然的循环生态系统。鱼可以吃稻田里的害虫，从而减少了害虫对稻田的危害，而鱼的排泄物则可以为稻田提供有机肥料。到现代，这样不仅减少了对化肥和农药的依赖，还降低了对环境的污染。

3）文化与经济的交织

稻田与鱼塘的结合不仅是一种农业技术，还在经济和文化上与当地社区紧密相连。这种模式为农村社区带来了经济上的稳定和增长，同时也形成了与稻田和鱼塘相关的饮食、传统和习俗。

稻田与鱼塘的结合不仅展现了古代农业技术的智慧，还反映了人与自然和谐共生的传统思想。这为现代农业提供了一个可持续、生态友好的模型，值得我们继续学习和发扬。

4.1.3 古代医学与健康技术

1. 《黄帝内经》：中国古代医学的经典

《黄帝内经》是中华民族医学文化的重要经典，是古代中国的人体、生命、疾病、健康、阴阳、五行等哲学与医学思想的综合体现。

1）结构与内容

《黄帝内经》由《素问》和《灵枢》两部分组成。书中详细论述了各种医学理论、疾病的分类、诊断和治疗方法，以及草药的使用方法。

2）创新与特点

《黄帝内经》不仅仅是一本医学书籍，更是一个融合了道家、儒家等哲学思想的医学体系。

3）整体观念

与现代西医不同，中医强调人体的整体平衡与调和。《黄帝内经》深入探讨了这一思想，强调身体各部分的相互联系和影响。

4）预防为主

《黄帝内经》提倡"治未病"，强调预防的重要性，强调生活方式、饮食习惯等对健康的影响。

5）对后世的影响

《黄帝内经》对后世的医学家和学者产生了深远的影响，为后来的医学研究打下了坚实的基础。不仅在中国，而且在亚洲的许多国家，都将其视为传统医学的经典之作。

6）现代意义

虽然《黄帝内经》是古代的医学经典，但其中的很多观念和方法在现代仍然有着重要的价值。例如，现代人因为生活节奏加快，压力增大，很多人开始重视中医的调养与保健方法。《黄帝内经》中的很多理论为现代人提供了参考和指导。

2. 针灸与中草药：古代的医疗技术与创新

1）针灸

起源与发展：针灸，作为一种古老的治疗方法，可以追溯到新石器时代。最早的针灸针是由石头和骨头制成的。随着技术的进步，针灸针逐渐由金属制成。

原理与应用：针灸的基本原理是通过刺激身体特定的穴位，来调节和平衡人体的气血，疏通经络。它被用于治疗各种疾病，如头痛、背痛、消化不良和失眠等。

对全球的影响：针灸被世界卫生组织认可为有效的治疗方法，并在全球范围内受到了广泛的应用和关注。

2）中草药

起源与发展：中草药的使用历史悠久，可以追溯到上古时期。古代的医师通过长时间的实践和观察，积累了大量的中草药知识，并形成了系统的医药理论。

原理与应用：中草药的治疗原理是基于中医

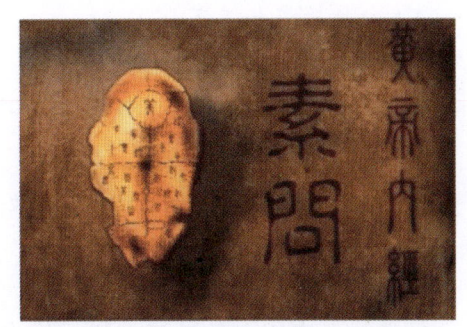

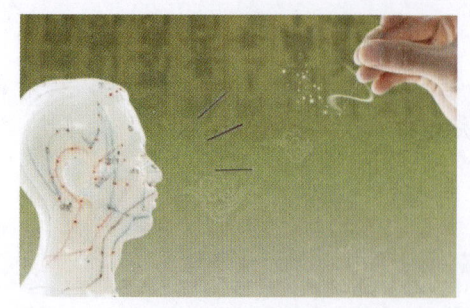

的阴阳五行理论，通过调节人体的内部平衡来达到治疗目的。中草药被用于治疗各种疾病，从常见的感冒和咳嗽，到复杂的慢性疾病。

现代科学验证：随着科技的进步，很多中草药的有效成分和作用机制得到了科学验证。例如，青蒿素是从中草药青蒿中提取出来的，现在已成为治疗疟疾的首选药物。

针灸和中草药是古代中国医疗技术与创新的代表。它们不仅在古代为人们提供了有效的治疗方法，而且在现代仍然受到全球的关注和应用。随着科技的进步，这些传统的医疗技术与创新也得到了现代科学的验证和发展。

4.2 中国古代科学著作

4.2.1 《天工开物》

《天工开物》是明代宋应星所著，是中国古代的技术百科全书。这部著作详细记述了当时的各种生产技术和手工技艺，在农业和手工技艺方面的描述尤为详尽。

1. 农业与手工技艺

1）农业技术与农具

书中对农业的描述涉及明代的种植技术、土地处理、肥料使用、植物病虫害防治等各个方面。此外，宋应星还对当时的农具如犁、耙、水车等进行了详细的描写和解析，展现了明代农业技术的高度发达。

2）丝绸与纺织

《天工开物》中有关丝绸与纺织的记述非常详细，从养蚕、取丝、织布到染色、加工，每一步骤都有详细的描述。这些记述展现了中国古代纺织技术的卓越，也为后人提供了丝绸生产的珍贵资料。

3）陶瓷与瓷器

书中对陶瓷制造的过程，如选择土料、制坯、上釉、烧制等都有详尽的记载。宋应星对瓷器的种类、生产技巧、烧制温度等都有专门的记述，反映了当时中国陶瓷技术达到的高度。

4）金属冶炼与工艺

宋应星对金、银、铜、铁等各种金属的冶炼技术进行了详细的描述。其中，对铁的冶炼、锻造及其用途的介绍特别详尽，展现了古代中国在金属冶炼方面的高超技艺。

2. 创新与实用主义

《天工开物》不仅是一部记录古代技术的百科全书，更是一部展现古代中国创新与实用主义思想的经典著作。

1）实用主义的体现

宋应星在书中对各种技术和工艺的描述都强调其实用性。无论是农业技术、纺织工艺还是金属冶炼，他都从生产实践的角度出发，注重技术的实用性和经济效益。这体现了古代中国工匠的实用主义思想，即技术和工艺首先要满足生产和生活的实际需要。

2）创新精神的彰显

在《天工开物》中，宋应星不仅对已有的技术进行了详细的记述，还提出了自己的一些改进意见和新的技术方案。例如，在金属冶炼技术中，他提出了一些新的冶炼方法和炼炉设计，以提高金属的纯度和降低生产成本。这些都体现了他对技术不断创新的追求。

3）整合与完善

在《天工开物》中，宋应星对许多传统技术进行了整合和完善。他不仅吸取了前人的经验，还结合自己的实践经验，对一些技术进行了改进和完善。这种在继承中发展、在发展中创新的思想，展现了古代中国技术专家的博大胸怀和开放精神。

4）与民同乐

书中对技术和工艺的描述都注重其对普通人民生活的影响。宋应星强调技术和工艺应该服务于人民，提高人民的生活质量。这种技术为民、工艺为民的思想，体现了古代中国技术专家的社会责任感和人文关怀。

通过《天工开物》可以看到，古代中国的技术专家不仅注重技术的传承和发展，更注重技术的实用性和创新性，体现了古代中国创新与实用主义的完美结合。

4.2.2 《梦溪笔谈》

1. 自然科学与哲学的交汇

《梦溪笔谈》是北宋沈括所著的一部杂学著作。其中，沈括总结了当时的许多科学、技术、文化和自然现象的知识，而这一切都渗透在他深厚的哲学思考之中。

1）对观察的重视

沈括主张实证研究，他坚信观察和实验是获取知识的基础。这与古代哲学家的纯理论思考形成了鲜明的对比。在《梦溪笔谈》中，他详细描述了许多自然现象，并尝试用科学的方法去解释它们。

2）辩证法的思考

沈括不仅仅满足于对自然现象的描述，他还试图理解这些现象背后的原因。他强调事物的相互关联和变化的普遍性，这种思考方式与道家的辩证法哲学有着深厚的联系。

3）对宇宙的探索

在《梦溪笔谈》中，沈括对天文、地理等领域都有所涉猎，他试图构建一个统一的宇宙观，将自然科学与哲学的思考结合起来，展现一个和谐、有序的宇宙。

4）与古代技术的融合

沈括对当时的技术和工艺也有深入的研究，他试图从技术发展中寻找自然科学与哲学的交汇点。例如，他对冶金技术的描述，不仅仅是对技术的记录，更是一种对自然与人类关系的哲学思考。

2. 对当时技术的记录

《梦溪笔谈》不仅是一部自然科学与哲学的交汇著作，也是北宋时期的重要技术文献。沈括对当时的技术有着深入的了解和研究，他所记录的一些技术细节和创新为我们今天了解宋代的科技文明提供了宝贵的资料。

1）农业技术的记载

书中对于当时的农业技术（如灌溉、耕作、种植等）有详细的描述，显示了宋代农业生产的高度发展。

2）冶金与矿业

沈括详细描述了铁、铜、金、银等金属的提炼方法，以及宝石和矿石的分类与应用。这对于了解当时的冶炼技术和矿业发展具有重要意义。

3）建筑与工程

书中还有对于当时桥梁、堤坝、水利工程等建筑工艺的描述，例如，如何利用材料、工具和技巧来完成各种建筑项目。

4）仪器与测量

沈括对于各种仪器的制作和使用，如天文观测仪器、地理测量工具、时间测量工具等都有详细的记录，显示了他对技术的关注和探索。

5）医学与药物

书中还涉及一些医学知识，如针灸、中草药的应用，以及一些疾病的描述和治疗方法。

6）日常生活与手工艺

沈括还记录了当时日常生活中的一些技术，如纺织、染色、制陶、造纸等，这为我们了解宋代民间的生活和技术提供了直观的资料。

通过《梦溪笔谈》，我们不仅可以看到北宋时期的科学技术发展，还可以深入了解到沈括对于技术的关注和研究，以及他对于技术与科学、哲学的交融思考。

4.2.3 《九章算术》

1. 数学原理与算法

《九章算术》是中国古代的数学经典之一，最初成书于战国至汉代之间，它反映了古代中国数学家在数学领域的伟大成就。这本书包含了数学的基本原理、方法和具体应用，体现了古代中国数学家的高超技巧和智慧。

1）线性方程组

《九章算术》中的"方程"一章详细描述了线性方程组的解法，这是后来的"高斯消元法"的原型。这种方法通过简单的行变换法来求解方程组。

2）数的运算

书中有关于整数、分数的四则运算，特别是对分数的处理，展示了古代数学家对数的深入理解。

3）几何计算

《九章算术》包括了对平面图形（如三角形、矩形、圆形）的面积计算，以及对立体图形（如圆柱、圆锥、球）的体积计算，体现了古代数学家对几何图形的深入研究。

4）商业计算

书中还有一章专门讲解与商业相关的计算，如利息计算、合伙分配等，显示了数学在当时社会生活中的实际应用。

5）方程的应用

在"勾股"这一章中，详细描述了如何使用勾股定理来解决实际问题，说明古代数学家对方程的实际应用有深入的研究。

6）测量技术

《九章算术》还涉及了测量技术，如如何测量土地、如何计算土地的面积等，这对于当时的农业社会来说，具有重要的实际意义。

2. 对后世的影响

《九章算术》是古代中国数学领域的重要作品，它在历史上的影响是深远的，不仅塑造了中国数学的发展脉络，也为世界数学史留下了宝贵的遗产。

1）启迪后世数学家

《九章算术》为后来的数学家们提供了宝贵的理论基础和研究方法。许多古代的数学家，如刘徽、祖冲之等，都深受其启示，并进一步发展和完善了《九章算术》中的理论和方法。

2）数学教育

《九章算术》在古代已经被用作教材，培养了无数的数学家和学者。其内容和方法至今仍被广泛应用于现代的数学教育中，为学生提供了深入理解数学原理和技巧的窗口。

3）东西方数学交流

随着丝绸之路的开通和中外文化交流的加深，《九章算术》的理念和方法逐渐传入中亚和西亚地区，对伊斯兰世界的数学发展产生了积极的影响。它与希腊、印度等地的数学知识交融，为全球数学的发展创造了有利条件。

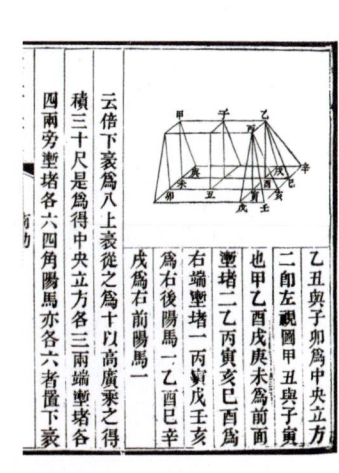

4）工程与科技应用

《九章算术》中的测量和计算方法对古代中国的建筑、土木工程、农业和商业等领域的发展起到了积极推动作用。特别是在土地测量、建筑设计、水利工程等方面，它为工程师和技术人员提供了实用的计算方法和技巧。

5）哲学与文化影响

《九章算术》不仅仅是数学著作，它也反映了古代中国对宇宙、自然和人类的哲学思考。《九章算术》对和谐、平衡和秩序的追求，与儒家、道家等哲学思想有着深厚的联系，为中华文化的形成和发展注入了持久的活力。

《九章算术》不仅推动了古代中国数学的发展，也为全球数学、科技和文化的进步作出了不可磨灭的贡献。

4.3 西方古代文明的技术印迹

西方古代文明，特别是古希腊和古罗马，为人类历史留下了丰富的技术遗产。它们的建筑、工程、科学和数学不仅在当时引领了时代变革，而且为之后的技术和思维发展打下了坚实的基础。

4.3.1 罗马的建筑与工程

1. 罗马帝国的道路：连接帝国的大动脉

罗马帝国的道路是古罗马文明的一项重要成就，其广泛的交通网络对于维护帝国的统治、推动经济交流和促进文化传播起到了至关重要的作用。

1）建设目的与方法

罗马最初建设道路是为了达到军事目的，使得罗马军队可以快速部署，有效应对各种威胁。随着时间的推移，这些道路逐渐成为重要的商业和通信路线。为了建设这些道路，罗马人采用了一种严格的标准化方法。这包括固定的道路宽度、多层铺设技术和用石块或砖块铺设表面。

2）道路网络

在其鼎盛时期，罗马帝国的道路网络延伸了超过 25 万英里，从不列颠到中东，从北非到中欧。这些道路不仅连接了帝国的主要城市，还通向了偏远的边境地区。

3）经济与文化影响

罗马帝国的道路促进了帝国内部的经济交流，使得商品和人员可以快速流通。此外，这些道路还为文化交流提供了平台，使得罗马的法律、宗教和学问得以广泛传播。

4）现代遗产

许多现代欧洲的道路仍然沿用或建在古罗马道路的遗址上。这些道路是现代交通网络的前身，对于欧洲的交通和城市发展产生了长远的影响。

罗马帝国的道路是古代工程和建筑技术的杰出代表，它不仅反映了罗马帝国对于组织和规划的高度理解，还证明了公共基础设施在维护一个大型帝国的稳定和繁荣中的重要性。

2. 罗马帝国的温泉与水道：供水与娱乐的结合

水是城市生活的关键要素，而罗马人则为管理和利用这一宝贵资源展现了高超的工程技能。温泉与水道系统是古罗马文明工程奇迹的绝佳例证，不仅满足了城市的日常用水需求，而且成为了休闲娱乐的场所。

1）水道系统

罗马帝国的水道系统是古代工程的巅峰之作，用于从远处的山脉或河流输送清洁的饮用水到城市中。这些水道多数利用地势差使水流动，并通过设计巧妙的拱桥跨越山谷。这种供水方式不仅确保了城市居民得到充足的饮用水，还为公共浴场、喷泉和其他设施提供了水源。

2）温泉与公共浴场

温泉在古罗马文化中占据了重要的地位。公共浴场不仅是进行日常洗浴的场所，而且是社交、休闲和放松的中心。温泉浴场通常包括冷、温、热三个不同温度的池子，以及健身、按摩和休息的区域。这些浴场的建筑风格豪华，装饰精美，反映了罗马帝国对于艺术和建筑的高度审美观。

3）文化与社会影响

罗马帝国的公共浴场成为各个社会阶层交往的场所。这里，罗马人讨论政治、交换新闻、进行商务交流，甚至是进行诗歌朗诵和哲学辩论。温泉与水道系统不仅是罗马工程技术的体现，更是社会交往和文化交流的中心。

4）遗产与启示

罗马帝国的水道和公共浴场至今仍然影响现代城市的设计和建筑。公共浴场的概念在现代的健身中心和温泉度假村中得到延续。而供水系统的技术和管理经验为现代都市提供了宝贵的经验。

罗马帝国的温泉与水道系统是古代罗马文明对于技术、文化和社会交往的综合体现，它展示了古罗马对于生活品质追求的高度，以及工程与文化在古代社会中的完美结合。

4.3.2 古希腊的科学与哲学

1. 阿基米德与他的机械奇迹

阿基米德是古希腊最杰出的科学家之一,他的贡献涉及多个领域,包括数学、物理学和工程。他的许多发明和理论至今仍在科学和工程中使用,这也证明了他对古代科学的巨大贡献。

1)浮力原理

阿基米德最著名的发现之一是浮力原理,这一发现是在他考察金冠是否为纯金时偶然

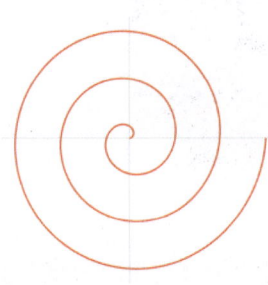

得出的。据传,当他发现这一原理时,他兴奋地从浴缸中跳出,大叫"找到了!找到了!"并光着身子跑上街头。这个原理描述了一个浸在液体中的物体在液体中受到的向上的浮力的大小与它排开的液体所受的重力相等。

2)螺旋泵

阿基米德还发明了一个用来抽水的设备,被称为"阿基米德螺旋"。这个设备由一个螺旋形的管子组成,当它旋转时,可以将水从低处输送到高处。

3)战争机械

在第二次布匿战争中,阿基米德为自己的故乡叙拉古设计了多种防御武器来抵御罗马的围攻。其中包括巨大的铁爪,铁爪可以从城墙上伸出,抓住敌人的船只并将其翻转;还有巨大的抛石机,可以投掷巨石粉碎敌人的阵营。

4)无限与近似

在数学领域,阿基米德对于无限序列的研究,尤其是圆的面积和周长的计算,为后来的积分学奠定了基础。

阿基米德不仅是一个天才发明家,更是一个对古代科学发展起到关键作用的思考者。他将科学与实际问题紧密结合,为我们提供了一个如何将理论知识应用于实际问题的典范。

2. 天文学与数学:古希腊对宇宙的探索

古希腊时期,天文学与数学紧密相连,形成了一种特有的学术传统。这两个学科的结合为人类对宇宙的认识带来了巨大的进步。

1)毕达哥拉斯与宇宙调和

毕达哥拉斯是古希腊早期的一个哲学家和数学家,他认为宇宙是由数字构成的,所有的事物都可以用数字和比例来描述。他相信宇宙中的行星和星星在移动时会产生音乐,这就是所谓的"天体音乐"。

2)欧几里得与几何学

欧几里得的《几何原本》是古希腊几何学的巅峰之作,书中总结了当时已知的几何知识。这本书不仅为天文学提供了一个重要的数学基础,而且在近两千年内都是数学教育的基石。

3）亚里士多德与地心宇宙模型

亚里士多德提出了一个地心宇宙模型，认为地球是宇宙的中心，其他星球和星星都围绕地球旋转。虽然这一模型在后来被证明是错误的，但它在当时是天文学的主流观点，并影响了中世纪的欧洲天文学。

4）托勒密与天体运动

托勒密是古希腊晚期的天文学家，他在《天文学大成》中完善了亚里士多德的地心宇宙模型，并引入了"本轮"和"均轮"这两个概念来解释天体复杂的运动。这一模型在中世纪被广泛接受，并成为天文学的标准。

5）希帕提亚与天文教育

希帕提亚是古希腊晚期的女数学家和天文学家，她在亚历山大城的学校教授数学和天文学，并为当时的天文学研究做出了贡献。

古希腊的天文学家通过对天文和数学的深入研究，为人类对宇宙的认识打下了坚实的基础。他们的研究方法和观点为后来的科学家提供了启示，并在许多领域产生了深远的影响。

4.3.3 中东的文明与技术交流

1. 伊斯兰黄金时代的科学与医学

在8至13世纪的伊斯兰黄金时代，中东成为了知识和文化的熔炉。当时的城市如巴格达、科尔多瓦和塞维利亚充满了学术活动，吸引了世界各地的学者。

伊斯兰学者不仅保存了古希腊和古罗马的经典著作，还对其进行了增补和发展。在数学领域，阿尔·哈瓦里兹米引入了阿拉伯数字和算术运算，为代数学的形成打下了基础。在天文学方面，他们继承并发展了古希腊的知识，建立了先进的观测所。

在化学领域，学者如阿尔·拉齐和伊本·海扬进行了许多实验，这些实验是现代化学的基石。而在医学上，阿维森纳的《医学大全》成为了中世纪医学教育的标杆。

伊斯兰黄金时代的学者们对科学和医学的贡献推动了人类文明的前进，他们的工作为文艺复兴时期的欧洲奠定了丰富的知识基础。

2. 中东的星际导航技术与贸易路线

中东的地理位置使其成为古代欧亚大陆的交通枢纽，处在丝绸之路的关键节点。这种独特的位置促使中东的商人和探险家发展出一套独特的导航技术，尤其是在星际导航方面。

1）星际导航技术

在尚未有指南针的时代，星星为航海者提供了重要的导向。伊斯兰地区的天文学家研究了天空，绘制出详尽的星图，用于辨识方向。其中，北极星在北半球特别重要，因为其位置几乎不变，可以指示北方。除此之外，许多星座，如独角兽、狮子、天瓶和猎户，都被用作航海的参考。

2）天文观测所

为了更准确地绘制星图和进行天文观测，中东地区建立了多个天文台。这些天文台不仅用于科学研究，还在导航、农业和宗教活动中起到了关键作用。

3）贸易路线

凭借这些导航技术，中东的商人能够安全地穿越沙漠和大海，到达遥远的地方。丝绸之路和香料之路等贸易路线都得到了中东商人的深化和扩展。星际导航技术确保了商队和船队能够顺利找到目的地，加强了中东与其他文明的联系。

4）文化交流

这些贸易路线不仅促进了商品交换，还带来了文化、科技和宗教的交流。例如，中东的数字、代数和许多天文知识被带到了欧洲，而中国的丝绸、瓷器和茶叶则被引入中东和欧洲。

中东的星际导航技术和其在贸易路线上的中心地位，为古代的全球化打下了坚实的基础，促进了欧亚大陆的文化和科技交流。

4.4 思考题和课程论文研究方向

思考题：

1. 中国四大发明中，哪一项对全球文明的发展影响最深远？为什么？
2. 比较中国古代与西方古代在科技方面的相似之处与不同之处。
3. 如何看待古代医学与现代医学之间的关系？古代医学有哪些是可以为现代医学所借鉴的？
4. 罗马的建筑工程与中国古代的水利工程有何异同？它们各自代表了哪些文明的特点？
5. 伊斯兰黄金时代的科学与文化是如何影响古代世界，尤其是欧洲的文明的？

课程论文研究方向：

1. 中西技术交流：研究古代时期，中西方文明在技术方面的交流与影响，特别是四大发明如何被引入并影响了欧洲的文明进程。
2. 古代医学的现代意义：深入探讨中国古代的医学知识，如针灸和中草药在现代医学中的应用与价值。
3. 古代工程与现代城市规划：从都江堰与罗马水道出发，探索古代工程对现代城市规划和建筑的启示。
4. 古代科学著作的影响：以《九章算术》和《梦溪笔谈》为例，研究古代的科学著作如何影响后世的科学与技术发展。
5. 古希腊与古代中国的科学哲学：对比研究古希腊和古代中国在科学哲学上的观点，探讨两者在对待科学与哲学的交汇点上的异同。

第 5 章

中世纪的交叉与融合

5.1 丝绸之路与科技传播

丝绸之路不仅仅是一条贸易路线，更是文化、科技、艺术和宗教交流的重要途径。通过这一路线，东西方文明之间的知识和技术得以互相交融与传播。

5.1.1 东西方的技术交汇

1. 中国的丝绸与陶瓷：远东的宝藏

中国，作为世界上最古老的文明之一，为全球历史创造了丰富的文化和技术遗产。其中，丝绸和瓷器成为了代表中国卓越工艺和技术的两大标志，它们在世界各地留下了深远的影响，并赢得了"远东的宝藏"的称号。

1）丝绸：古老的奢华符号

丝绸，这一光滑、柔软的纤维，自古以来就被视为财富、地位和奢华的象征。从东方的古代中国到遥远的罗马帝国，丝绸之路上的商品交流使这种珍贵的纤维成为国与国之间联系的纽带。丝绸的历史、文化和技术背景都为它赋予了独特的意义和地位。

技术的奇迹：生产丝绸需要高度的技术。从饲养蚕到提取蚕丝，再到纺织、染色，每一步都需要精准的操作。古代中国的技师们发展出了一套独特的方法，确保生产出的丝绸质地均匀、颜色鲜艳。

贸易与外交：丝绸之路不仅是一条商业路线，也是文化、技术和思想交流的通道。丝绸的交易促进了东西方之间的互动，同时也引起了国际政治和外交的纠葛。

文化与艺术：丝绸不仅是衣物的材料，也是艺术家们创作的媒介。古代的绘画、刺绣和书法作品很多都选择丝绸作为载体，展现了其独特的魅力。

身份的象征：在很多文化中，丝绸被视为权力和财富的标志。皇室、贵族和富有的商人们常常身着丝绸服饰，以显示他们的社会地位。

现代影响：尽管现代技术已经使得各种材料更加容易获得，但丝绸依然是时尚、奢侈品和艺术领域中的一种重要材料。现代的设计师和艺术家们仍然受到其独特质感和历史背景的吸引。

丝绸不仅是一种纤维，更是一个承载着历史、文化、技术和贸易故事的奇迹。从古至今，它都被视为美丽、奢华和权力的象征，展现了人类文明和创造力的辉煌。

2）瓷器：技术与艺术的完美结合

瓷器，这种源自泥土，经过高温烧制后的精美物品，成为技术与艺术的融合体现。从东汉的青瓷到宋代的瓷器，再到明清的景德镇瓷器，中国瓷器的发展历程就像是一个反映人类创造力和审美追求的历史镜像。

技术的进步：瓷器的制作是一个复杂的过程，涉及多个步骤和技术。从挖掘高质量的原材料，到精湛的制模、雕刻，再到高温烧制和后期的上釉工艺，每一步都体现了古代工匠的精湛技艺。

艺术的追求：在技术的基础上，瓷器工匠更是追求着艺术的完美。无论是瓷器的造型设计，还是表面的绘画、雕刻和釉色的选择，都是工匠们对美的不懈追求。

文化的传递：瓷器不仅仅是实用的日常用品，它还承载着当时的文化和历史。不少瓷器上的图案、文字都是对历史事件、文化风俗、宗教信仰的记录和传承。

国际交流：中国的瓷器，特别是高质量的瓷器，早在古代就开始出口到外国，成为了东西方文化交流的重要载体。欧洲的"中国风"就是对中国瓷器艺术的一种倾慕和模仿。

现代应用：现代陶瓷技术不仅仅局限于传统的瓷器制作，还广泛应用于现代工业、医疗、电子等领域，显示了它的广泛性和实用性。

瓷器是技术与艺术、实用与审美的完美结合。它反映了人类对于材料的掌控，对于美的追求，以及对于文化传承的重视。在历史的长河中，瓷器不仅是一个物品，更是一个时代的记忆和文化的载体。

2. 阿拉伯的算术与天文学：数学的启示

中世纪的阿拉伯人，在数学与天文学领域

取得了杰出的成就。其贡献不仅仅是对古代文明知识的保存,更是对它们的扩展与发展。这一时期的很多阿拉伯学者,多才多艺,既是数学家,又是天文学家,甚至还是医学家或哲学家。

1)算术的进步

阿拉伯数字(尽管起源于印度)在阿拉伯世界得到了广泛的应用和推广。这奠定了今天全球所使用的十进制数字系统的基础。此外,阿拉伯数学家还对代数学进行了系统的研究,其名字"代数"(algebra)就源于阿拉伯语的"al-jabr"。

2)天文学的高峰

阿拉伯的天文观测所积累的数据,尤其是关于恒星的数据,为后世提供了宝贵的资料。在设备制造和天文观测方面,阿拉伯人取得了非常高的水平。众多的天文台遍布于整个伊斯兰世界,从西班牙的安达卢西亚到中亚的撒马尔罕。

3)与哲学的交融

阿拉伯的数学家和天文学家往往还是哲学家。他们在研究时常将宇宙哲学、神秘学融入严格的科学研究中。这种独特的交融使阿拉伯人在科学研究方面发展出了自己的特色。

4)对西方的影响

随着十字军东征和伊比利亚半岛的文化交流,阿拉伯的数学和天文学知识被传入欧洲,对文艺复兴时期的欧洲科学发展产生了深远影响。

5)现代视角

在当今世界,我们可以明显地看到阿拉伯数学和天文学的遗产。不仅仅是我们日常使用的数字,还有代数、三角学等基础数学知识,都与阿拉伯的学者们有着密不可分的联系。

阿拉伯的算术与天文学代表了人类历史上一个重要时期的数学与科学高峰。其深远的影响不仅塑造了当时的科学文化,也为现代科学的形成打下了坚实的基础。

3. 欧洲的玻璃制品与冶金术:工艺的进步

随着中世纪后期欧洲的复苏,尤其是文艺复兴时期,技术和科学得到了飞速发展。

1)玻璃制品的繁荣

欧洲的玻璃技术起源于古罗马,在中世纪时期得到了极大的提升。意大利的威尼斯以其高质量的玻璃制品著称,如彩色玻璃窗、镜片和透镜。这不仅推动了艺术的发展,还为科学研究,如显微镜和望远镜的出现,提供了必要的材料。

2)冶金术的进步

欧洲的冶金技术,在中世纪末期和文艺复兴时期,尤其是在钢铁生产方面,有显著的进步。

3)高炉技术

采用高炉技术的钢铁生产方法开始在欧洲流行,这使得钢铁的产量和质量都得到了显著提高。与传统的炼铁方法相比,高炉技术可以生产出更纯净、更坚硬的钢。

4)精炼技术

欧洲的冶金工匠开始使用精炼技术来提纯金属,这大大提高了金属的纯度和强度。此外,由于金属的合金制备也变得更为复杂和多样化,各种新型材料也相继出现。

这些技术的进步不仅极大地推动了欧洲的工业化进程,而且也为日后的科学革命和工业革命奠定了坚实的基础。冶金技术的提高使得机器和工具更加耐用,从而加速了技术和工艺的创新。同时,高质量的玻璃制品为光学、化学和医学研究提供了重要的工具,推动欧洲的科学研究进入了一个新的时代。

5.1.2 丝绸之路上的城市与文明

1. 长安与撒马尔罕:文化与科技的交流中心

1)长安的辉煌

长安(今西安)在唐代是世界上最大、最繁荣的城市之一。作为中国的古都,它不仅是政治和经济的中心,而且是文化和学术的焦点。长安有众多的商贾、外国使节、学者和手工艺人。书店、佛塔和学院林立,使这座城市成为了学习和交流的重要场所。

2)科技的交汇

长安的市场上充斥着各种外国商品,如波斯地毯、印度香料和中亚的宝石。这不仅仅是物质交流,还伴随着知识和技术的传播。例如,从中国传到中亚的造纸技术、阿拉伯的算术、印度的天文和数学知识等都在这里得到了传播和应用。

3)撒马尔罕的繁荣

撒马尔罕位于今天的乌兹别克斯坦,是丝绸之路的另一个重要节点。这座城市以其精美的建筑、华丽的手工艺品和繁荣的市场而闻名。它不仅是中亚的贸易中心,也是文化和宗教的融合点。

4)文化的交融

在撒马尔罕,伊斯兰教与佛教、祆教、基督教和其他信仰和平共处,形成了独特的文化融合。学术研究也在这里兴旺发展,尤其是在天文、医学、数学和哲学领域。

长安与撒马尔罕,虽然地理位置相距遥远,但它们之间的多条线路形成了一个交流网络,使两个文明之间的互动成为可能。

2. 商队与旅行家:技术的传播者

1)多元的商队

沿着丝绸之路行进的商队由多国和多民族的商人、向导、随从和工匠组成。他们带着自己的货物,从一个城市到另一个城市,跨越国界和文化界线。这些商队不仅仅是货物的运输者,更是文化、技术和知识的传播者。

2）技术的扩散

例如，中国的丝绸和陶瓷技术、造纸技术以及印度的数学和天文知识等，都是通过这些商队传入其他国家和地区的。这些商队的存在，使得一种技术的创新和发展可以迅速地影响到其他地方。

3）旅行家的贡献

除了商人，丝绸之路上还有许多著名的旅行家，如玄奘、伊本·白图泰等。他们在旅途中记录下了他们的见闻，为后人提供了珍贵的第一手资料。这些旅行家不仅仅是观察者，也是技术、文化和知识的传播者。

这些商队和旅行家为不同文明之间的交流打开了大门，使得世界变得更加紧密和多元。他们的存在，促进了技术的传播和融合，也为不同的文明带来了创新和发展的机会。

5.1.3 宗教与技术的互动

1. 佛教与印刷术

佛教，在印度诞生之后，传播至各个国家和地区。随着它传入中国、朝鲜和日本，需要一种有效的方法将佛教经文复制并分发，以满足大量信徒的学习需求。这时，印刷术与佛教的结合起到了关键作用。

1）经文的传承

在印刷术出现之前，佛教经文主要通过手抄的方式进行复制，这是一项耗时且烦琐的工作。由于手工复制的特性，每一本经文都可能存在差异和错误，使得经文的保真性受到挑战。

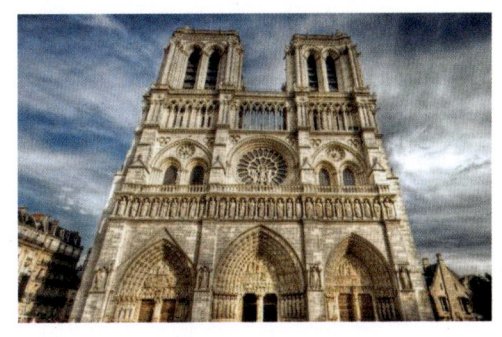

2）印刷术的革命

随着印刷术在东亚的兴起，佛教经文主要使用木版印刷的方式进行传播。例如，现在留传的最早的印刷品是唐代的《金刚经》。但最具有代表性的是公元13世纪高丽的《大藏经》，它是使用81258块雕版印刷的。

3）佛教的传播

通过印刷术，佛教经文得以大量、快速、标准化地复制，极大地推动了佛教在东亚各国的传播。使用印刷术，佛经不仅可以供寺庙中的僧侣学习，也使得普通信徒能够更容易获得这些教义，进一步加强了佛教与民间的联系。

4）文化与技术的交汇

印刷术的发展与佛教的传播是文化与技术完美结合的例子。印刷术作为一种技术手段，满足了佛教传播教义的需求，而佛教的需求又反过来推动了印刷技术的进步和完善。它不仅展示了技术如何帮助宗教更好地传播和普及，同时也证明了在特定的历史和文化背景下，技术与宗教之间可以产生深入的互动和融合。

2. 基督教与建筑

哥特式建筑，尤其是哥特式教堂，是欧洲中世纪的代表性建筑风格。它们高耸的尖塔、细长的柱子、彩色的玻璃花窗以及其他独特的建筑元素，不仅反映了当时的宗教热情，也展现了中世纪欧洲在建筑技术上的巨大进步。

1)信仰的象征

哥特式教堂是基督教精神的象征。它的设计意图是引导人们的视线向上,指向天空。高耸的拱顶和尖塔是为了让教堂看起来更加接近天空,彰显神的伟大。

2)建筑的革新

与此前的罗马式建筑相比,哥特式建筑有许多创新之处。例如,使用飞梁技术可以让墙壁更加薄,从而为大型彩色玻璃窗留出更多的空间。这些玻璃窗不仅装饰美观,还能让阳光透过多彩的图案照进教堂内,营造出神秘和庄重的氛围。

3)科技与艺术的结合

哥特式教堂的建设涉及了多种技术。例如,为了支撑高大的建筑结构,建筑师们发明了新的支撑技术;为了制作彩色玻璃窗,他们还研究了玻璃染色技术。这些技术都是当时最先进的,而且与艺术完美结合,共同创造出令人赞叹的建筑作品。

4)社会与宗教的交融

哥特式教堂的盛行也反映了当时欧洲社会的变化。城市化进程的加快,使得城市中出现了大量的新兴富裕阶层,他们愿意为教堂的建设捐赠大量资金。而教堂,作为社会和宗教的中心,也成为了展现这些城市和他们居民财富和影响力的象征。

哥特式教堂是基督教与建筑技术完美结合的产物。它不仅代表了中世纪欧洲的宗教信仰,也展示了当时的建筑和工艺水平。

5.2 中世纪的科技进步

5.2.1 农业与手工业的革新

1. 三田制的革命性变革

三田制是中世纪欧洲的一种农业生产制度,与之前的二田制相比,它有了显著的进步。在二田制中,农田被分为两块,其中一块在一年内种植,而另一块休耕。而在三田制中,土地被分为三部分,每年两块土地用于种植,第三块休耕,次年再轮换。这种方式不仅增加了土地的利用率,还有效地降低了土地的退化速度。

三田制的采用,促进了农业生产力的显著提高。更多的粮食产出意味着可以供养更多的人口,这也为欧洲的城市化、商业化提供了物质基础。

农具的进步与应用

除了三田制之外,农业工具的进步也在这一时期取得了显著的发展。例如,犁的改进使得深层耕作成为可能,这为粮食作物生长提供了更好的土壤条件。同时,轮式农具的普及使得农民可以更高效地进行耕种。此外,收割机、打谷机等农业机械的出现,大大提高了农业生产的效率。

这些农具的进步,结合三田制的应用,使得

中世纪的农业生产得到了前所未有的飞跃，为社会的其他领域提供了稳定而丰富的物质基础。

2. 中世纪的手工作坊：专业化与技术进步

1）专业化的起源

中世纪后期，随着城市化的进展和人口的增长，手工作坊逐渐崭露头角。在这一时期，与之前农业社会的个体家庭生产不同，手工作坊开始形成专业化的生产模式。每个作坊都有其专门生产的商品，如铁制品、木制品、皮革制品等手工制品。这种专业化促使了中世纪生产技术的进步和劳动生产率的提高。

2）技术的不断进步

由于市场竞争和对高质量产品的需求，手工作坊开始研究和采用新的生产方法。例如，铁匠在制造武器和工具时引入了新的锻造技术；织布师在制作织物时使用了新型织布机，提高了布料的质量和生产效率。这种技术的进步，不仅提高了产品的质量，还降低了生产成本，使得商品价格更加亲民。

3）手工作坊与市场的互动

手工作坊的盛行与城市中的市场紧密相关。作坊生产的商品会被带到市场上销售，同时市场上的需求又反过来驱使作坊进行技术创新和生产调整。这种市场与生产之间的相互作用，形成了一个良性的循环，进一步推动了手工作坊的繁荣和技术的进步。

4）手工作坊与行会组织

为了维护自己的利益，保障产品质量，以及协调生产和市场关系，同一行业的手工艺人经常组成行会。这些行会不仅规定了生产标准和技术要求，还使组织培训和学徒制度更加标准化，确保了行业内的技术传承和提高。

5.2.2 大航海时代的技术与探索

1. 航海天文仪器：指引航向的星光

大航海时代（大约从 15 世纪到 17 世纪）是一个勇气、探索和技术的时代。欧洲的探险家们冒着生命危险，跨越广阔的海洋，开辟新的航线和领地。而在这一过程中，航海天文仪器起到了至关重要的作用。

1）天文学与航海

在这个时期，天文学和航海技术相互促进，共同发展。探险家们通过观察太阳、星星和月亮的位置，确定他们在海上的位置，这就推动了天文仪器的出现和发展。

2）经纬仪和星盘

经纬仪是一种简单的角度测量仪器，可以测量太阳或星星与地平线的角度。星盘则是用来确定北极星的高度和方向的。这两种仪器在航海中都起到了关键作用。

3）十字仪和八分仪

十字仪和八分仪是另外两种重要的天文仪器，用于确定纬度。船长和船员通过测量太阳或某个特定星星在特定时间与地平线的角度，结合已知的天文数据，就可以确定船只的大致位置。

4）罗盘和海图

虽然不是天文仪器,但罗盘和海图也是大航海时代不可或缺的航海工具。罗盘可以为船员们提供比较准确的方向,随着时间的推移,更多的地方被探索,海图也变得越来越准确。

5）挑战与进步

大航海时代的船员面临着许多挑战,如恶劣的天气、未知的海域和疾病。但正是这些挑战促使人们发明和完善了航海仪器,使得航海更加安全和准确。

航海天文仪器在大航海时代起到了至关重要的作用。它们不仅帮助探险家们确定位置,还为当时的天文学和航海技术做出了巨大的贡献。

2. 制图与航海日志:描述新世界的技术

大航海时代的探索者们为后来者打开了一扇窗,展现了一个宏伟的、前所未知的新世界。但为了确保这些知识的传承与传播,他们需要一套系统的记录与描述工具。制图与航海日志正是这样的技术,帮助船长和探险家们详细记录他们的发现。

1）制图技术的进步

在大航海时代之前,地图多是根据传闻和极为有限的实际探索制作的,因此充满了许多想象。但随着海洋探险活动的增多,对于精确和真实的地图的需求变得迫切。港口、河流、海岸线、岛屿等地理特征被绘制得更为准确。

制图师开始采用更加精确的测量工具和技术,如三角测量。地图上的比例尺和经纬线也变得更加常见和精确,帮助船员们更好地导航。

2）航海日志的重要性

航海日志不仅仅是记录船只行程的文书。在大航海时代,它们几乎成了科学记录,详细描述了风向、风速、天气状况、水深和海流等海洋情况。更重要的是,船员们在其中记录了新发现的土地、原住民、植物、动物以及与其他文化的交互经验。

通过航海日志,后来的探险家可以了解前人的经验,避免犯相同的错误,更有效地计划他们的航程。而对于国家和君主来说,这些日志提供了关于新领土和贸易路线的宝贵信息。

3）传播与学术研究

随着新的发现不断传回欧洲,地图和航海日志成为了学术研究和讨论的焦点。这也促进了不同地区和国家之间的交流和合作,使得大航海时代不仅仅是关于探索的,还关乎知识的积累与传播。

制图技术和航海日志为大航海时代的探险家们提供了记录、传播和利用知识的工具,为整个欧洲文化和科学的进步做出了贡献。

5.2.3 中世纪的医学院与草药学:疾病与治疗的新认知

1. 中世纪医学院的兴起

随着中世纪城市化的进程和学术复兴的兴起,医学院开始在欧洲各大城市中建立。这些医学院不仅继承了古代希腊和罗马的医学知识,还受到了阿拉伯和波斯的医学传统的影响。医学院提供了一个正式的学习和研究环境,其中,解剖学、生理学和药理学等基础科学得到了更深入的研究和发展。

1）草药学：自然界的治疗之源

在中世纪，虽然医学仍然是一门主要依赖经验的学问，但人们对草药的研究和应用达到了前所未有的高度。草药学，作为一门研究和应用草药治疗疾病的学问，在此期间得到了广泛的推广和深入的研究。

许多植物，如金银花、薄荷和薰衣草，被证实有治疗各种疾病的功效。此外，随着对外交流的加强，来自远东和阿拉伯的许多草药和治疗方法也被引入欧洲，为当地的医学带来了新的启示。

2）对疾病的新认知

在这一时期，医学的研究不仅仅局限于治疗方法，更多的是试图理解疾病的本质和成因。人们开始尝试从解剖学和生理学的角度来探索身体的工作原理，从而更好地理解疾病的机制。尽管在当时很多疾病的真正成因还没有被完全揭秘，但人们对于身体结构和功能的基本认知已经迈出了重要的步伐。

3）解剖学的进步

在中世纪后期，尤其是文艺复兴时期，解剖学得到了极大的发展。学者们开始进行人体解剖实验，详细记录并绘制身体的各个部分。这为医学提供了实证的基础，使得对多种疾病的理解更为深入。

4）四体液平衡理论的挑战

在古代，人们普遍认为身体内的四种体液（血液、黄胆汁、黑胆汁和黏液）的平衡与否直接关系到人的健康状况。但到了中世纪，这一理论受到了越来越多的挑战。新的实验和观察使得医学家们开始质疑四体液平衡理论，进而提出了更为复杂的疾病成因理论。

5）传染病与卫生

虽然细菌的发现还需等到 19 世纪，但在中世纪，人们已经认识到某些疾病的传染性。例如，黑死病的大流行使人们开始思考疾病的传播途径。这也促使了人们对公共卫生和隔离措施的初步认识和实施。

2. 学院与图书馆：知识的殿堂

1）学院的发展与作用

在中世纪，学院（尤其是大学）成了学术研究和知识传播的中心。始于 11 世纪的大学制度，在欧洲各地迅速传播并扎根，如博洛尼亚大学、牛津大学和巴黎大学等都起源于这一时期。它们不仅为学者们提供了学习和研究的平台，更成了知识传承和创新的重要场所。

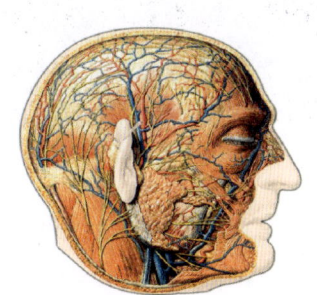

学院强调了逻辑、哲学和经典文献的研究，推动了思考方法的变革和新知识的发展。此外，学院还培养了一批受过良好教育的知识分子，他们在社会的各个领域都发挥了重要作用。

2）图书馆：知识的宝库

随着学院的兴起，图书馆也在中世纪得到了前所未有的重视。在这之前，书籍是稀缺且昂贵的资源，通常只有修道院或富有的个人才能拥有。但随着书写材料的进步和印刷术的发明，书籍逐渐变得更加普及。

中世纪的图书馆为学者们提供了一个集中研究和交流的场所。这些图书馆通常与学院紧密相连，它们收藏了大量的经典文献、历史记录和学术研究成果，为知识的积累和传播提供了坚实的基石。

5.3 古代中国的天文与历法研究

5.3.1 古代星象观测的工具与技术

1. 古代观测仪器的制作与应用

1）浑仪与天文观测

浑仪是古代中国最早的天文观测仪器，由一重重的同心圆环构成。它被用于观测天体的位置并计算时间。

2）装甲测星仪

这是一个精确的观测工具，用于测量恒星的位置。其精确度在当时的观测仪器中最高，它能够帮助天文学家确定恒星的确切位置。

3）水钟与时间计算

在没有机械时钟的时代，古代中国使用水钟来计算时间。通过水的流速和流量，水钟可以指示时间。

4）日晷与太阳观测

通过日晷，古代中国的天文学家可以根据太阳的位置来确定时间。这是一个简单但有效的方法，被广泛应用于日常生活和官方时间指示。

5）技术与材料的选择

制作观测仪器时，古代工匠使用了各种材料，如铜、玉和木。他们对这些材料的选择旨在确保仪器的准确性和持久性。

6）天文观测与历法制定

凭借这些仪器和观测技术，古代的天文学家不仅能够制定出准确的历法，而且还给农业、航海和其他活动提供了宝贵的信息。

古代中国的天文观测仪器和技术为当时的科学研究和日常生活提供了重要的工具，使其在天文学、历法制定和其他领域取得了卓越的成就。

2. 宫殿与寺庙的天文功能与影响

1）天文学与皇权的结合

在古代中国，天文学被认为与皇权密切相关。皇帝被视为"天子"，他们的统治被认为是受到天命的指引。因此，对天文事件的观测和预测对于证明皇帝的合法性和权威性至关重要。

2）宫殿的建筑方位

许多古代宫殿，特别是北京的故宫，在建筑设计和布局上都考虑了天文方位。主轴线通常指向北，与北极星对齐，这一点在设计中被赋予了重要的象征意义。

3）寺庙与天文崇拜

不仅是宫殿，许多寺庙在建筑和布局上也融入了天文元素。这通常与宗教和天文崇拜的关系密切相关。例如，许多佛教寺庙都有天文塔，用于观测和崇拜。

4）日历与节气

宫殿和寺庙通常会有与日历和节气相关的仪式。这些仪式是古代中国农业社会的重要组成部分，因为它们帮助农民确定了播种和收割的最佳时机。

5）宫殿与寺庙作为观测基地

由于宫殿和寺庙的重要性，它们常常被选为天文观测的基地。这些地方不仅位置优越，而且通常有专门的天文设备和专家进行观测和研究。

6）文化与艺术的影响

天文学在古代中国文化和艺术中也留下了深远的影响。从壁画、雕塑到文学作品，都可以看到与星象、宫殿和寺庙相关的描述和象征。

7）对后代的遗产

宫殿和寺庙的天文功能不仅对当时的社会产生了影响，而且为后代留下了宝贵的文化和历史遗产。这些古迹为现代人提供了对古代中国天文学、宗教和皇权进行深入了解的窗口。

天文学在古代中国宫殿和寺庙的设计、功能和仪式中都扮演了重要的角色，它与皇权、宗教和农业生活紧密相连，对古代中国的文化和历史产生了深远的影响。

5.3.2 历法的演变与应用

1. 太初历与戊寅历：计算与观测的融合

1）太初历的起源与重要性

太初历由汉武帝于公元前 104 年正式采纳，由天文学家刘歆参与修订。此历法的采纳标志着中国古代历法的一大发展，它综合了多种历法的优点，并为后世所继承。

2）戊寅历的创新

戊寅历在北魏时期由祖冲之创制。祖冲之在天文和数学方面均有卓越贡献，他在戊寅历中对月亮和太阳的运动进行了更精确的计算，使历法更接近实际的天文现象。

3）计算与观测的融合

在制定太初历和戊寅历时，古代天文学家不仅依赖于数学计算，而且强调实际的天文观测。这种计算与观测的结合确保了历法的准确性，并为农业、节气和宗教活动提供了准确的时间参考。

4）影响与后续发展

太初历和戊寅历在古代中国被广泛采用，并影响了后续的历法改革和天文观测。它们为后世历法研究奠定了坚实的基础，并在中国古代科学史上占据重要的位置。

5）与日常生活的关联

正确的历法对于农业社会至关重要，它决定了播种、收割的时间，影响着人们的日常生活和节日庆典。太初历和戊寅历的准确性为古代中国社会的繁荣和稳定提供了保障。

6）在文化中的反映

这些历法在当时不仅仅是科学工具，还与宗教、哲学和文化紧密相连。通过对天文事件的观测和解释，它们为古代中国的文化和哲学提供了丰富的素材。

太初历和戊寅历代表了古代中国历法研究的高峰，它们结合了计算与观测，为古代中国的社会、农业和文化发展做出了重要贡献。

2. 历法的应用与社会生活

1）节气与农耕活动

中国的二十四节气与农业活动紧密相关。通过精确的历法，农民能准确地判断播种、耕作、收割等关键时期，从而确保稳定的粮食产量。

2）宫廷仪式与宗教活动

历法确定的重要日期，如冬至、夏至、春分和秋分，常常与宫廷仪式和宗教活动相结合。这些日期不仅有天文学的意义，还被赋予了深厚的文化和宗教象征。

3）市场与商业

在古代，农贸市场的开放、节庆销售和商业活动往往依赖于准确的日期。商人和工匠依靠历法来确定最佳的市场日和节庆日。

4）文化与艺术

许多古代文学、艺术作品都受到了历法的影响，如对四时的描述、节气的赞美等，体现了人们对自然和时间流转的敬畏和赞美。

5）人们的日常生活

从出生到成年再到去世，古代中国人的许多生活仪式都与历法有关。例如，选定吉利的日子进行婚礼、庆祝重要的生日等。

6）天文观测与教育

精确的历法也推动了天文观测的普及。许多学者和僧侣都将天文观测作为他们教育的一部分，并通过此将天文学的知识传播给更广泛的受众。

7）对外交流与传播

中国的历法与天文学在古代还被传播到其他地区和国家，如日本、朝鲜和越南，对那些地区的天文学和历法产生了重要影响。

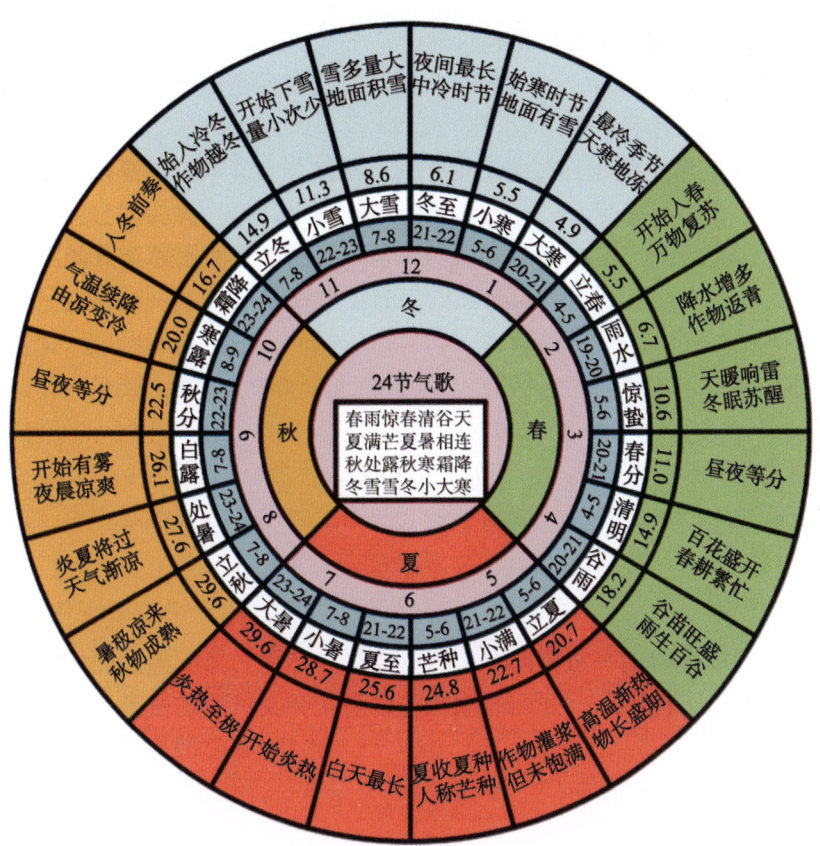

历法在古代中国社会中的应用广泛，深刻影响了人们的日常生活、文化、宗教和社会经济活动。它是古代中国文明的核心组成部分，展现了天文学、数学与文化之间的和谐融合。

5.4 思考题和课程论文研究方向

思考题：

1. 丝绸之路对于东西方技术交汇的意义是什么？具体有哪些技术通过这一古代交通网络传播？
2. 基于中世纪的宗教与技术互动，你如何看待宗教与科技之间的关系？
3. 中世纪的农业与手工业革新如何推动了社会的进步？
4. 世界各地在中世纪的天文观测技术有哪些异同？这些观测技术对于古代社会有何意义？
5. 古代中国的历法研究为何如此重要？其与日常生活、农业以及政治有何联系？

课程论文研究方向：

1. 丝绸之路与全球化：深入研究丝绸之路如何成为古代的"全球化"路径，促进文明间的交流与互补。
2. 宗教与科技的辩证关系：基于中世纪的宗教与技术实例，探讨二者之间的关系，以及从冲突、融合到互助的多维度研究。

3. 大航海时代与技术进步：详细分析大航海时代背后的技术创新，如航海仪器、航海图等，对探索新世界的影响。

4. 中世纪医学与现代医学：探索中世纪的医学知识与实践，如草药学、医学院的发展等，对现代医学的启示与影响。

5. 天文、历法与中国古代社会：研究天文观测与历法如何与当时的政治、社会、文化及宗教相互影响，特别是其在中国古代文明中的重要性。

第6章
近代科技革命与文明冲突

6.1 工业革命与技术的跃进

6.1.1 机械与工厂：生产力的革命

工业革命是近代历史上最具转折意义的时期。在这一阶段，机械化生产取代了传统的手工生产，大大提高了生产效率。第一次工业革命出现在英国，随后迅速扩展到欧洲其他国家和北美。

工厂系统开始崛起，集中了大量的劳动力和机械设备，这标志着生产方式的根本性变革。人们从传统的家庭工坊模式转向集中式的大规模生产模式。这不仅加快了生产速度，而且大大降低了生产成本。

此外，随着工业生产的发展，出现了大量的新材料和技术，如钢铁、化学品和新的机械设计，为工业进一步的扩展奠定了基础。

1. 蒸汽机与铁路：改变世界的技术

蒸汽机和铁路，两者结合，给 19 世纪的工业革命注入了强大的动力，彻底改变了人们的生活和经济结构。这种技术的进步不仅加速了商品和人员的交流，而且打破了地域障碍，促进了全球化的发展。

1）蒸汽机的崛起

18 世纪初，英国的詹姆斯·瓦特对蒸汽机进行了重要的改进，使其能够更有效地转化煤的热能为动力。这意味着工厂不再依赖水力，可以建在任何地方，尤其是靠近煤矿和城市的地方。蒸汽机的广泛应用使生产效率大大提高，加速了工业化进程。

2）铁路的发展

蒸汽机技术的发展促使铁路系统的诞生。1825 年，世界上第一条载客的铁路线在英国开通，连接达灵顿和斯托克顿。这条铁路为货物和乘客提供了一种比马车更快、更可靠的交通方式。

在接下来的几十年里，铁路网络在欧洲、北美和其他地方快速扩张，连接了远离海港的内陆城市和资源丰富的地区。

3）社会和经济的变革

铁路的建设和蒸汽机的应用促进了城市化。人们为了工作和更好的生活前往城市，导致城市人口的爆炸性增长。铁路运输使得原材料、商品和食品能够迅速、大量地从一个地方运到另一个地方，助力了大规模生产和消费。

此外，铁路也催生了时间标准化的需要。各个城市需要统一时间，以便铁路的正常运行和时间表的制定。全球标准时间由此诞生。

4）对全球的影响

蒸汽机和铁路不仅仅改变了欧洲。随着殖民地的扩张，这些技术也被带到了非洲、亚洲和拉丁美洲，促进了全球经济的融合和文化的交流。

蒸汽机和铁路作为19世纪的技术奇迹，为工业革命的成功打下了坚实的基础，它们的影响力延续至今，塑造了现代世界的面貌。

2. 机械织布与大规模生产：工业时代的标志

机械织布技术是工业革命初期最具象征意义的技术之一，它不仅改变了纺织业的生产方式，还对全球的经济、社会结构和文化产生了深远的影响。

1）机械织布的兴起

在18世纪之前，纺织业是一个以家庭为单位的手工业，生产效率低下。然而，随着技术的进步，尤其是在詹姆斯·哈格里夫斯于1764年发明纺纱机后，以及后来的其他机械，如珍妮纺纱机和穆尔斯织布机，纺织业逐渐实现机械化。

2）工厂制生产的诞生

机械织布技术使得生产可以在大型工厂中进行，这些工厂通常位于水源附近，以利用水力。这标志着从家庭手工业到工厂制生产的转变。大量的劳动力被吸引到工厂，推动了城市化和工人阶级的崛起。

3）社会与经济的影响

机械化生产极大地提高了生产效率，使得商品大量、廉价地供应市场。消费主义文化逐渐形成，市场不再局限于本地，而是扩展到全国乃至全球。

同时，工厂制生产也带来了社会问题。工人在工厂中的工作条件往往恶劣，工资低，工作时间长，没有足够的健康和安全保障。这导致了工人运动的兴起，以争取更好的待遇和权益。

4）对全球的影响

随着机械织布技术的传播，许多国家开始实施工业化计划。这也促进了全球贸易的增长，特别是棉花、羊毛和其他原材料的交易。殖民地的开发也与纺织业的需求有关，尤其是对棉花的需求。

同时，由于西方国家拥有先进的生产技术和资本，它们开始在全球经济中占据主导地位，对其他地区产生影响，塑造了现代全球经济结构。

机械织布技术和大规模生产是工业时代的标志，它们不仅促进了经济的快速增长，还对社会结构、文化和全球经济格局产生了深远的影响。

6.1.2　科技与社会生活

1. 电灯与通信：点亮生活的新技术

随着19世纪末和20世纪初的工业化进程，电力技术和通信技术的进步为人类带来了前所未有的便利。其中，电灯的广泛应用和通信技术的飞速发展，不仅推动了科技的进步，也深刻地改变了人们的生活方式。

1）电灯的革命

明亮的夜晚：之前依赖烛光和油灯的夜晚，由于托马斯·爱迪生的电灯的发明而发生了翻天覆地的变化。城市变得更加明亮，生活和工作时间得以延长，娱乐活动也逐渐转移到夜晚。

工业生产：工厂可以全天24小时运转，生产效率得到显著提高。此外，电灯的出现也为其他技术的发展提供了基础，如影院、电影等。

安全与健康：电灯比烛光和油灯更为安全，大大降低了火灾的风险。同时，清洁的电灯环境对人们的健康也更为有益。

2）通信技术的突破

电报与电话：19世纪中期的电报和后来的电话技术，大大加速了信息的传输速度，使得人们可以迅速与远方的亲友、商业伙伴沟通。

广播与电视：20世纪，广播和电视的出现进一步加速了信息传播的速度和广度。新闻、文化、娱乐内容可以迅速传遍世界的每一个角落。

互联网与移动通信：近年来，互联网和移动通信的发展再次改变了人们的生活方式。信息获取变得更加方便，人与人之间的连接也变得前所未有的紧密。

3）生活方式的变革

电灯和通信技术为生活带来了巨大的便利。工作、学习、娱乐、购物、社交等各个方面都变得前所未有的丰富和便捷。

电灯与通信技术不仅代表了科技的进步,而且深刻地改变了人们的生活方式,为人类文明的进步做出了巨大的贡献。

2. 汽车与飞机:缩短距离的革命

随着20世纪的工业化进程,交通技术发生了巨大的变革。汽车和飞机的广泛应用为人们带来了前所未有的出行便利,大大缩短了地理上的距离,也促进了全球文化和经济的交流与融合。

1)汽车的普及

日常生活:汽车为人们提供了快速、便捷的出行方式,城市与乡村、城市与城市之间的联系变得更加紧密。汽车的普及也带动了相关产业的发展,如石油、汽车零部件和修车业。

文化交流:汽车为人们提供了更大的活动范围,人们可以轻松地前往其他地方参观、旅游和工作,促进了各地区文化的交流和融合。

经济发展:汽车运输为农产品、工业品和其他商品的流通提供了便利,推动了全球经济的迅速发展和繁荣。

2)飞机的突破

国际交往:飞机使得国与国之间的距离大大缩短,国际旅游、商业交往和文化交流变得前所未有的便捷。

全球化:飞机的广泛应用是全球化的重要驱动力之一。产品、资本、技术和信息可以迅速在全球范围内流动,为全球经济的融合和发展创造了条件。

应急响应:在自然灾害、突发事件或其他紧急情况下,飞机可以快速调动和运输人员、物资和医疗设备,为救援工作提供了强大的支持。

3)交通方式的变革

汽车和飞机的广泛应用不仅改变了人们的出行方式,也影响了人们的生活习惯、工作方式和思维方式。这两种交通方式使得地球真正成为了一个"地球村",各个地区、国家和文化之间的联系变得前所未有的紧密。

汽车与飞机作为 20 世纪的重要交通工具，它们不仅代表了技术的巨大进步，而且对社会、文化和经济的发展都产生了深远的影响。

6.1.3 科技与艺术的碰撞

1. 摄影术：捕捉现实的新方式

随着 19 世纪中期摄影技术的发明，艺术与科技之间的关系发生了根本的转变。摄影不仅为艺术界提供了一个全新的媒介，还引发了人们对于"真实"和"再现"的深入讨论。

在摄影术出现之前，画家们通过他们的绘画技巧来捕捉现实的瞬间。但摄影术的出现让人们能够直接、快速并真实地记录下某一时刻。这种真实性的再现对传统绘画艺术提出了挑战。许多人开始质疑，当现实可以通过摄影真实再现，绘画是否还有其独特的价值？

但随着时间的推移，艺术家们逐渐意识到摄影并不是替代，而是新的表现形式。摄影不仅仅是记录现实，更多的是通过摄影师的视角，创造出具有情感、哲理和审美价值的作品。而画家则开始探索更为抽象和更具表现性的表达方式，如印象派和立体派等。

摄影技术的进步也推动了其他艺术形式的发展，如电影。电影结合了摄影、音乐、戏剧和文学，为艺术家们提供了一个全新的表达方式，也使得艺术的传播更为广泛。

摄影术的出现为艺术界带来了挑战，但同时也提供了更多的可能性和机会。艺术与科技的结合，使得艺术的边界更为模糊，也更加丰富多彩。

2. 影院与早期电影：大众娱乐的新时代

20 世纪初，电影技术的发展，为大众带来了全新的娱乐形式。从最初的无声、黑白短片，到有声电影、彩色电影的出现，电影迅速成为 20 世纪最具影响力的艺术和娱乐形式。

1）初探大屏

早期的电影短片往往时长仅几分钟，内容也相对简单，多为日常生活中的小片段或简单的戏剧表演。然而，这种全新的视觉体验迅速吸引了大量观众，许多人为了能够在大屏幕上看到移动的图像而聚集在初创的影院中。

2）叙事电影的诞生

随着技术的发展和观众需求的增长，电影开始转向更复杂的叙事结构。导演和编剧开始尝试通过电影讲述完整的故事，这标志着叙事电影的诞生。电影中的角色、情节和场景开始更加丰富和多样，为观众提供了更为深入的情感体验。

3）有声电影的革命

20世纪20年代，有声电影的出现彻底改变了电影产业。原本依赖字幕和现场音乐伴奏的电影，得以添加对话、音效和背景音乐，使故事的表达更为直观和生动。这也带动了音乐、声音设计等相关行业的发展。

4）影院文化的形成

影院不仅仅是放映电影的地方，更是一个社交场所。人们在这里与家人、朋友相聚，共同体验电影带来的欢乐、悲伤、紧张和放松。随着电影的普及，影院文化也逐渐形成，许多城市中的影院成为了文化和娱乐的中心。

影院与早期电影的出现，不仅为人们提供了全新的娱乐方式，还推动了社会文化的发展和变迁。电影作为一个融合了多种艺术形式的媒介，不断地为全球观众带来惊喜和启示。

6.2 科技与近代文明的碰撞

近代时期，科技的迅猛发展给各个文明带来了前所未有的挑战和机会。这其中，西方列强的技术进步使其在全球范围内展现出强大的影响力，而东方文明则面临着如何应对和适应这一变革的问题。

6.2.1 西方列强与东方文明

1. 洋务运动：尝试技术自强的中国

19世纪中后期，面对西方列强的侵略和自身的衰落，清政府洋务派官员提出了"洋务运动"。这是一个旨在借鉴和引进西方先进技术，加强国防，振兴中华的自救行动。重点领域有轮船、兵工、铁路、电报等。

洋务运动期间，中国开始制造自己的近代化武器、修建铁路、设立电报线路等。虽然这些努力在短期内并未使中国赶超西方，但它确实为中国的现代化进程打下了初步的基础。

但是，洋务运动也存在诸多问题，例如过分重视硬件上的建设，忽视了软实力，如教育、制度、文化的革新，也没有真正理解西方的核心技术和思想。

文明的冲突与交流

西方列强的到来不仅带来了先进的科技，还带来了与之相伴的文化、宗教和思想，这无疑对传统的东方文明构成了冲击。许多传统文化和习俗受到了挑战，同时也催生了一系列的改革运动和新思潮。

但这种碰撞也不全是消极的。在中西方文化交流中，东西方国家在不同领域互相学习。例如，中医学在西方受到了关注和研究，同时西方的科学、法律、文化也在东方得到了广泛的传播和应用。

近代科技与文明的碰撞无疑给东西方文明带来了巨大的挑战，但同时也为两种文明的交流与融合创造了条件。通过互相学习，东西方国家在科技、文化、思想等领域都取得了不小的进步。

2. 日本明治维新：西学东渐的成功案例

日本的明治维新是 19 世纪下半叶至 20 世纪初日本历史上的一个重要时期，标志着日本从封闭的封建社会迅速转型为现代化的工业国家。明治维新是一个充满活力、变革和自我振兴的时代，它集中体现了"西学东渐"的成果，即借鉴西方的技术与制度，但同时保持和发扬本国的传统与文化。

当时，日本面临与中国相似的外部威胁，即西方列强的入侵。"黑船事件"让日本清楚地认识到自己在科技和军事上的落后。这促使日本领导层认识到改革的迫切性。

1）技术与知识的引进

日本开始派遣留学生到欧美学习先进技术和知识，引进西方的科技、制度和文化，但并不是完全的模仿，而是根据日本的实际情况进行调整和改革。在制度上，日本引入了西方的法律体系、教育制度和军事组织。在技术上，日本迅速学习和发展了铁路、造船、武器制造和其他现代产业。

2）文化与身份的维护

尽管日本在许多方面受到了西方的影响，但它始终坚持自己的文化和身份。日本试图将西方的科学技术与本国的传统文化相结合，这种结合使日本在短时间内既推进了现代化进程又保持了其独特性。

3）成功的因素

明治维新成功的关键在于其灵活性和

务实性。日本领导层明确地认识到改革的必要性，他们不拘泥于旧有的框架，敢于创新，同时又充分考虑到国情，不盲目模仿。

日本明治维新前比清政府更封闭和落后，明治维新是日本历史上的一个转折点，它使日本成功地实现了从封建社会到现代国家的转型。这一时期日本的做法为其他非西方国家提供了一个如何面对现代化挑战的参考案例，即在全球化背景下，一个国家可以如何在保持本身文化特色的同时，实现技术和经济的现代化。

6.2.2 科技与国家竞争

技术在历史上一直是国家竞争力的核心组成部分。尤其在近代，随着科技的快速发展，它更加直接地影响了国家之间的实力对比，对经济和军事等方面都产生了深远的影响。

1. 武器与战争：技术在冲突中的角色

1）火力的演变

从冷兵器到火药，再到机枪、坦克和飞机，武器的演变极大地提高了战争的杀伤力。这不仅改变了战场的形态，还决定了大国之间的实力平衡。

2）战争策略的变革

传统的战争策略在技术面前发生了根本的改变。坦克和飞机的出现使快速机动成为可能，导弹技术使远程打击成为现实。

3）信息和通信技术

从电报到无线电，再到卫星通信，信息技术的进步使指挥和控制变得更加迅速和准确。这为现代战争提供了全新的战略和战术。

4）核技术的双刃剑

原子弹的出现使战争的毁灭性达到了前所未有的程度，但同时也产生了核威慑，形成了相对的和平稳定。

2. 技术始终是国家竞争的关键

1）经济与技术

国家之间的竞争不仅仅局限于军事领域，更多的是经济领域的竞争。工业革命使得一些国家迅速崛起，而其他国家则相对落后。技术在经济中的作用越来越显著，决定了国家的财富和影响力。

2）国家间的技术竞赛

从第二次世界大战后的太空竞赛到当今的人工智能和网络技术竞赛，国家之间的技术争夺从未停止。这不仅关乎经济和军事上的优势，更关乎国家的未来地位和影响力。

技术始终是国家竞争的关键要素。在全球化的背景下，科技竞赛对于每一个国家都是至关重要的。只有不断创新，才能在这场无休止的竞争中保持领先。

3. 国际博览会：展示技术与文明的平台

国际博览会，也称世博会，是各国展示其科技、文化和艺术成果的重要场所。自19世纪中期开始，这些博览会不仅成为了创新技术的重要窗口，还为国际间的文化交流和合作创造了机会。

1）技术的展示窗

科技与产业革命：19 世纪的博览会经常展示那个时代的最新工业成果，如 1851 年伦敦的水晶宫博览会展示了当时的工业成果，为英国的工业革命宣传打下了坚实基础。

交通与通信技术：从汽车到飞机，从电报到电话，博览会上频繁地展示了这些技术的进步。

新能源与环境保护技术：随着时间的推进，新能源技术和环境保护技术也开始成为博览会的焦点，反映了国际对可持续发展的关注。

2）文明与文化的交融

东西方交流：在博览会上，东西方的文化有了深度交流。例如，日本的艺术和工艺在 19 世纪末的巴黎世博会上受到了欧洲人的欣赏。

艺术与设计：博览会为各国的艺术家和设计师提供了一个展示其创新作品的平台，许多现代设计流派都可以追溯到某些博览会的影响。

民族与多元文化：各国的展馆常展示其独特的文化和民族传统，使参观者能够一窥各国文化的多样性。

3）经济与政策的互动

商业机会：博览会为企业提供了与国际合作伙伴接触的机会，推动了国际贸易和投资。

政策宣传：通过博览会，国家有机会宣传其对于科技、文化和经济的政策和愿景。

国际博览会作为一个国际性的平台，不仅展示了技术进步和创新，还加强了国家间的文化和经济交流。在全球化的时代，博览会将继续发挥连接世界的桥梁作用，进一步促进共同的发展和合作。

6.2.3 科技与全球化

1. 电报与全球通信：信息时代的开端

在科技与全球化的交织进程中，电报的出现无疑是一个里程碑式的技术革命。它不仅极大地改变了人们沟通的方式，而且为全球化打下了坚实的基础，促进了信息、文化、经济和政治之间的紧密联系。

1）信息传播的速度

在电报时代之前，信息的传输受到了很大的限制，通常依赖于人力、马匹或邮轮。电报的出现使信息可以在短时间内跨越大陆和海洋，到达遥远的地方。

2）商业与经济

电报为国际贸易和投资创造了条件。企业和投资者可以迅速获取关于外部市场的信息，做出更加明智的决策。金融市场也受益于电报技术，因为它们依赖于实时的价格和市场信息。

3）文化与社会交流

通过电报，国家之间的文化交流变得更加频繁。新闻、文化和社会事件可以迅速传播，为不同的文化和思想提供了交流和碰撞的机会。

4）政治与外交

在外交领域，电报为国家之间的沟通提供了便捷的手段。政府可以迅速传达其意图和决策，减少了误解和冲突的可能性。

5）技术进步与挑战

虽然电报为全球化提供了巨大的助力，但它也带来了新的挑战。例如，信息的真实性和安全性成为人们关心的焦点。此外，随着技术的进步，电报逐渐被电话、无线电和互联网所取代，但其在全球通信历史中的重要地位不容忽视。

电报是信息时代的开端，为全球化的发展打下了坚实的基础，使世界各地的人们得以紧密地连接在一起，共同分享和交流信息、文化和思想。

2. 19 世纪的科技展览：文明进步的见证者

19 世纪，被称为近代科技的黄金时代。在这一时期，伴随着工业革命的步伐，许多科技创新相继问世。为了展示这些新技术和成果，各国纷纷组织科技展览，吸引了全球人的目光。这些展览不仅是技术的展示，更是文明进步的见证。

1）文明对话的平台

19 世纪的科技展览成为了不同国家和文明之间进行对话的平台。它们为参展国提供了一个展示自己文明成果的舞台，同时也为其他国家提供了一个了解、学习和借鉴的机会。

2）技术的普及与推广

这些展览经常成为新技术推广和普及的起点。许多在展览中首次亮相的技术，随后在全球范围内得到了广泛应用。例如，电灯、电话和汽车等。

3）文化与科技的交融

除了纯粹的技术展示，这些展览还包括了艺术、设计和文化的元素。这表明在 19 世纪，人们已经意识到技术与文化的密切关系，并试图寻找两者之间的和谐点。

4）国家实力的象征

对于参展的国家来说，成功地展出其最新的科技成果，是向世界展示其国家实力和文明水平的好机会。因此，这些展览也具有了一定的政治和外交意义。

19世纪的科技展览,不仅是新技术的展示,更是各国文明交流与合作的重要平台。它们不仅见证了一个世纪的科技进步,也为后来的全球化进程奠定了坚实的基础。

6.3 思考题和课程论文研究方向

思考题:
1. 工业革命如何重塑了19世纪的世界经济与政治格局?
2. 电灯、汽车、飞机等技术如何影响了19世纪末到20世纪初的社会生活与文化?
3. 从摄影术到早期电影,技术如何与艺术产生交互并推动其发展?
4. 为何称日本的明治维新为"西学东渐的成功案例"?其与中国的洋务运动有何异同?
5. 在技术与近代文明的碰撞中,如何看待技术的中立性?是否技术总是导向正面的社会发展?

课程论文研究方向:
1. 工业革命与社会变革:探讨19世纪的技术进步如何导致社会结构、经济模式以及人们的日常生活发生深刻变化。
2. 摄影术与艺术史:分析摄影如何从技术变革成为艺术形式,并与其他艺术形式如绘画产生交互。
3. 近代东西方文明碰撞中的技术交流:以洋务运动和明治维新为例,研究技术如何成为东西方文明交流与碰撞的核心。
4. 19世纪的科技展览与文明展望:分析19世纪的科技展览如何展示当时的技术进步,并对未来文明的发展产生影响。
5. 技术、武器与近代战争:研究19世纪的技术进步如何影响战争的方式和策略,尤其是武器技术的进步对战争的决策与结果的影响。

第 7 章
现代技术的快速演进与全球影响

7.1　20 世纪初的科技革命

7.1.1　电子和原子：小至微观的巨大进步

随着 20 世纪的到来，人类在电子和原子层面的科技有了巨大的进步。从原子的结构研究到电子技术的应用，这一时代可以说是小至微观的科技革命。

1. 电子技术的爆炸性发展：从收音机到电视

20 世纪初，电子技术的发展引领了一系列科技革命，从根本上改变了人们的生活、工作和娱乐方式。以下是这个时期的几个关键发展。

1）真空管到晶体管的转变

1904 年，真空管被发明并用于无线电和电话技术，为电子通信的初步实现奠定了基础。但是，1947 年晶体管的发明引发了真正的技术变革。相比真空管，晶体管更小、更耐用、消耗更少的能量，并为微型化的电子设备打下了基石。

2）无线电与电视

电子技术的发展促进了无线电和电视的普及。20 世纪 20 年代，无线电成为主流的媒体形式，为广大群众提供了新闻、娱乐和教育内容。到了 20 世纪 50 年代，电视开始普及，成为新的家庭娱乐中心。

3）计算机的诞生

20 世纪 40 年代中期，世界上第一台电子计算机 ENIAC 面世。尽管它的体积庞大，但它的出现标志着信息处理技术的巨大飞跃。随后，计算机技术不断发展，为社会的各个方面带来了深远的影响。

4）数字化与微电子

20 世纪 70 年代初，微处理器的出现进一步推动了电子技术的微型化和数字化。这一变革使得个人计算机、移动设备和各种家用电子产品的诞生成为可能。

5）电子存储技术

磁带、硬盘和光盘等电子存储技术的发展，使得数据的保存和传输变得更加简单和高效。

20世纪初的电子技术革命彻底改变了我们的社会和日常生活。从沟通、娱乐到工作和学习，电子设备的应用已经成为我们生活中不可或缺的部分。

2. 原子科技的探索与应用

在20世纪初，科学家们对原子的本质和结构有了更深入的了解。这种认识为一系列技术发展和应用奠定了基础，其中最具影响力的是原子能的发掘和利用。

1）原子模型的发展

从达尔顿的不可分割的原子模型，到汤姆逊的布丁模型，再到卢瑟福的核心模型，科学家们不断地尝试理解原子的内部结构。波尔提出量子模型，为后来的量子物理和原子技术的发展奠定了基石。

2）放射性物质的发现

1896年，亨利·贝克勒尔发现了天然放射现象，打开了研究原子核的新门户。随后，玛丽·居里和皮埃尔·居里进一步研究了放射性物质，为后来的原子能研究奠定了基础。

3）核裂变和核聚变

1938年，奥托·哈恩和弗里茨·斯特拉斯曼首次发现了核裂变，这是原子弹和核电站的基础。在20世纪50年代，人们开始探索如何将核聚变作为一种新的能源来源，尽管至今仍然处于实验阶段，但它的潜在应用是巨大的。

4）原子能的应用

从第二次世界大战时的曼哈顿计划到今天的核电站，原子能的应用既有建设性的方面，如为世界提供清洁能源，也有破坏性的方面，如核武器的开发。这也引发了关于核技术使用的伦理和政治争论。

5）原子时钟与精密测量

利用原子的特性，原子时钟成为了目前最精确的时间测量工具，为全球定位系统（Global Positioning System，GPS）和多种科学研究提供了精确的时间基准。

原子科技的探索与应用彻底改变了20世纪的科技和政治格局，为人类社会带来了巨大的机遇和挑战。

3. 核技术：带来希望与恐惧的双面技术

核技术，从它的发现到如今，始终都是技术进步和科学探索的一部分，但它带给人类的是复杂的情感：既有无穷的希望，也有深沉的恐惧。

1）希望的象征

核能的利用：核电是清洁、高效的能源，能大量减少温室气体排放。在全球能源危机和气候变化的背景下，核能为人类提供了一个可靠的能源选择。

医学应用：核医学在疾病的诊断和治疗中扮演着重要角色，尤其在癌症治疗领域。例如，放射性药物可以针对肿瘤细胞，最小化对健康细胞的伤害。

农业和工业应用：核技术在农业中被用于育种，以增强农作物的抗病性和产量。在工

图为2011年日本福岛核电站事故

业中,核技术被用于检测材料的完整性和质量。

2)恐惧的源泉

核武器:核技术的发展与核武器的出现几乎是同步的。原子弹和氢弹的毁灭性威力使全球进入了一个新的战略平衡,形成了冷战时期的核威慑。

核事故:从切尔诺贝利到福岛,核电事故的潜在后果始终是公众关心的焦点。尽管事故并不频繁,一旦发生,对生态环境和人的健康都可能造成长期的伤害。

核废料处理:核反应生成的放射性废料有一个长期存储和处理的问题。确保它们不对环境和公众健康构成威胁是一个对技术和社会的挑战。

核技术是一把双刃剑。它为人类带来了前所未有的机会,但也带来了巨大的风险。如何平衡这两方面,确保核技术的安全和有效利用,是21世纪的重要议题。

7.1.2 现代医学的突破

1. 抗生素与疫苗:战胜疾病的新武器

在20世纪,医学界取得了瞩目的突破。其中,抗生素与疫苗的发现和应用,为人类健康带来了巨大的革命,成为战胜疾病的新武器。

1)抗生素的发现与应用

奇迹之药:1928年,亚历山大·弗莱明发现了青霉素,这是第一个抗生素,开启了一个新时代。抗生素可以杀死或抑制细菌生长,从而用来治疗各种细菌性疾病。

广泛的应用:随着研究的深入,人们发现了更多的抗生素,如链霉素、四环素等。它们广泛应用于医学、兽医和农业中。

抗药性的挑战:过度使用或滥用抗生素会导致细菌产生抗药性。这是现代医学面临的主要挑战,需要持续地研究和监控。

2)疫苗的发展与普及

免疫防护:疫苗通过让身体接触到病原体或其组成部分(如蛋白质或糖分子)来"教"免疫系统如何识别和对抗病原体。一旦接种后,体内会产生抗体,使个体在未来面对真正的病原体时能够迅速作出反应。

灭绝与控制疾病:多亏了疫苗,一些曾经威胁人类健康的疾病,如天花,已被彻底灭绝,而许多其他疾病如麻疹、百日咳也得到了有效控制。

全球公共卫生的挑战:尽管疫苗带来了巨大的利益,但仍有很多人由于种种原因未能接种，导致疾病仍有爆发的风险。提高疫苗接种率是全球公共卫生的核心任务之一。

抗生素和疫苗为人类的健康做出了巨大的贡献，但同时也带来了一些新的挑战。只有通过持续的研究和创新，我们才能最大限度地利用这些强大的工具，为全人类创造一个更健康的未来。

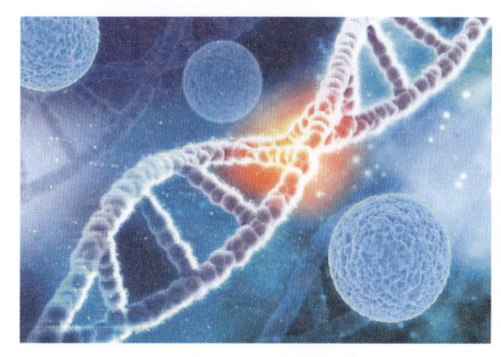

2. 基因工程：对生命密码的探索与操控

基因工程，也被称为遗传工程，是一种技术，它涉及对生物体的 DNA 进行直接的改变和操作。自从 20 世纪 60 年代和 70 年代这一技术诞生以来，基因工程已经引发了生物科学领域的一场革命，并对医学、农业和其他多个领域产生了深远的影响。

1）技术的核心

基因切割与组合：通过限制性内切酶对 DNA 进行精确切割，然后利用连接酶将 DNA 重新连接，使科学家可以将一个生物体的基因插入到另一个生物体中。

PCR 技术：聚合酶链反应（Polymerase Chain Reaction，PCR）使得科学家可以在很短的时间内复制大量的 DNA 片段，为遗传研究提供了巨大的便利。

2）应用领域

医学：通过基因工程，人们已经成功生产了许多重要的药物，如胰岛素和生长激素。此外，基因治疗的发展也为许多遗传性疾病提供了新的治疗方法。

农业：转基因作物的诞生，如抗虫的棉花、抗旱的小麦和富含营养的"金米"，都通过基因工程获得了特定的有益特性，以提高产量、减少农药使用和提高食物的营养价值。

环境：基因工程菌被开发出来处理污水、分解有毒物质，甚至可以保护植树，以对抗气候变化。

3）社会与伦理考量

安全性：转基因作物和其他基因工程产品的安全性一直是争议的焦点。研究持续进行以确保这些产品对人类和环境是安全的。

伦理问题：基因编辑技术，如 CRISPR，使得对人类胚胎的基因编辑成为可能，但这也带来了诸多伦理问题，如"设计婴儿""基因隐私"和"基因改良"的公平性等。

基因工程为我们提供了前所未有的能力来探索和操纵生命，但同时也提出了新的科学、社会和伦理挑战。随着这一技术的进一步发展，我们需要不断地重新考虑和界定人类与自然的关系。

7.2 信息时代的兴起

7.2.1 从计算机到互联网：信息技术的革命

1. 计算机的诞生与发展：数字化的开始

计算机的历史可以追溯到古代的算盘，但真正的数字化计算机是在 20 世纪 40 年代诞

生的。这一时期,科学家们希望找到一种更快速、更准确的方式来处理复杂的数学运算,特别是在第二次世界大战中用于解码和火箭科学。

1)初期的计算机

ENIAC:被广泛认为是第一个通用数字计算机,由美国军方资助,并于1945年完工。它重达30吨,在当时是科技的巨大突破。

UNIVAC:在1951年,第一台为商业目的设计的计算机出现,它为人们提供了关于计算机能如何改变商业和社会的早期远景。

2)个人计算机(PC)的诞生

20世纪70年代,Apple和IBM公司开始生产个人计算机。随着微处理器技术的进步,计算机变得更加便宜和可靠,为普通消费者所能承受。

图形用户界面:1984年,Apple公司推出Macintosh电脑,引入了图形用户界面,这为计算机使用者提供了更加友好的体验。

3)互联网的兴起

ARPANET:作为互联网的前身,它是美国国防部为研究目的在20世纪60年代末建立的。到了20世纪80年代,互联网已经开始成为商业和公共使用的实用工具。

万维网(WWW):20世纪90年代初,由蒂姆·伯纳斯-李创建,使信息更容易被访问和共享。

搜索引擎与社交媒体:如谷歌和脸书的兴起使互联网成为人们日常生活中不可或缺的一部分。

计算机和互联网的革命不仅改变了我们处理信息的方式,还为全球化打开了大门,为社交、商业和文化交流创造了新的可能性。

2. 互联网与社交媒体:连接世界,改变生活

1)互联网:全球的信息高速公路

从它的初步设想开始,互联网就被视为一个能够连接世界各地计算机的网络,为信息传播提供一个全新的方式。在20世纪90年代初,随着万维网的出现和浏览器技术的进步,这一概念变得更为明确和实用。现在,不仅仅是学者和研究者,几乎每个人都可以在网络上找到、分享和发布信息。

搜索引擎的崛起:谷歌、百度、必应等搜索引擎公司的兴起使得信息的检索变得快捷、方便。信息的检索时间从小时缩短到了秒。

电子商务:互联网促进了电子商务的发展,使得购物、支付和销售都可以在线进行,如亚马逊、阿里巴巴等。

2)社交媒体:新时代的沟通方式

社交媒体为人们提供了一种全新的、即时的沟通方式,不受时空限制。

社交网络:微信、抖音、脸书、推特等社交网络让人们能够与家人、朋友和同事保持联系，分享生活的点点滴滴。

内容创作者：YouTube、TikTok、Instagram 等平台为内容创作者提供了展示自己才华的舞台，无论他们身处何地。

社交影响：社交媒体不仅改变了我们的沟通方式，还影响了政治、经济和文化。例如，多次社会运动如"Black Lives Matter"（"黑命贵"）都在社交媒体上获得了巨大的关注和支持。

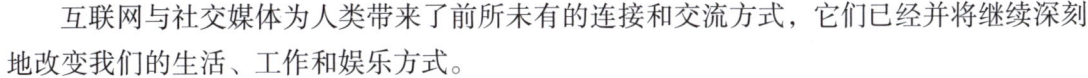

社交媒体的负面影响：同时，过度使用社交媒体可能会导致社交焦虑、健康问题以及与现实生活的脱节。

互联网与社交媒体为人类带来了前所未有的连接和交流方式，它们已经并将继续深刻地改变我们的生活、工作和娱乐方式。

7.2.2 移动技术与智能生活

1. 智能手机与应用：生活在指尖的技术

1）智能手机：通信与娱乐的结合

随着移动技术的飞速发展，智能手机已经从单纯的通信工具转化为强大的多功能设备。这些设备不仅包含了电话、短信和摄影功能，还整合了无数的其他功能，如导航、计算和娱乐。

功能丰富：通过摄像头、传感器、GPS 等硬件结合各类应用，智能手机的功能已经涵盖了生活的方方面面。

全球普及：由于生产成本的降低和技术的普及，几乎每个人都可以负担得起智能手机的价格。

2）应用：为生活提供便利

应用商店为用户提供了数百万种应用，覆盖了从健康、教育到娱乐、游戏的各个领域。

生活助手：诸如日历、提醒、健康追踪等应用帮助人们规划和管理他们的日常生活。

社交与娱乐：从微信、抖音到脸书，各类社交和娱乐应用为人们提供了沟通、放松和娱乐的平台。

教育与学习：诸如腾讯课堂、多邻国、可汗学院等应用为用户提供了在移动设备上学习的机会，打破了时间和地点的限制。

移动支付与电商：Apple Pay、Alipay 等应用使移动支付变得更为便捷，而亚马逊、淘宝等电商应用为用户提供了能够随时随地购物的体验。

随着移动技术的不断进步，智能生活已经成为现实。人们依赖智能手机和应用来管理他们的日常生活、工作和娱乐，使得技术真正融入每一个生活细节中。

2. 物联网与智能家居：未来家庭的日常

1）物联网：连接一切的技术

物联网，是指通过网络将各种物体连接起来进行信息交换和通信的技术。其核心是利用各种传感器、控制器等设备，使日常用品如冰箱、灯具、空调等都能够实现联网和智能化。

智能家居的普及：随着技术的进步，越来越多的家庭用品开始整合物联网技术，使家居环境变得更加智能化。

数据的搜集与分析：通过家中的各种设备收集的数据，可以帮助用户更好地了解和管理家庭环境，如能耗、安全等。

2）智能家居系统：智慧生活的实现

智能家居系统通过将家中的各种设备连接到一个中央控制系统，使得用户可以远程控制家中的设备，实现家居的自动化和智能化。

便捷的控制：无论用户身处何地，都可以通过智能手机或其他移动设备控制家中的设备，如调节室内温度、关闭灯具等。

安全与监控：通过智能摄像头、传感器等设备，用户可以实时监控家中的安全状况，及时发现和处理可能存在的安全隐患。

节能与环保：智能家居系统可以根据用户的使用习惯和环境条件自动调节家中设备的运行状态，实现节能和减少碳排放。

个性化的生活体验：通过对用户的使用习惯和偏好的分析，智能家居系统可以为用户提供更加个性化的生活体验，如自动播放用户喜欢的音乐、调整用户喜欢的室内光线等。

随着物联网和智能家居技术的不断进步，未来的家庭将变得更加智能化、便捷化，为人们提供更加舒适和安全的生活环境。

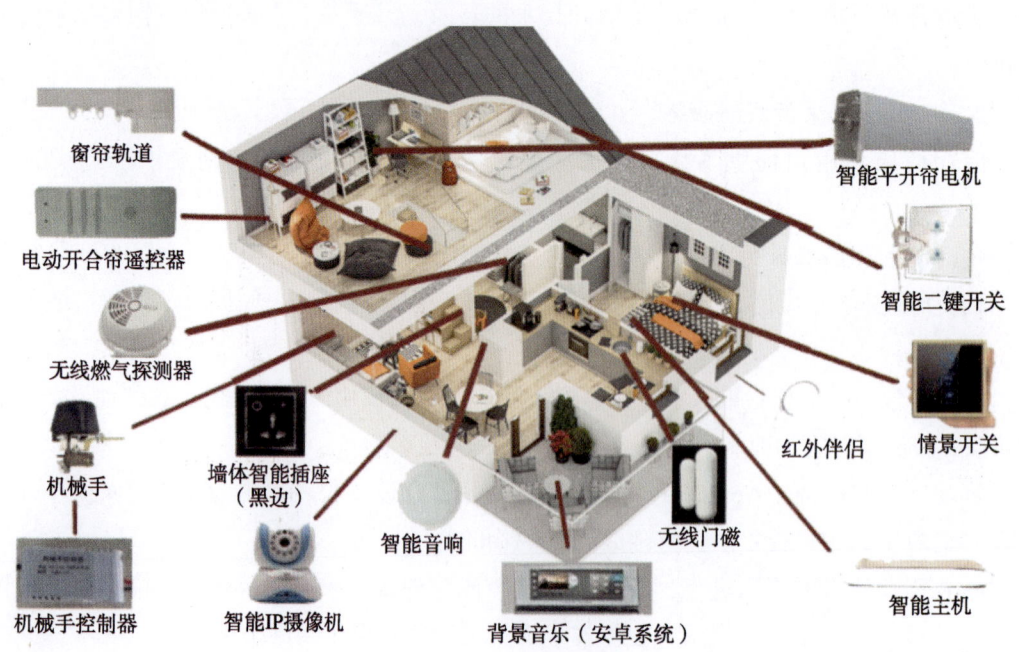

7.3 当代技术的伦理与挑战

7.3.1 人工智能与机器人技术：合作还是竞争？

1. 人工智能在各领域的应用

人工智能（AI）在过去的几十年中得到了快速发展，并逐渐渗透到各个领域，为众多行业带来了深远的变革。以下是 AI 在各个领域的应用概述。

1）医疗健康

AI 可以进行图像识别，帮助医生诊断 X 光片、MRI 和 CT 扫描等医学影像。同时，AI 也在预测疾病、个性化治疗和药物研发中发挥着越来越重要的作用。

2）金融

AI 在信用评估、欺诈检测、投资策略、算法交易等领域都有广泛的应用。例如，许多银行使用 AI 来预测潜在的信用卡欺诈行为。

3）零售和电商

通过用户购物历史和行为数据，AI 可以为消费者提供个性化的购物推荐，提高购物体验并增加销售。

4）交通和物流

自动驾驶技术、智能交通系统和优化配送路线都得益于 AI 的发展。

5）媒体和娱乐

AI 用于内容推荐、视频分析、音乐创作，以及视频游戏中的智能对战设计等。

6）农业

AI 帮助农民预测作物产量、病虫害，以及自动化灌溉和收割。

7）制造业

通过预测性维护、优化生产流程和自动化检测，AI 提高了生产效率和产品质量。

8）能源

AI 用于预测电力需求、优化电网和提高可再生能源的利用率。

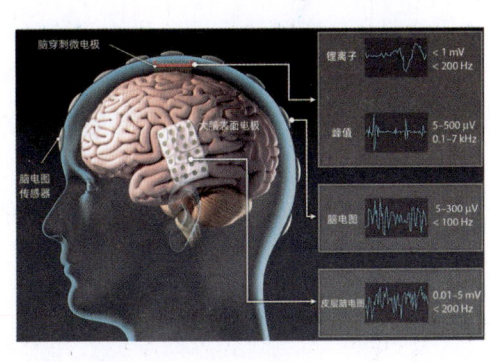

9）教育

个性化学习、智能助手和虚拟实验室都是 AI 在教育领域的应用。

10）语言与翻译

实时语音翻译、智能助手和聊天机器人都依赖于 AI 的自然语言处理技术。

此外，AI 在众多领域也都有广泛的应用，包括艺术创作、军事、法律、科研等。随着技术的不断发展，AI 在未来可能会对人类生活的每一个方面都产生深远的影响。

2. 与机器人共存的未来社会

随着科技的飞速进步，机器人正逐渐从工业生产线走入我们的日常生活中。它们不仅改变了我们的工作方式，还影响了我们的休闲活动、交通方式甚至是社交习惯。与机器人共存已经成为一种无法避免的未来趋势，那么这样的未来会是怎样的呢？

1）工作与就业

职业变革：许多重复性、体力劳动性质的工作可能会被机器人取代，比如制造业、农业和物流业。但同时，也会出现新的工作机会，尤其是在机器人设计、维护、培训和管理等领域。

人与机器人的合作：在一些领域，机器人可能不会完全取代人类，而是与人类共同工作，共同完成任务。例如，医疗领域中的机器人手术助手。

2）生活方式

家居助手：从吸尘机器人到厨房助手，机器人会成为家庭中不可或缺的一员，帮助我们完成日常家务。

个性化服务：随着 AI 的进步，机器人将能够根据我们的喜好和习惯为我们提供定制化服务，比如为我们推荐餐饮、提供个性化的健康建议等。

3）社交与休闲

陪伴机器人：对于孤独的老人或需要特殊照顾的人群，机器人可以作为陪伴者，为他们提供情感支持和生活帮助。

娱乐与教育：机器人可以作为孩子的学习伙伴，帮助他们学习新知识；也可以作为家庭娱乐中心，与家庭成员一起玩游戏或参与互动。

4）伦理与法律

权利与责任：随着机器人智能化程度的提高，我们需要重新思考机器人的权利和责任问题，比如在某些情境下，机器人是否应该享有某种程度的法律权利。

隐私与安全：如何确保机器人不会侵犯我们的隐私？如何防止它们被黑客攻击或被用于非法活动？

7.3.2 环境技术与气候变化

随着全球变暖和气候变化的问题日益严峻，环境技术的进步和应用成为全球关注的焦点。其中，可再生能源与绿色技术被视为未来应对气候变化的关键武器。

1. 绿色技术的崛起与可再生能源的发展

1）太阳能

将太阳的光和热能转化为电力或热能。近年来，太阳能电池板的成本持续下降，效率不断提高，在多个国家逐渐替代了传统的化石燃料。

2）风能

通过风力发电机将风的动能转化为电力。随着技术的进步，风力发电不仅仅局限于陆地，海上风电也逐渐得到开发和利用。

3）水能与潮汐能

通过大坝或水轮机将流水的动能转化为电力。而潮汐能则利用海洋的潮汐来发电。

4）节能技术

随着技术的进步，各种电器和设备都在朝向更加节能、高效的方向发展，大大减少了碳排放。

5）碳捕获与存储

这项技术可以捕获工厂和电厂产生的碳排放，然后将其存储在地下，避免其进入大气。

6）绿色建筑

通过使用可再生材料和设计节能结构，使建筑物的碳足迹大大减少。

2. 全球应对气候变化的努力

1）国际合作

各国开始认识到气候变化是一个全球性的问题，需要全球合作来解决。如巴黎协定等国际协议就是为此而签署。

2）投资与研发

政府和私人企业都加大了对可再生能源和绿色技术的投资，鼓励技术创新和研发。

3）公众意识

随着各种环保活动和教育的推广，公众对气候变化和环境保护的意识逐渐增强。

面对气候变化这一全球性的挑战，可再生能源和绿色技术的发展为我们提供了有力的武器。只要我们齐心协力，就一定可以为子孙后代留下一个绿色、和谐的地球。

3. 环境伦理：技术进步与地球的未来

在技术飞速发展的现代，环境伦理成为了决定人类与地球未来关系的核心议题。技术进步为人类带来了前所未有的舒适和便利，但同时也给地球的生态环境带来了巨大的压力。如何在科技进步和环境保护之间找到一个平衡点，已经成为全球的共同挑战。

1）技术与环境的矛盾

随着工业化和城市化的加速，大量的自然资源被消耗，各种污染也日益加剧。许多技术产品，如塑料和电子废弃物，对环境产生长期的影响。然而，正是这些技术进步，为人类带来了经济增长和生活品质的提高。

环境伦理关心的是人类如何对待其他生物和大自然，它挑战了传统伦理中"人类中心"的观念，强调人与自然的和谐共生。这要求我们重新审视技术进步的价值，以及如何使技术真正造福人类而不是破坏大自然。

2）以可持续性为导向的技术发展

循环经济：鼓励资源的循环利用和废弃物的减少。例如，多次使用一个塑料袋而不是单次使用。

绿色技术：开发对环境友好的新技术，如清洁能源、节能产品等。

生态设计：在产品设计阶段考虑其生命周期对环境的影响，以减少资源浪费和环境污染。

公众的环境意识和教育对于推动环保和技术可持续发展至关重要。教育不仅可以提高公众对环境问题的认知，还可以培养出更多关心环境、致力于绿色技术研发的科技人才。

面对日益严重的环境问题，环境伦理为我们提供了一个新的视角，帮助我们思考如何实现技术与自然的和谐发展。只有当我们将环保融入每一个技术创新和决策中，才能确保可持续发展。

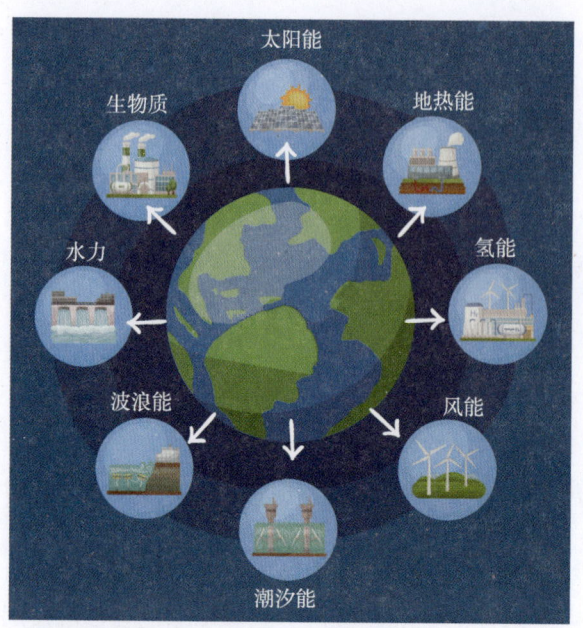

7.4 思考题和课程论文研究方向

思考题：
1. 电子技术与原子技术的进步对 20 世纪的政治、经济和文化产生了怎样的影响？
2. 在信息技术的高速发展中，社交媒体如何重塑我们的沟通方式、价值观和社会结构？
3. 随着智能生活的日益普及，我们应如何平衡便利与隐私之间的关系？
4. 人工智能与机器人技术将如何改变劳动力市场、教育和日常生活？
5. 面对气候变化的挑战，技术如何助力我们达成可持续发展的目标？

课程论文研究方向：
1. 20 世纪的技术与战争：探究原子技术和核技术如何影响冷战期间的国际政策与战略决策。
2. 社交媒体与全球化：研究互联网和社交媒体如何推动全球化，同时也带来地域性、文化和政治上的分裂。
3. 智能生活的社会影响：分析物联网与智能家居为我们带来的便利，以及可能面临的隐私和安全挑战。
4. 人工智能的伦理考量：探讨在人工智能迅速发展的当下，如何确保其应用不会损害人权、平等和公正。
5. 技术与可持续性：研究如何利用现代技术，尤其是绿色技术和可再生能源，来应对气候变化和环境退化的挑战。

第3部分
哲学与科技创新

第8章

古代哲学与初期技术探索

8.1 古代东方哲学与技术的哲理

8.1.1 儒家思想与工艺技术的传承

1. 儒家思想中的技艺价值观

儒家思想是中华文明中最为核心的思想体系，它不仅影响了社会道德和政治结构，还与技术和工艺有着深厚的关联。

1）尊重技艺，崇尚实践

儒家注重实践和实用，对于技艺有着很高的评价。《论语》中提到："工欲善其事，必先利其器。"这表达了技艺对于社会进步的重要性以及技术创新的必要性。

2）传承与继承

儒家强调传承与继承，这也使技艺有了持续传承的土壤。许多古老的技术和工艺因此得以保存并代代相传，成为中华文明的宝贵财富。

3）人与自然的和谐

儒家认为人应与自然和谐共处。这种观念促使人们在技术发展中尽量避免对自然的破坏，并注重利用技术使人与自然、社会与环境之间达到和谐。

4）社会责任与道德规范

儒家强调君子的道德和对社会的责任。在技术创新和应用中，这促使人们更加注重技术的道德性，确保技术带来的是社会的福祉而非伤害。

儒家思想为古代中国的技术和工艺创新提供了哲学基础和道德导向。尊重技艺、注重传承、追求人与自然的和谐以及对技术的道德要求，都是儒家思想为技术发展带来的积极影响。

2. 礼与工艺：古代中国的技术文化

"礼"，在古代中国的文化中，是一个重要的概念，涵盖了道德、礼仪、法则、规矩等多方面的意义。而工艺，又是古代中国社会发展的重要支柱之一。礼与工艺之间的关联深厚，并共同塑造了古代中国独特的技术文化。

1）礼制与工艺的分类

在古代，各种工艺有着严格的分类和层次，这与"礼"的分层思想高度一致。例如，

图为春秋战国的礼器

金石、竹木、织染、陶瓷等工艺根据其社会地位、用途、技术难度等有着不同的层次。这种层次感和秩序的设定与"礼"的思想是相辅相成的。

2）礼仪与技术传承

"礼"强调对先祖、师傅的尊重。在工艺领域，技艺传承的方式也遵循了这一原则。师傅会将其技艺传授给徒弟，而徒弟在学成之后，又会对师傅表示尊敬。这一传统确保了技术的延续和稳定传承。

3）礼与技术的审美

"礼"中蕴含了对美的追求。古代的工艺品往往都具有很高的审美价值，不仅仅是实用性的体现。无论是玉器、陶瓷还是丝绸，都展现了"礼"的审美观念。

4）礼制与工艺的应用

"礼"在古代社会生活中处处可见，从宫廷、祭祀到日常生活，都有"礼"的存在。因此，工艺品也与"礼"有着紧密的联系。例如，宫廷使用的器物需要有特定的规格和图案，祭祀活动需要特定的祭器，这都要求工艺有严格的标准和规范。

"礼"与工艺在古代中国共同构建了一个既有秩序、规范又富有创意和审美的技术文化。这种文化不仅仅影响了古代，其深厚的遗产至今仍在中国文化中发挥着影响力。

8.1.2 道家的自然哲学与技术

1. 道家的自然和谐思想与古代技术的应用

道家哲学，源于古代中国，强调自然和谐、无为而治的思想。这种哲学不仅影响了古代人的生活方式，还对古代的技术发展和应用产生了深远的影响。

1）道家思想与技术的同化

道家认为，技术应当与自然同化，而不是去抵抗或征服自然。因此，古代的许多技术，如农业、水利工程等，都力求与自然环境和谐共存，而不是过度开发或破坏自然。

2）无为而治与技术的简约

"无为而治"是道家的核心思想之一，它提倡不进行过多的干预，让事物自然发展。在技术应用中，这种思想体现为简单、实用的技术手段，避免过度复杂或不必要的技术应用。

3）道家的能量观与技术应用

道家视万物为一，认为宇宙间存在一种能量——"道"，这种能量流动于万物之间。在技术应用上，这种思想鼓励了对能量的节约和合理利用，如古代的风水学、光与热的利用等。

4）道家的环境观与技术的发展

道家重视与自然的和谐关系，这种思想鼓励与自然和谐的技术和环境保护措施。例如，古代的建筑和城市规划会考虑地形、风向和水源，以确保与自然环境的和谐共存。此外，古代的农业技术如梯田、鱼塘和灌溉系统等，也都体现了道家尊重自然、与自然和谐共生的哲学。

2. 《庄子》中的机械思想与技术实践

《庄子》是古代道家哲学的重要经典，其中不仅包含丰富的哲学思想，还涉及许多与技术相关的故事和观念，为古代技术提供了理论基础和实践指导。

1）庄子的"工匠观"与技术实践

在《庄子》中，工匠的形象被高度尊重和歌颂。例如，《庄子·内篇·齐物论》中描述了一位名为砥的工匠，他的研磨技术高超，能够使石头变得非常锋利，以至于可以轻松切割大块的金属。这种对工匠技能的尊重，体现了古代对实用技术的重视和推崇。

2）与机械和工具的和谐

《庄子》中多次提及工具和机械，强调人与工具的和谐关系。比如，《庄子·内篇·齐物论》中提到，一位名为偃的工匠制造了一个能够自动移动的木人偶。这个故事展示了道家认为技术应该服务于人，与人和谐共存的思想。

3）自然与技术的和谐

庄子认为，技术应当遵循自然的规律，而不是强行改变或控制自然。这种思想为古代技术的发展提供了指导原则，鼓励人们发展与自然和谐共生的技术和工艺。

《庄子》中的机械思想与技术实践，为古代技术的发展提供了理论基础和实践指导，反映了道家哲学对古代技术的深远影响。

8.2 古希腊哲学与技术的探讨

古希腊文化与哲学在西方思想史上有着举足轻重的地位。在对自然、宇宙和人类社会的探索中，古希腊哲学家们也对技术进行了思考和评价。

8.2.1 柏拉图与技术的真理性

柏拉图是古希腊最著名的哲学家之一，他对真理、形而上学和道德有着深入的探讨。在他的思想中，技术和工艺也占据了重要的位置。

1. 柏拉图的《理想国》与技术的角色

在柏拉图的《理想国》中，他描述了一个理论上的完美国家，其中每个人都有其固定的角色和职责，从而确保社会的和谐和正义。在这样的理想社会中，技术和工艺被赋予了特殊的意义。

1）技术与真理

柏拉图认为，技术应当追求真理和完美。在他的哲学中，每一种物体都有一个永恒不变的"理念"或"形式"。技术，作为一种创造性的活动，应当尽可能地接近这些理念，从而制造出最完美的物品。

2）工匠与哲学家

在柏拉图的《理想国》中，工匠和哲学家都是高度受人尊重的职业。工匠是因为他们的技术和工艺能够为社会创造有用的物品，而哲学家则是因为他们追求真理和智慧。他们都在追求完美和真理，只是方法不同。

3）技术与道德

柏拉图也强调，技术的发展不应当背离道德和伦理。技术和工艺在他的哲学中不仅仅是为了生产有用的物品，更是为了追求一个更高尚、更和谐的社会。

柏拉图对技术的看法是复杂的。他既赋予技术高度的评价，也强调技术应当服从道德和伦理的约束。这为后来的技术哲学和伦理学提供了重要的思考基础。

2.《法》中技术与社会秩序的关系

柏拉图的《法》是他晚期的作品，其中详细地论述了法律、道德和社会秩序的重要性。这部作品与《理想国》有所不同，更为现实，着重于如何建立和维护一个有秩序、公正和稳定的社会。在这部作品中，技术和工艺同样占据了一席之地，并与社会秩序建立了紧密的联系。

1）技术作为维护社会秩序的工具

柏拉图认为，技术和工艺是维护社会秩序和稳定的重要工具。通过技术的应用，可以提高生产效率、满足人们的物质需求，并保证社会的和谐。而工匠和技术者，则在社会中起到关键的作用，他们通过自己的专业技能为社会提供必需的物品和服务。

2）技术与法律的相互制约

在《法》中，柏拉图强调了法律对技术的制约和指导。他认为，技术的发展和应用不应当无休止、无目的地进行，而应当受到法律和伦理的制约。同时，技术和工艺也为法律提供了实施的工具，例如度量衡、建筑和交通工具等。

3）技术与道德的关系

柏拉图进一步深化了他在《理想国》中对技术与道德关系的讨论。他认为，技术和工艺不仅应当追求效率和实用性，还应当与社会的道德价值观相一致。技术的应用不应当损害他人的利益，违背公正和正义。

在柏拉图的《法》中，柏拉图在技术与社会秩序之间建立了紧密的联系。他认为，技术是维护和加强社会秩序的重要工具，但同时也应当受到法律和伦理的约束。这种思考对后世产生了深远的影响，为技术哲学和伦理学的发展提供了宝贵的启示。

8.2.2 亚里士多德与技术的实用性

亚里士多德，作为古希腊的哲学家，对自然哲学、伦理学、政治学等领域均有深入的探索。他的思想在西方文明中占据着核心地位，对中世纪以及现代思想产生了深远的影响。在技术哲学方面，亚里士多德尤为强调技术的实用性和技术创造过程中的因果关系。

1. 亚里士多德的"四因说"与技术的创造

亚里士多德提出了著名的"四因说"，即描述事物存在和变化的四种原因或原理。这四因分别是：质料因（事物所由产生的材料）、形式因（事物的本质特性或形状）、动力因（引起变化的直接原因）和目的因（事物存在或变化的目的）。这一观点为理解技术创造过程提供了哲学基础。

1）质料因与技术材料

在技术创造中，质料因对应于所使用的材料或原料。例如，建筑物的砖石、木材等就是它的质料因。

2）形式因与技术设计

形式因与技术中的设计或结构密切相关。这是因为任何技术产品的设计都决定了它的功能和性能。

3）动力因与技术制造

在技术制造过程中，动力因对应于制造该产品所需的各种操作和步骤。

4）目的因与技术的目的

这是技术创造的最终目的。对于技术，其目的往往是满足某种实用需求，例如交通工具是为了解决出行问题。

亚里士多德强调，技术的创造和应用必须基于实用性，而实用性则是由技术的目的因决定的。同时，他还指出，技术不仅仅是人类对自然的模仿，还是人类对自然的改造和完善，是人类智慧和实践的结合。

亚里士多德的四因说为我们理解技术的本质、过程和目的提供了深刻的哲学视角，使我们更加认识到技术与人类文明紧密相连的本质关系。

2. 技术、手艺与自然：亚里士多德的视角

亚里士多德的哲学观点深入到各个领域，包括伦理学、政治学、自然哲学等。当谈及技术、手艺与自然时，他为我们提供了一个独特的视角来审视它们之间的关系和相互作用。

1）技术、手艺与"技能"

对于亚里士多德而言，技术和手艺是人类知识的一个重要部分，它们可以理解为某种"技能"或"艺术"。在古希腊语境中，"技艺"意指一种有目的的创造行为，是对自然界的一种改造或模仿。因此，亚里士多德看到技术不仅仅是一种实用工具，也是一种人类实践中的艺术表现。

2）与自然的关系

亚里士多德曾提到，自然是事物成长和衰减的内在原因。与此相比，技术和手艺是对自然界的外在干预。但这并不意味着技术与自然是对立的。实际上，亚里士多德认为，技术是模仿自然、改善自然或是对自然进行某种补充的。

3）手艺与完善

对亚里士多德来说，手艺和技术是一种为了达到某种目的而进行的创造性活动。他提到，在很多情况下，手艺能够帮助我们完善自然，使其更加接近"完美"。例如，医学是一种技术，它的目的是修复身体的不完善，使其回到一个正常的状态。

4）技术的伦理考量

虽然亚里士多德看到技术和手艺可以完善自然，但他也强调了使用技术的伦理考量。他认为，技术的应用和发展必须基于道德的原则，确保它们服务于公共利益，而不是损害自然或人类社会。

亚里士多德为我们提供了一个富有哲学深度的视角来审视技术、手艺与自然的关系。他强调技术的实用性和伦理考量，同时也看到了技术在完善自然和人类生活中的积极作用。

8.3 古印度哲学与技术思考

古印度的哲学体系是极其丰富和精深的，尤其在吠陀时期，印度哲学家们的思考已经涉及了宇宙、人类和技术之间的深邃关系。

● 8.3.1 吠陀时期的技术与宇宙观

在吠陀时期，吠陀经文主要是宗教和哲学的著作，涵盖了印度早期的宇宙观、神祇崇拜、宗教仪式和生活方式。尽管它们主要关注的是宗教仪式和宇宙观，但我们也可以从中窥见人们对于技术的早期理解。

1. 吠陀经文中的技术与宇宙结构

在吠陀经文中，技术与工艺被视为与宇宙的自然法则相一致。例如，炼金术、制陶和建筑等古老的工艺，都被看作是与宇宙的某种原始能量相一致的。掌握技术的人或工匠不仅仅是制作物品，他们通过他们的技能与宇宙的原始力量进行交流。

1）宇宙的和谐与技术

吠陀经文强调宇宙的和谐和秩序，这种和谐被认为是通过各种仪式和技术实践来维持的。例如，火祭是最古老和最重要的仪式之一，它需要精确的准备和实施。这种对仪式的精确性和技术的需求，反映了古印度对于技术与宇宙和谐之间联系的认识。

2）技术与日常生活

在吠陀经文中，技术也被看作是与日常生活密切相关的。农业、手工艺和其他基本的技能都被认为是与宇宙秩序相一致的。技术手段的出现不仅仅是为了满足物质需求，更多的是为了维持和促进与宇宙之间的和谐关系。

吠陀经文为我们提供了一个独特的视角来审视古印度如何看待技术与宇宙之间的关系。它揭示了一个宇宙观，其中技术、仪式和日常生活都与宇宙的和谐和秩序相一致。

2. 瑜伽与身体技术：探索身体与心灵的关系

瑜伽，源于古印度的哲学和实践，已经存在了数千年，它是一种旨在整合身体、心灵和精神的综合体系。瑜伽不仅仅是身体的体操，它还是融合了身体的练习、呼吸、冥想和伦理道德的教学。因此，瑜伽可以被视为一种"身体技术"，是人们探索身体和心灵关系的手段。

1）身体的练习：阿萨纳与身体的调和

瑜伽中的阿萨纳，通常被翻译为"姿势"或"体式"，是身体练习的基础。这些体式不仅强调身体的柔韧性和力量，还关注呼吸和意识的集中。通过阿萨纳，瑜伽练习者能够调和身体的能量，实现身体和心灵的统一。

2）呼吸的技术：普拉纳与生命之气

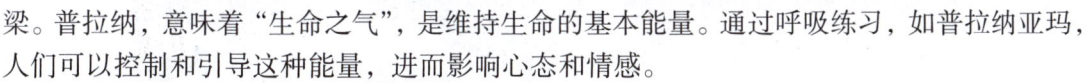

在瑜伽中，呼吸被视为连接身体和心灵的桥梁。普拉纳，意味着"生命之气"，是维持生命的基本能量。通过呼吸练习，如普拉纳亚玛，人们可以控制和引导这种能量，进而影响心态和情感。

3）心灵的实践：冥想与自我觉醒

瑜伽不仅关注身体，更重要的是关注精神维度。冥想是一种让思绪平静，集中注意力的实践，通过它，人们可以探索自己的内在世界，实现真正的自我认知和觉醒。

4）瑜伽的伦理：八支瑜伽与生活哲学

瑜伽的实践不仅局限于垫子上。古印度的瑜伽哲学提出了"八支瑜伽"，它包括道德戒律、自我约束、体式、呼吸控制、制感、集中、冥想和超越或启示。这些组成部分为瑜伽练习者提供了一种全面的生活哲学，揭示了他们在日常生活中实践瑜伽的原则。

瑜伽作为一种身体技术，提供了一种独特的方式来探索和理解身体和心灵的关系。它不仅是一种健康和健身的手段，更是一种生活的哲学，帮助人们实现身体、心灵和宇宙的和谐。

8.3.2 佛教哲学与技术的界限

1. 佛教的非我论与技术的外在性

1）非我论的核心

佛教的非我论是其核心教义之一，强调所有现象都是因缘所生、缘聚而生，没有固定、永恒的自我或本质。这一思想与技术的外在性相互呼应。技术产品和创新通常被视为人类文明的外部产物，而不是人的内在属性或本质的表现。

2）技术的无常与佛教的无常观

与佛教中的无常观念相一致，技术也是在不断变化和发展的。技术的进步很快，今天的前沿技术可能很快就会被新的技术所取代。这与佛教中强调的所有现象都是不稳定、无常的观念相吻合。

3）佛教对欲望的看法与技术的满足

佛教认为，无知和欲望是人类痛苦的根源。技术往往被视为满足人类欲望的手段，从基本的生活需要到高级的娱乐消费。然而，技术带来的满足感可能是暂时的，随着时间的推移，人们可能会对技术产生依赖，并对其产生更高的期望和欲望，这与佛教关于欲望永不满足的观点相吻合。

4）技术、自我与解脱

尽管技术的外部性与佛教的非我论相呼应，但技术的使用和消费往往与个人的自我认同和价值观念紧密相关。在现代社会，人们常常通过使用特定的技术产品来构建和表达自己的身份。但佛教警告，过度依赖外在物质，包括技术，可能会导致人们迷失自我，阻碍真正的解脱。

佛教哲学与技术之间存在许多相似和相互作用的地方。理解这些交叉点可以帮助我们更深入地思考技术在现代社会中的角色，以及如何更有意识地使用技术，以追求真正的幸福和解脱。

2019年日本推出的机器人观音

2. 中观派与技术的相对性理论

中观派是佛教中的一个重要学派，主要通过否定所有事物的自性或固有存在来阐述"中道"的哲学。它强调所有事物的相互依存和相对性。而在技术领域，随着现代科学的进步，我们也越来越认识到技术的相对性。以下将探讨中观派的哲学与技术的相对性理论之间的相似性和差异。

1）缺乏固有"自性"与技术的非绝对性

中观派认为所有现象都没有固有的自性，它们的存在完全取决于其他现象。类似地，技术并不是绝对或固有的。它是在特定的历史、文化和社会背景下发展起来的，受到许多外部因素的影响。

2）互依互缘与技术的网络性

中观哲学中的互依互缘原则强调一切事物都是相互连接和相互依存的。在技术领域，尤其是在信息技术中，我们也看到了这种互连性。技术的进步往往依赖于多个领域的交叉创新，技术产品的运作也依赖于复杂的网络。

3）"中道"观念与技术的平衡使用

中观派强调避免走向任何极端，寻求中间之道。在技术应用中，这可以被理解为平衡使用技术，避免技术成瘾或对技术的过度依赖，同时也不否定技术的正面价值。

4）现象的"空性"与技术的不确定性

中观哲学认为，由于一切事物都没有固有的自性，因此它们都是"空"的。这种空性的观念与现代技术的不确定性和不稳定性相呼应。技术是不断演变的，今天的技术明天可能就会过时。

中观派的哲学与技术的相对性理论在很多方面都有相似之处。理解这些相似之处不仅可以深化我们对佛教哲学的理解，还可以帮助我们更加明智、平衡地使用和看待技术。

8.4 思考题和课程论文研究方向

思考题：

1. 在古代东方哲学中，技术和手艺是如何与道德和社会价值观相互关联的？
2. 为何柏拉图和亚里士多德对技术有如此不同的看法？他们的思想对后世技术观念的形成有哪些影响？
3. 在古印度文化中，宇宙观、身体技术和佛教如何影响当时的技术发展和应用？
4. 各大哲学流派对技术的态度和解读如何影响了古代各文明的技术发展和传播？

课程论文研究方向：

1. 东西方哲学对技术的不同视角：对比古代中国和古希腊的技术哲学，探索其背后的文化和价值观差异。
2. 技术与宇宙观：深入研究古印度如何通过宗教和哲学将技术融入对宇宙和人生的理解中。
3. 儒家、道家与技术的关系：分析中国古代的儒道哲学如何影响技术的发展、应用和传承。
4. 柏拉图和亚里士多德的技术哲学：从他们的文献中，探讨技术在古希腊社会中的角色和价值。
5. 技术、佛教与身体：研究古印度如何通过瑜伽和佛教来理解和应用技术，以达到身心的和谐。

第 9 章
启蒙时代的哲学与科技蜕变

9.1 东方的启蒙：思想解放与技术崛起

9.1.1 宋明理学与科技哲理

1. 朱熹的"天人合一"思想与技术应用

朱熹，宋代儒家学者，是宋明理学的代表人物之一。他的学说强调了"天人合一"的哲学观点，认为人与天地自然之间有一种微妙的和谐关系。这种关系在多个层面对技术应用产生了深刻的影响。

1）与自然和谐共生的技术

朱熹的"天人合一"哲学认为人类应该顺应自然，与之和谐共生。这一观点对技术发展有着深远的影响，主张技术发展应该与自然环境相协调，注重可持续发展，避免对自然环境造成破坏。

2）"天人合一"与技术的伦理

朱熹认为，人类的行为和道德选择都应该与天地大道相符合。在技术应用中，这意味着技术的进步和发展应该以提高人类福祉为目标，而非单纯的利益驱动或对技术的盲目崇拜。

3）技术与文化的交融

朱熹的思想也强调文化与技术的交融。他认为技术不仅仅是工具或方法，更是文化的一部分，反映了人类对世界的理解和价值观。技术的进步应该与文化价值相协调，共同推动社会向前发展。

4）技术的普及与教育

朱熹十分重视教育，认为教育是提高人的道德品质和智慧的关键。在技术领域，这一观点意味着技术和教育的普及都应该受到重视，确保每个人都能受益于技术的进步，而不仅仅是少数人。

朱熹的"天人合一"哲学为技术发展提供了深厚的文化土壤，强调技术的和谐、伦理、文化和教育价值，为东方技术的崛起奠定了哲学基础。

2. 王阳明的"心学"与技术的人文性

王阳明，明朝的著名儒家学者，他的"心学"哲学为东方思想注入了新的活力。在与技术的关系中，王阳明的"心学"特别强调了技术的人文性。

1）技术的内在价值

王阳明主张"心即理"，强调每个人内心的良知。在技术领域，这种思想意味着技术不仅仅是外在的工具或手段，更有其内在的价值。这个价值与其为社会、为人类带来的利益和幸福有关。

2）技术与人的关系

王阳明的"心学"哲学认为，一切事物，包括技术，都与人的内心有关。技术的发展和应用应该基于对人的尊重和关心，确保技术真正为人类服务，而不是控制或伤害人类。

3）技术的道德和伦理

由于王阳明强调内心的良知和自我修炼，他的"心学"为技术的道德和伦理提供了指导。技术的发展和应用不应该损害人类或自然，而应该是道德和伦理的体现。

4）技术的教育与普及

王阳明认为每个人都有实践和改变世界的能力。在技术领域，这意味着技术教育和普及是非常重要的，确保每个人都能够掌握和使用技术，从而实现他们的价值和潜能。

王阳明的"心学"为技术发展奠定了深厚的人文和道德基础，强调技术与人的内在关系，以及技术的道德和伦理责任。这为东方技术的崛起提供了重要的哲学指导和支持。

9.1.2 清代与近代思想家对技术的重新评价

1. 康有为、梁启超与技术的近代思考

清朝末期和民国初年，面对西方的工业文明和技术压力，中国经历了深刻的文化和思想的自我反思。康有为和梁启超，作为这个时期的两位重要思想家，对技术与文明的关系进行了深入的思考和论述。

康有为：技术与国家的命运

康有为认为，技术是国家强大和富裕的基石。他认识到西方国家通过技术创新和工业化改革走在了世界前列，而中国若想振兴，就必须紧跟技术发展的步伐。他提倡对外学习先进技术，并在《大同书》中描述了一个高度工业化、技术化的"大同"世界。

1）梁启超：技术、教育与社会进步

梁启超则更加注重技术教育和科学普及。他相信，只有大众掌握科学和技术，中国才能真正实现近代化。对于他来说，技术不仅仅是生产力，还与国家的教育、文化和社会进步紧密相连。

2）两位思想家的共同观点

康有为和梁启超都主张改革和变革。他们都认识到，要想在国际上站稳脚跟，中国必须接受和吸收西方的先进技术和知识。此外，他们都认为，技术的发展不仅仅是为了经济增长，更是为了社会进步和民族复兴。

在他们的努力下，清末和民国初年，中国开始了一系列的学习、模仿和创新，努力使中国的工业技术水平达到国际先进水平。

清代末期到近代的中国，技术被赋予了新的历史和文化意义，而康有为和梁启超在这一过程中起到了积极的推动作用。他们的思想为中国的技术发展和近代化奠定了哲学和思想基础。

2. 中国近代科技的发展与思想解放

近代中国，特指19世纪中期至20世纪中期，是中国历史上一个特殊而重要的时期。这一时期，中国面临着外部的帝国主义压迫和内部的封建制度的束缚。与此同时，科技的发展和思想的解放也在此背景下展开，两者之间存在着密切的联系。

1）科技的引入与尝试

洋务运动：清朝末期的一次自我振兴尝试。洋务运动前期的重点在于自强，引进了西方的先进武器和技术，建立了许多洋务企业，如江南制造局、轮船招商局等。

近代教育制度：学制的变革，创建了很多新式学堂，重视实用科学技术教育，让更多的中国青年受到现代科学技术教育。

2）思想解放的兴起

百日维新：尽管这次变法运动最后失败了，但它标志着中国传统封建思想开始受到挑战，对西方的现代科技和制度充满了向往和尊重。

戊戌变法后的反思：很多维新派人士开始深入思考中国的未来和命运，认为不仅要学习西方的科技，还要学习西方的思想、文化和制度。

3）科技与思想相互促进

随着中国不断开眼看世界，更多的中国人开始赴海外学习，带回了先进的科学技术和管理经验。例如，清末的留日学生成为了中国近代的科技、文化和政治的先驱。

反过来，科技的进步也促进了思想的进一步解放。如火车、电报的出现，使信息传递速度大大提高，有利于新思想的迅速传播。

4）新文化运动与思想的全面解放

新文化运动强调科学与民主，对传统文化进行了批判。胡适、陈独秀等学者提倡科学精神，认为科技和现代思想是中国走向现代化的关键。

近代中国的科技发展与思想解放是相辅相成的。面对外部的压迫和内部的封建束缚，中国不仅需要先进的科技来增强自己，更需要解放的思想来引导这一切。这一时期的科技与思想的发展，为中国的近代化和现代化奠定了基础。

9.2 西方启蒙时代与技术的突破

启蒙时代，指发生在 18 世纪欧洲的思想文化运动，是西方思想史上的一个重要阶段。这一时期，科学、哲学和技术取得了巨大的进展，与此同时，启蒙思想家们积极探讨了技术与社会、技术与道德、技术与自然等问题。

9.2.1 伏尔泰、卢梭与技术的道德哲学

1. 伏尔泰的理性主义与技术乐观论

伏尔泰，法国启蒙时代的重要思想家，他是理性主义的坚定拥护者。对于技术，他持有乐观的态度。

1）技术与文明的进步

伏尔泰认为，技术是人类文明进步的重要标志。他赞扬科学与技术为人类带来了前所未有的舒适和便利，帮助人类克服了许多自然界的障碍。

2）技术与理性的联系

他强调，技术的发展是基于人类的理性，是人类对自然界的有序、科学的探索和应用的结果。

3）批判宗教对技术发展的阻碍

伏尔泰批判了某些宗教对技术发展的阻碍，他认为，教会对某些技术的排斥和打压，实际上是对人类进步的打压。

伏尔泰是技术乐观主义的代表，他认为技术与文明进步、人类福祉是紧密相连的。

2. 卢梭对工业技术的批判性思考

卢梭是 18 世纪的法国哲学家。他的观点在很多方面与伏尔泰形成了鲜明的对比，特别是在对待技术和文明进步的态度上，卢梭展现出了明确的批判性立场。

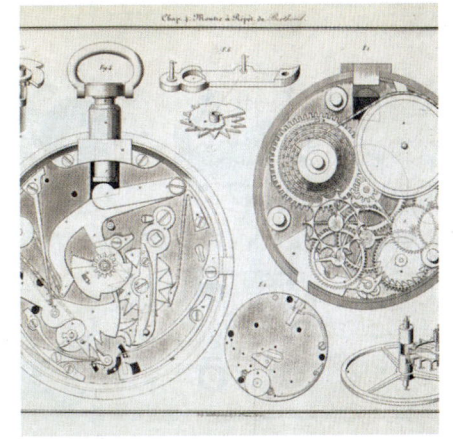

伏尔泰 1770 年在日内瓦创立一家制表工坊

1）对"自然状态"的怀旧

卢梭认为，人类在其"自然状态"下是最为幸福和自由的，而文明、社会和技术的进步实际上使人类远离了这一状态。在他看来，技术进步并不等同于道德或幸福的进步。

2）技术导致的不平等

卢梭主张，工业技术的进步加剧了社会的不平等。那些掌握技术和资源的人得以集中更多的权力和财富，而大多数人则变得更为贫困和受制于人。

3）技术与道德的脱节

卢梭警告说，技术进步可能会导致道德的退步。人们在追求技术上的便利和舒适时，可能会忽略道德和伦理的价值。

4）技术对自然的破坏

卢梭对技术如何干预并破坏自然表示担忧。他认为，人类应该与自然和谐共存，而不是试图控制和征服自然。

5）文明的假象

尽管卢梭承认技术为人类带来了某些便利，但他也认为这只是文明的假象。真正的幸福和满足来自简单和真诚的生活，而不是技术的奢华和复杂。

卢梭的观点在启蒙时代是相当激进的，与伏尔泰的技术乐观主义形成鲜明的对比。他的思考对后世的浪漫主义、环境主义和某些技术批判思潮产生了深远的影响。

9.2.2 康德与技术的自由与边界

康德是 18 世纪末 19 世纪初的德国哲学家。他的思考对西方哲学产生了深远的影响，尤其是他对于知识、伦理和美学的论述。康德的思考并未直接聚焦于技术，但从他的理论中，我们可以推导出他关于技术的自由与边界的一些观点。

1. 《纯粹理性批判》中的技术与自由主义

1）自由的界定

在《纯粹理性批判》中，康德对自由有深入的讨论。对于康德来说，自由不仅仅是行动的无拘无束，更是在理性的指导下，按照普遍的道德法则行事。这给技术带来了启示，即技术的发展和应用必须在道德和伦理的框架内，以保证真正的自由。

2）技术与纯粹理性

康德认为纯粹理性是人类思考的基础。技术作为人类理性的产物，应该服务于人类的最高利益，并且不应该背离理性和道德的原则。

3）技术的边界

康德强调人类的知识和理性有其边界。技术，作为知识的应用，同样有其边界。不是所有技术都应该被开发和应用，尤其是当这些技术可能威胁人类的福祉或违反道德法则时。

4）道德法则与技术应用

康德提出的"人类永远应该被视为目的，而不仅仅是手段"的道德法则为技术的应用提供了指导。技术的应用和发展必须尊重人的尊严和价值，不能仅仅为了技术的进步而牺牲人的福祉。

5）自主与技术

康德认为，每个个体都应该是自主的，即每个人都应该根据自己的理性和道德来做决策。这意味着在技术的应用中，人们应该有权选择是否使用某项技术，而不是被迫接受。

2. 技术、道德与普遍性：康德的哲学视角

当我们尝试从康德的视角看待技术、道德和普遍性时，可以得到以下的理解：

1）技术与道德法则

康德的道德哲学中最著名的部分是"道德法则"。他认为，"你行动时所遵照的准则，应该是你意欲其成为普遍的自然法则"。从这一视角看，技术应用必须根据它是否能成为一个普遍法则来评估。换句话说，如果一个技术的应用在普遍化后导致负面结果，那么它可能不是一个道德上的选择。

2）技术的工具性和目的性

根据康德的观点，人永远不应该仅仅被当作手段来对待，而应该被看作是目的本身。技术很容易成为一种手段，但它的使用和目的必须受到严格的道德评估，确保技术不会损害到人的尊严和权利。

3）技术、自由与自主性

康德认为，真正的自由不仅仅是行为的自由，更重要的是道德的自由，即遵循内在的道德法则的能力。在技术领域，这意味着人们应该有选择和使用技术的自主性，并确保技术不会妨碍他们追求自己的目的。

4）普遍性的原则与技术的推广

从康德的道德普遍性原则出发，技术不应该仅仅为特定的群体或利益服务，而应该服务于整个人类。技术的推广和应用必须确保对所有人的公平和公正。

5）道德评判与技术的发展

任何新技术的推广和发展都应该经过道德的评判。这需要一个批判性的思考，考虑技术可能带来的长远影响和后果，以及它是否符合道德法则的要求。

康德的哲学为我们提供了一个独特的框架，从中我们可以探讨技术、道德和普遍性的关系。这种关系不仅仅是基于技术的效益，更重要的是基于它如何影响人的尊严、自由和普遍的福祉。

9.2.3 日本明治维新与技术哲学

1. 受西方技术启示的日本文明变迁

明治维新时期，从 1868 年到 1912 年，是日本历史上一个重要的转折点。在这段时间里，日本从一个封闭、封建的国家转型为一个现代化、工业化的大国。西方技术对日本文明的启示在这个过程中起到了核心的作用。

1）对外开放与技术引进

美国的"黑船"在 1853 年到达日本，日本被迫与美国签订不平等条约并开放贸易。这种外部压力促使日本意识到自己在技术和军事上的落后。为了摆脱这种劣势，十几年后，日本开始广泛引入西方技术、学习其工业化和现代化的经验。

2）西学东渐

明治政府派遣留学生到欧洲和美国学习，这些学生回国后带来了先进的知识、技术和观念。许多西方的学术机构和企业在日本成立，培养了一批新的技术专家和领导者。

3）现代化的基础设施

在明治维新时期，日本迅速建立了铁路、电报、邮政和其他现代化的基础设施，大大加强了国家的内部联系和与外部的交流。

4）工业化与经济增长

日本积极推动重工业，如矿业、钢铁和造船业的发展，并迅速建立起了一套工业体系。

技术和创新成为了经济增长的关键。

5）技术哲学的反思

虽然日本迅速吸收了西方的技术，但是它也开始反思技术进步与本土文化的关系。日本哲学家、思想家和文化评论家开始探讨如何在保持日本传统文化的同时，使其与现代化和技术进步相结合。

明治维新时期的日本，技术和哲学紧密结合，推动了日本的现代化进程。在受到西方技术启示的同时，日本也在技术、文化和哲学上进行了深入的反思和创新，形成了独特的技术哲学视角。

2. 技术、禅宗与日常生活的哲学体验

禅宗是一种起源于中国，后在日本得到进一步发展的佛教宗派。它强调经验和直观认识，重视在日常生活中的修行和实践。与此同时，技术是日常生活中不可或缺的一部分，它影响着我们与世界的交往方式。禅宗和技术看似截然不同，但它们在很多方面都与日常生活的哲学体验有关。

1）当下的体验

禅宗强调"此时此刻"的存在，倡导活在当下。而技术，特别是数字技术，常常使我们沉浸在虚拟的世界中，远离了真实的当下。然而，适当的技术使用，如冥想应用或与禅宗相关的教学平台，可以帮助人们回归到当下，提高自己的正念。

2）简约与效率

禅宗倡导简约的生活方式和思考方式。技术往往追求高效和便利，这种追求在很多时候与禅宗的简约哲学相符。例如，简洁的用户界面、简化的生活工具都与禅宗的简约理念有所共鸣。

3）深度与浅度

禅宗强调深度的体验和思考，而在信息爆炸的时代，技术往往导致人们的注意力分散，沉浸在浅度的信息中。但是，技术也可以帮助我们进行深度学习、深度工作和深度休息，这需要我们有意识地选择和使用技术。

4）自然与人工

禅宗强调与自然的和谐共生。而技术，尤其是现代技术，往往被看作是与自然对立的。但随着绿色技术和可持续技术的发展，技术也可以成为维护和促进与自然和谐关系的工具。

5）静心与噪声

禅宗修行往往需要一个安静的环境，帮助修行者静下心来。而技术，尤其是社交媒体和各种通知，常常打破这种静谧。然而，噪声抑制技术、冥想应用等可以帮助人们在喧嚣中找到一片宁静。

禅宗和技术都与我们的日常生活哲学体验紧密相关。正确、有意识地使用技术，结合禅宗的哲学，可以帮助我们在快节奏、高压力的现代生活中找到平衡，实现身心的和谐。

9.3 思考题和课程论文研究方向

思考题：

1. 启蒙时代的哲学家们如何看待技术与其在社会中的地位和影响？
2. 在宋明理学中，技术与道德、人与自然之间的关系是如何被描述和理解的？
3. 伏尔泰和卢梭在启蒙时代的思想背景下对技术有何不同的看法？他们的思考对后世的技术哲学有哪些影响？
4. 康德的技术哲学与他的道德哲学之间有何联系？他是如何看待技术与人的自由的关系的？
5. 日本明治维新期间，技术在日本文化和社会中的角色是如何发生变化的？禅宗如何影响了日本对技术的理解和应用？

课程论文研究方向：

1. 东方与西方启蒙思想中的技术哲学：对比分析东西方两个文化背景下，如何看待技术的价值和风险。
2. 启蒙时代技术哲学的道德考量：从卢梭、伏尔泰和康德的文献中深入分析他们对技术的道德思考。
3. 日本明治维新与技术的文化转型：研究明治维新期间，如何吸收并改造西方技术，形成独特的日本技术文化。
4. 中国近代技术哲学的演变：分析从宋明理学到清代思想家，如何对技术进行哲学反思和价值赋予。
5. 技术、自由与启蒙：探讨启蒙时代哲学家如何看待技术与人的自由和责任之间的关系。

第 10 章
后现代哲学与技术的再思考

10.1 技术决定论与后现代批判

10.1.1 海德格尔：技术、存在与本真

1. 技术的本质：从手工艺到现代技术

海德格尔是 20 世纪最有影响力的哲学家之一，他对技术进行了深入的哲学反思。在他看来，技术不仅仅是一种工具或手段，还与人的存在方式紧密相关。

1）技术与手工艺的区别

对海德格尔而言，手工艺与技术有根本的区别。手工艺是基于与自然的和谐关系，手工艺者在创作时，尊重材料的本性和特性。而技术则是基于对自然的支配和改变，它试图揭示、利用并控制自然的潜能。

海德格尔的存在与时间

2）技术与存在

海德格尔认为，技术是现代人存在方式的一种显现，它揭示了人类如何看待世界和自己在世界中的地位。技术使世界呈现为一种可以被计算、管理和控制的资源库，这种存在方式被海德格尔称为"框架"。

3）技术的本质

对海德格尔来说，技术的本质并不是工具或机器，而是一种揭示方式。技术揭示了事物的存在方式，使其成为供应的存货。这种揭示方式使人类变成技术的一部分，丧失了对自然的敬畏和尊重。

4）技术与本真

尽管海德格尔对现代技术持批判态度，但他认为技术也有可能揭示一个更深层次的真理。当人们开始反思技术的本质和影响时，他们就有可能找到隐藏在技术背后的本真。

2. 与世界的关系：技术、人与大自然

在海德格尔的思考中，技术、人和大自然之间的关系显得尤为复杂。他深入地探讨了技术如何改变我们与世界的关系，尤其是人与大自然的关系。

1）技术与大自然的关系

海德格尔认为现代技术使人类试图控制和支配自然，从而将自然转化为一种可计算、可利用的资源。这种转变意味着我们不再将自然看作一个有其自身价值和神秘的存在，而是将它看作可以为人类所用的"存货"。

2）人的角色变化

由于技术的崛起，人类不再是大自然中的一个存在，而是成为了掌控和支配自然的主体。这种角色的变化带来了深刻的存在上的困境，使人类处于一种"框架"思维之中，即看待所有事物都是为了满足人类需要而存在的。

3）技术、人与大自然的和谐

海德格尔指出，尽管现代技术带来了对自然的异化，但这并不意味着技术和自然之间不能达到和谐共存的状态。只有当人类超越单纯的技术决定论，并重新审视与自然的关系，我们才能找到与大自然和谐相处的方式。

4）回归本真

对海德格尔来说，解决技术带来的问题的关键是回归到事物的本真。这意味着我们应该尊重自然的价值，而不是仅仅将它看作资源。这种回归需要一种新的思维方式，超越技术的界限，重新连接人类与大自然。

海德格尔的技术哲学提醒我们，尽管技术带来了许多便利，但我们也需要意识到它给我们与世界的关系带来的深刻影响。通过重新评估这种关系，我们可以找到一种更和谐、更有意义的存在方式。

10.1.2 福柯：权力、知识与技术

1. 生物权力：技术、身体与社会

米歇尔·福柯的思考贯穿了权力、知识和技术之间的紧密关系。他的理论提供了一个来看待技术如何影响社会的组织和结构，并对个体产生影响的独特视角。

1）生物权力与技术

福柯提出了"生物权力"的概念，描述了现代社会中，权力如何通过各种技术渗透到日常生活中，进而调控和塑造个体和社群。这些技术不仅仅是物理工具，也包括各种社会实践和规范。

2）身体、技术与社会的互动

在福柯的视角中，身体成为技术和权力操作的主要场所。通过医学、心理学等"知识"技术，身体被构建为一个可以被读取、调节和控制的对象。

3）"技术"的双重意义

福柯提到的"技术"不仅指物质上的技术工具，还指代了一整套社会实践和机构。这些"技术"结合了知识和权力，塑造了我们对世界的理解和我们在其中的位置。

2. 福柯眼中的盘状知识与技术文化

米歇尔·福柯在其广泛的作品中对知识、权力和技术文化之间的关系进行了深入的探索。尤其是他的"盘状知识"的概念，为我们提供了一个理解技术如何与社会和文化相互作用的有力工具。

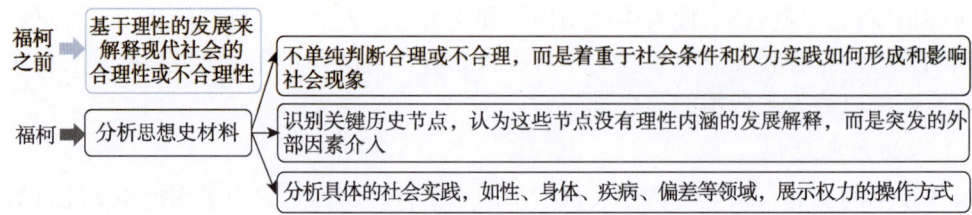

1）盘状知识的定义

福柯的"盘状知识"或"装置"概念是一种混合的实体，包括了事实、制度、法律、政策决策、声明、行为和哲学思想。它描述了如何形成和维持某一种知识的主导性。

2）技术与盘状知识

技术，在福柯的这一理论中，是盘状知识的一个重要部分。技术不仅仅是工具或机器，也是制度、实践、规范和知识的扩散机制。技术影响我们如何认知世界、如何与他人互动，以及如何构建社会。

3）技术文化与知识的建构

福柯认为，技术和文化是相互作用的。技术文化不仅是技术的结果，而且也塑造了我们的知识结构和权力关系。在福柯的视角中，技术不仅仅是中立的工具，它是一种权力和知识的表达，影响我们看待世界的方式。

4）技术与权力的互动

福柯强调，技术与权力紧密相关。技术是权力的工具，但权力也通过技术来实现和加强。这种互动为我们提供了一种理解技术如何在历史和社会中发挥作用的方式。

 10.2 后现代主义与数字技术

10.2.1 德勒兹：流动性、连接与数字网络

1. 德勒兹的流动哲学与互联网思考

吉尔·德勒兹是 20 世纪最有影响力的哲学家之一，其哲学观点在后现代主义和数字文化中尤为突出。他的流动哲学为我们提供了一种理解互联网、数字网络和当今信息社会的新视角。

1）流动性与变化

对德勒兹来说，真实世界不是由恒定、固定的实体构成的，而是由不断变化和流动的过程构成的。这种观念与互联网的本质非常相似，互联网是一个不断流动、不断变化的数字网络。

2）连接与组成

德勒兹提出的"组成"概念，描述的是各种不同的元素、实体和力量如何连接在一起，

形成一个复杂的整体。这与数字网络的结构相似，其中各种节点、链接和数据是流动和连接在一起的。

3）去中心化与非层次结构

德勒兹反对传统的中心化、层次化的结构。在他看来，真实的世界是非线性的、去中心化的、多样化的，这与互联网的结构高度一致。互联网是一个去中心化的网络，其中，信息和数据可以在任何方向上流动。

4）数字网络与身份

在德勒兹的流动世界中，身份不再是固定和一致的，而是多重的、变化的、流动的。互联网和数字技术使我们能够构建和体验多种身份，打破传统的身份边界。

德勒兹的流动哲学为我们提供了一种新的、动态的方式来看待互联网和数字文化。他的观点挑战了我们对身份、真实和知识的传统看法，使我们更好地理解数字时代的复杂性和变革性。

2. 虚拟现实：技术下的非代表性存在

虚拟现实（VR）已经从科幻概念变成了当代技术的一部分，提供了一种全新、沉浸式的体验方式。然而，除了其技术和娱乐价值外，VR 还涉及了哲学、身份和存在的深层问题。

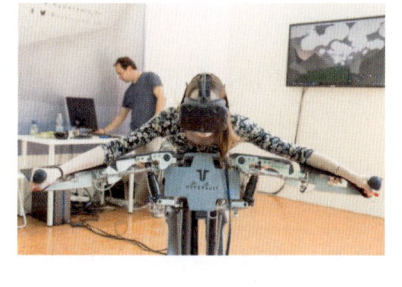

1）非代表性存在

传统的认知方式是基于代表性的——我们通过感官感知物体，并在大脑中为其构建代表。但在虚拟现实中，这种"代表"变得模糊。我们在 VR 中所体验的不是对现实世界的代表，而是一个完全由代码和数字构建的现实。

2）挑战物理边界

VR 打破了身体和空间的传统界限。在 VR 环境中，用户可以飞翔、穿墙，或在无重力的空间中自由移动，这挑战了我们对物理现实的基本理解。

3）身份与自我的流动性

在虚拟空间中，用户可以选择不同的化身，体验不同的身份。这种多重身份的可能性引出了一个问题：真实的我是什么？在多重身份中，哪一个是真实的，哪一个是虚假的？

4）社交与人际互动的再定义

虚拟空间中的互动不再受到物理距离的限制。这种去物理化的交流方式可能会重新定义社交、共情和人际关系的含义。

5）非双向的现实性

虽然 VR 为我们提供了沉浸式的体验，但这是一种非双向的现实体验。尽管我们可以感知和与虚拟环境互动，但虚拟环境并不能以同样的方式感知或对我们产生影响。

虚拟现实不仅仅是一项技术或娱乐工具，它对我们的存在、知觉和身份提出了挑战，促使我们重新考虑自我、现实和技术之间的关系。在这个技术下的非代表性存在中，我们可能会发现关于人类经验和认知的全新理解。

10.2.2 德里达：解构、文本与数字化技术

1. 解构的技术：数字文化下的语言与真实

雅克·德里达是 20 世纪最重要的哲学家之一，西方解构主义的代表人物。德里达的解构主义为 20 世纪的哲学、文学和艺术提供了一个独特的分析工具，而在数字化的时代，这一理论变得更符合实际需要并更具挑战性。

1）文本的中心性

对于德里达来说，一切都是文本，这意味着一切都是可解构的。在数字化技术的背景下，这一观点变得尤为显著，因为数字化技术本质上就是对信息的编码、解码和再编码。

2）语言、符号与代码

在数字文化中，代码成为了新的语言。但是，这并不是一个透明的、纯粹的传达信息的工具。像所有语言一样，代码也是可以被解构的，它背后隐藏着权力、意识形态和文化的结构。

3）真实与模拟

在数字时代，真实与模拟之间的界线变得模糊。德里达的解构主义提醒我们，真实并不是固定的、绝对的。在虚拟现实、增强现实和数字化的文本中，真实成了可变的、相对的和可解构的。

4）去中心化与分散性

数字技术是去中心化的，这与德里达的解构主义相一致，即解构是一种反对绝对、中心和固定意义的方法。在数字文化中，信息、知识和权力都变得去中心化，这为解构提供了新的应用领域。

5）超越二元对立

德里达反对简单的二元对立，如真实与模拟、中心与边缘等。在数字文化中，这种对立被打破，成为了一个连续的、流动的谱系。

在数字文化的背景下，德里达的解构主义为我们提供了一个理解和解读现代经验的工具。通过解构，我们可以看到数字技术背后的权力结构、意识形态和文化，从而更加深入地理解数字化时代的挑战和可能性。

解构主义建筑大师弗兰克·欧恩·盖里的作品

2. 贝瑞达对电子文本的思考与质疑

对于德里达来说，文本并不只是纸上或其他物质载体上的印刷文字。在他的理论中，文本的概念被极大地扩展，涵盖了我们生活中的所有语言和符号系统。当然，随着电子文本的出现和发展，德里达的思考也随之深入。

德里达对电子文本的一些主要思考与质疑：

1）边界的消解

传统的书写与印刷技术为文本设定了明确的物理界限，但电子文本打破了这种界限。网页链接、超文本等特性让电子文本成为一个没有明确开始和结束的实体，这与德里达对"文本"的开放性的理解相吻合。

2）中心性的消失

传统文本常以作者为中心，但在电子环境中，文本的去中心化成为可能。超文本的非线性特性，使得阅读者可以选择自己的路径，而不是遵循作者设定的路径。这种去中心化的趋势与德里达的解构主义相一致。

3）电子文本的流动性

电子文本可以很容易地被复制、修改和分发。这种流动性挑战了传统的版权观念，同时也使电子文本的稳定性变得模糊。

4）真实性与虚构性的模糊

在数字环境下，信息的真实性和虚构性的界线变得模糊。电子文本可以轻易地被篡改，而不留下任何痕迹。德里达质疑了真实性的固定性和确定性。

5）语言的游戏性

在电子环境中，文字、图像、声音和动画等多种语言形式相结合，增加了文本的复杂性和游戏性。德里达曾深入探讨语言的游戏性，电子文本为这种探讨提供了丰富的实践例证。

德里达的解构主义为我们提供了一种理解和解读电子文本的方法。他对文本、意义和真实性的开放性和不确定性的观念，在数字时代变得尤为有力。

10.3 中国后现代思潮与技术

10.3.1 后现代、身份与媒介技术

1."双向思考"：技术、文化与个体身份的反思

技术与文化的交织

在后现代背景下，技术不仅仅是工具或手段，它已经深深地嵌入了文化之中，成为构建和表达文化身份的主要方式。技术和文化已经密不可分，任何试图分离它们的尝试都是徒劳的。

1）技术的双重性

"双向思考"中的一个核心观点是，技术同时带来了解放和束缚。例如，互联网为人们提供了前所未有的自由表达的机会，但同时也带来了过度监控和隐私侵犯的问题。人们既

要看到技术的积极面,也要看到其潜在的负面影响。

2)后现代身份的碎片化

在数字技术的影响下,个体的身份越来越碎片化和流动。我们不再是一个固定、一成不变的自我,而是由多重身份组成的复杂的存在。这种身份的碎片化既带来了自由和多样性,也带来了困惑和焦虑。

3)技术、媒介与真实性

在后现代时代,真实性成为了一个日益模糊的概念。媒介技术在塑造和传播真实性方面起到了关键作用。我们所认为的"真实"很大程度上是由媒介所构建和传递的。

4)回归人文精神

在由技术日益主导的世界中,人文精神变得更为重要。我们应该通过"双向思考"来平衡技术与文化、自然与人工的关系,寻找一个更加和谐和平衡的生活方式。

2. 数字技术与后现代文化的交互式艺术

随着数字技术的发展,艺术也经历了前所未有的变革。后现代文化特点中的去中心化、碎片化、模拟性和反铁笼化得到了数字技术的进一步放大和强化,从而催生了一系列的交互式艺术形式。以下是一些典型的方面:

1)虚拟现实艺术

虚拟现实技术为艺术家提供了一个全新的创作空间。观众可以通过 VR 设备深入艺术作品的世界,体验其中的情感和故事。这不仅仅是被动的欣赏,而是一种身临其境的体验。

2)增强现实艺术

通过 AR 技术,艺术家可以将虚拟元素融合到现实中。例如,通过 AR 技术,一幅平面画作可以更具立体感和动态感,为观众提供一个全新的艺术体验。

3)交互式装置艺术

这种艺术形式往往需要观众的参与和互动。观众的行为和选择会影响艺术作品的展现方式,从而实现每一次艺术体验的独特性。

4)数字影像和音乐

通过数字技术,影像和音乐可以进行无限的编辑和再创作。后现代的碎片化和再组合得到了这种艺术形式的完美体现。

5)算法艺术

艺术家通过编写算法来创作艺术。这种艺术形式往往具有高度的抽象性和数学美。

6)社交媒体艺术

社交媒体成为了一种新的艺术创作和传播工具。艺术家可以利用社交媒体的特点,如即时性、互动性和去中心化,来创作新的艺术形式。

7)网络艺术

互联网为艺术家提供了一个无边界的创作和展示平台。艺术家可以利用网络的特点,如链接、超文本和流媒体,来创作和传播艺术。

数字技术与后现代文化的交互式艺术体现了技术与文化的紧密融合。它不仅仅是艺术形式的革新，更是对艺术本质的重新思考。在这种背景下，艺术不再是一种单向的传递，而是一种双向的互动和体验。

10.3.2 数字时代的审美与哲学

1. 数字技术与东方美学的新解读

随着数字技术的快速进步，审美和哲学也在逐渐发生变革。东方美学，尤其是中国、日本、韩国等亚洲国家的传统审美观，与数字时代有着深入的交融和碰撞。以下是数字技术与东方美学新解读的一些观点：

1）数字技术下的"山水意境"

传统的东方画作，如中国的山水画，强调的是意境和空灵。数字技术，如 VR 和 AR 可以为观众提供更为沉浸的艺术体验，让人们真正进入这个"意境"之中，感受其深沉的哲学和美学。

2）动态与静态的融合

东方美学中有一种"动中有静，静中有动"的哲学。数字技术可以将这种哲学表达得淋漓尽致，例如数字艺术作品中的动态元素和静态背景的结合。

作者用 AI 绘制的山水画

3）线条与色彩的新演绎

东方美学强调线条的流畅与色彩的柔和。数字技术提供了更多的创作工具，如数字画板、3D 建模等，可以更好地捕捉和再现这种美学。

4）互动与参与性

东方艺术，如中国古典音乐、舞蹈和戏曲，都有一定的互动和参与性。数字技术为观众提供了更为丰富的互动方式，如触摸屏、感应器等。

5）数字技术与禅意

禅宗哲学强调的是"心与物的合一"。数字技术，尤其是虚拟现实和增强现实技术，可以为人们提供一种与虚拟世界融合的体验，从而更好地体验和理解禅宗哲学。

6）个人与集体的关系

东方美学强调的是个人与大自然、个人与集体之间的和谐关系。数字社交媒体和网络技术为人们提供了一个新的公共空间，让人们可以在这个空间中表达自己、交流和互动。

数字技术为东方美学提供了一个新的解读和表达方式。它不仅仅是技术的应用，更是对传统文化和哲学的重新思考和再创造。在这个过程中，东方与西方、传统与现代、技术与艺术都在互相影响和融合，形成了一个多元化、开放性和互动性的新时代审美。

2. 从"数字禅宗"到"算法哲学"：技术与东方哲学的新探索

随着数字技术在全球范围内的深入渗透，东方哲学，尤其是禅宗哲学，也开始与这些技术相互交织，为现代科技领域带来了新的思考维度。以下是针对这个趋势的深入探讨：

1）数字禅宗

虚拟现实与禅境：虚拟现实技术可以模拟禅修的体验，使人们沉浸在静谧的自然环境中，进一步体验"我与世界合一"的禅境。

数字冥想：通过各种应用程序和设备，如冥想应用或心率监测设备，人们可以更好地跟踪和增强他们的冥想体验，从而更深入地探索自己的内在世界。

2）算法哲学

道与算法：在东方哲学中，特别是道家哲学，存在一种追求天人合一、顺应自然的思想，这在某种程度上与算法的确定性和逻辑性形成对比。但是，这两者也可以相互融合，为算法带来一种新的、更为人性化的维度。

人工智能与自然之道：人工智能的发展旨在模拟人类的思维和行为，但它仍然基于计算机算法和逻辑。东方哲学，尤其是道家和禅宗哲学，提供了一种不同的、更为直观和本能的思考方式，这可能为 AI 的发展提供了新的方向。

算法伦理与儒家思想：儒家思想强调人与人之间的关系、仁爱与道德。当我们设计和应用算法时，考虑到其对人类社会和个人的影响是至关重要的。这里，儒家的伦理思想可以为算法设计提供宝贵的指导。

3）技术与哲学的对话

技术的局限与禅宗的无为：禅宗哲学强调"无为而治"的思想，这与现代社会过度依赖技术形成鲜明的对比。通过这种对比，我们可以重新思考技术的真正价值和其在我们生活中的位置。

人与机器的和谐共存：从道家的角度看，人与机器、自然与技术之间的关系不应该是对立的，而应该是和谐共存的。这为我们提供了一个重新评估和设计人工智能和其他技术

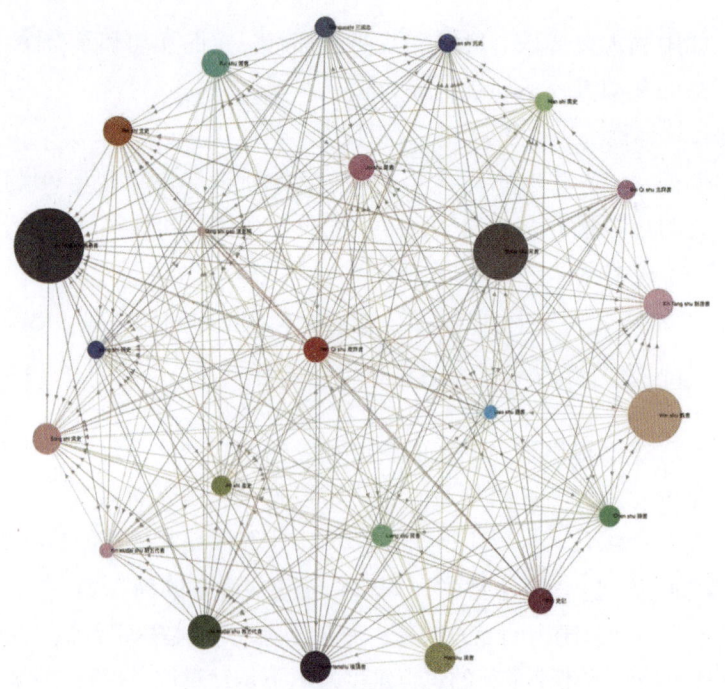

"二十四史"中按章节划分路线网络

的新视角。

随着数字技术的不断进步，东方哲学为我们提供了一种新的、更为全面和深入的方式来理解和应对技术的挑战。在这个过程中，技术和哲学不仅仅是互相影响，更是相互赋能，共同为构建一个更加和谐、智慧的未来世界提供动力。

10.4 思考题和课程论文研究方向

思考题：
1. 海德格尔如何看待现代技术与人的存在的关系？他对于技术决定论有哪些批判？
2. 在福柯眼中，技术与权力、知识之间存在怎样的关系？这与传统的技术观念有何不同？
3. 德勒兹和德里达如何评价数字技术与后现代文化的关系？他们对于数字文化有何独到的见解？
4. 在中国的后现代思潮中，技术是如何与文化、身份和艺术相互作用的？
5. "数字禅宗"与"算法哲学"这两个概念在东方哲学与技术的交互中有何独特之处？

课程论文研究方向：
1. 海德格尔的技术哲学：深入研究其关于技术的本质以及技术与人的关系的思考。
2. 福柯与技术：分析福柯对技术与社会权力、身体、知识的相互作用的理解。
3. 数字技术与后现代主义：从德勒兹和德里达的观点出发，探讨数字技术如何影响现代社会和文化。
4. 技术与东方美学：评估数字技术如何与传统的东方美学相结合，产生新的审美和文化理解。
5. 中国后现代技术文化的探索：探讨在数字化背景下，中国如何塑造新的技术文化，并重新定义技术与文化、身份的关系。

第 11 章

马克思主义哲学与技术在中国特色社会主义背景下的交融

11.1 马克思与恩格斯的技术哲学基石

11.1.1 马克思、恩格斯科学技术思想的基本内容

1. 科学技术是生产力

马克思提出了科学技术是生产力的思想。"资本是以生产力的一定的现有的历史发展为前提的——在这些生产力中也包括科学。"马克思认为，社会生产力不仅以物质形态存在，而且以知识形态存在，自然科学就是以知识形态为特征的一般社会生产力。

对科学技术的理解：科学是建立在实践基础之上，通过实践对自然的认识与解释，是人类对客观世界规律的理论概括，是社会发展的一般精神成果。技术在本质上体现了人对自然的实践关系。

1）科学的分类

分类依据：物质运动形式。

研究对象：运动着的物体。

科学分类：数学、天文学、物理学、化学、生物学等。

2）科学技术与哲学的关系

科学技术对哲学具有推动作用，科学技术的发展也受到哲学的制约和影响。科学与哲学在研究对象上具有本质上的共同点和内在的一致性。科学研究作为一种认识活动，只有通过理论思维才能揭示对象的本质和规律，这就自然地与哲学发生紧密的联系。

3）科学技术的生产动因

马克思认为自然科学本身的发展，"仍然是在资本主义生产的基础上进行的，这种资本主义生产第一次在相当大的程度上为自然科学创造了进行研究、观察、实验的物质手段"。恩格斯认为近代以来科学"以神奇的速度发展起来，那么，我们要再次把这个奇迹归功于生产"。而"社会一旦有技术上的需要，则这种需要就会比十所大学更能把科学推向前进"。

4）科学技术的社会功能

科学是最高意义的革命力量。科学革命的出现，打破了宗教神学关于自然的观点，使人类的关注回到人类自身。科学与技术的结合推动了产业革命，产业革命促使市民社会在经济结构和社会生产关系上发生了全面变革。科学技术是生产方式和生产关系革命化的因素。科学技术的发展，必然引起生产关系本身的变革。

5）科学技术与社会制度

马克思、恩格斯探讨了新兴资产阶级与自然科学的关系。"只有资本主义生产才能把物质生产过程变成科学在生产中的应用——被运用于实践的科学。"

马克思、恩格斯揭示了资本主义制度下劳动者与科学技术的关系。"科学根本不费资本家'分文'，但这丝毫不妨碍他们去利用科学。资本像吞并他人的劳动一样，吞并'他人的'科学。"

6）马克思、恩格斯的预见

只有在劳动共和国，科学才能起到它真正的作用。马克思、恩格斯认为，科学家需要依靠历史的产物和群众的智慧。

7）科学与技术的相互关系

在早期漫长的人类文明史进程中，科学与技术彼此处于相对独立的发展状态，这种状态在第一次技术革命前后发生改变，科学与技术开始彼此靠拢、相互促进、逐步融合。马克思、恩格斯深入考察了科学与技术的相互作用关系。"技术在很大程度上依赖于科学状况，那么，科学则在更大得多的程度上依赖于技术的状况和需要。"

8）科学技术异化

马克思在批判尤尔为科学的资本化辩护时深刻揭示了资本主义条件下的科学异化现象，马克思指出："尤尔还证明，'被招募来为资本服务的科学'在资本与劳动的一切冲突中虽然迫使工人'无条件投降'，并保证资本享有'合法权利'，来充当工厂头脑并把工人降低到工厂的没有头脑的、没有意志的肢体的地位，然而资本招募来的科学并没有被用来压制'被压迫阶级'。"

马克思有关技术异化的思想多是潜在地包含于其劳动异化理论之中，深入考察了资本主义条件下由于产业技术的发展以及资本主义统治与剥削造成的技术异化现象。马克思指出："机器具有减少人类劳动和使劳动更有成效的神奇力量，然而却引起了饥饿和过度的疲劳。财富的新源泉，由于某种奇怪的、不可思议的魔力而变成贫困的源泉。技术的胜利，似乎是以道德的败坏为代价换来的。"

2. 技术进步与生产关系的发展

在中国特色社会主义的背景下，技术与生产关系的发展：

1）技术与共同富裕

技术进步不应该是导致贫富差距加大的原因，而应该是实现全体人民共同富裕的工具。

2）技术与社会责任

企业在引入新技术时，不仅要考虑其经济效益，还要考虑其对社会、环境和劳动者的影响。

3）技术与国家发展

技术进步被视为国家发展的关键，它对国家的经济、

政治、文化和社会都有深远的影响。

在中国特色社会主义的背景下，技术进步与生产关系的关系得到了重新评估和定义，技术不再是导致劳动者异化和被剥削的工具，而是为全体人民服务、实现共同富裕的手段。

11.1.2 恩格斯：技术与社会进步

恩格斯对技术与社会进步的理解不仅仅是从生产关系的角度出发，他还对技术与自然的辩证关系进行了深入的探讨。

1. 技术与自然的辩证关系

1）人与自然的互动

恩格斯认为，自然界是一个充满矛盾和冲突的系统，而人类社会与自然之间的关系是动态变化的。技术是人类对自然的回应和对其进行塑造的手段。

2）技术的推动力

技术进步不仅是人类社会发展的产物，而且也是推动社会进步的重要因素。通过技术，人类能够更好地控制自然、利用自然资源，从而推动社会经济的发展。

3）技术与自然的基本矛盾

恩格斯指出，虽然技术带来了很多好处，但它也可能导致自然环境的破坏。技术进步可能对环境造成长期的伤害，这是技术与自然的基本矛盾。

4）人类的责任

恩格斯强调，人类有责任确保技术进步不会对自然造成不可逆转的伤害。他认为，技术应该与自然环境相协调，确保持续、健康的社会发展。

5）技术、科学知识与自由

恩格斯认为，技术和科学知识可以为人类带来真正的自由。但这种自由不仅仅是从物质匮乏中解放出来，更重要的是从对自然的无知和害怕中解放出来。

恩格斯对技术与自然的关系持辩证的观点。他认为，技术是人类社会进步的重要推动力，但同时也要警惕技术可能带来的负面影响。恩格斯的这些思考为后来的社会主义国家，特别是中国，在技术、环境和社会进步之间寻找平衡提供了理论支持。

2. 社会发展与技术革命的辩证法思考

恩格斯和马克思都将辩证法作为他们分析社会和历史发展的基石。在技术进步与社会发展的问题上，辩证法提供了一个独特且有深度的分析框架。以下是基于辩证法的思考。

1）统一与对立

技术进步与社会发展之间的关系既是统一的，又是对立的。技术的进步可以推动社会的发展，为社会提供更多的生产力和创新能力。然而，技术也可能成为社会不平等的源泉，导致资源分配的不均等，造成社会的分裂和冲突。

2）数量与质的变化

小的技术改进可能会累积，最终导致社会的质的变化。例如，互联网的初步发展起初可能只是为了简化信息交流，但其长期的影响却彻底改变了我们的社交、商业和政治生活。

3）互为因果

技术进步受到社会需求的驱动，同时，技术进步也反过来影响社会的发展。这种互为因果的关系使得技术与社会处于一个不断演变的动态平衡状态。

4）矛盾的普遍性

技术进步带来的好处往往伴随着新的问题和矛盾。例如，汽车的出现提高了交通效率，但也带来了环境污染和交通事故的问题。

5）矛盾的解决与新矛盾的产生

在社会发展的过程中，一种技术解决的问题可能会引发新的问题。例如，化石燃料支撑了近代工业发展，但也导致了全球气候变化的问题。

辩证法为我们提供了一个理解技术与社会之间复杂关系的工具。在面对技术进步时，我们应该既看到其带来的好处，也看到其中潜藏的矛盾和问题，从而更好地把握技术与社会的关系，为未来的发展提供指导。

11.2 中国特色社会主义背景下的技术发展与哲学内涵

11.2.1 改革、开放与技术

1. 技术创新作为推动社会主义现代化的核心力量

改革开放以来，中国把科技创新置于国家发展大局的核心地位。技术创新被视为推动社会主义现代化、实现中华民族伟大复兴的关键力量。以下是技术创新在中国特色社会主义下的哲学内涵与实践意义：

1）人的全面发展

在马克思主义的框架下，技术创新被视为实现人的全面发展的重要手段。高技术提高了生产效率，使人们从重复劳动中解放出来，为文化、教育和个人成长创造更多的机会。

2）社会公正与平等

技术创新在中国特色社会主义的背景下，不仅仅是为了经济增长，更是为了实现社会公正和平等。通过技术手段，可以使资源分配更公正，缩小地区与城乡之间的发展差距。

3）和谐与可持续

技术创新也与生态文明建设相结合，推进绿色技术和可持续发展模式，以确保人与自然和谐共生。

4）全球化与本土化结合

在全球化背景下，中国不仅引进、吸收外来技术，同时也鼓励本土创新，结合中国的实际情况，形成了具有中国特色的技术创新路径。

5）社会主义核心价值观与技术伦理

技术创新不仅仅是技术问题，更是一个伦理和价值观问题。中国在推进技术创新的过程中，始终坚持社会主义核心价值观，确保技术服务于人，而不是人服务于技术。

6）人与技术的和谐关系

在马克思主义哲学中，技术是人类劳动的延伸，是人与自然关系的桥梁。在中国特色社会主义的背景下，人与技术的和谐关系被提升到新的高度，技术不仅仅是生产工具，更是人的伙伴和助手。

技术创新在中国特色社会主义的背景下不仅仅是经济发展的需要，更是实现社会主义核心价值观，推进中华民族伟大复兴的关键力量。

2. 改革开放背景下的技术引进、吸收与再创新

自1978年开始的中国的改革开放，标志着中国对外开放的大门被正式推开。技术引进、吸收与再创新成为推动中国经济现代化的三个关键步骤。

1）技术引进

战略背景：为了缩短与发达国家在技术与产业领域的差距，中国决定大力引进先进技术。

方式多样：这包括购买国外设备、建设合资企业、引进国外专家等。

产业化布局：特定产业，如电子、汽车和石化，优先考虑技术引进，以形成或强化国内产业链。

2）技术吸收

本土化：不是简单地复制技术，而是要根据中国的实际情况对其进行调整和完善。

人才培训：组织技术人员到引进技术的国家进行学习和培训，使他们更好地理解和掌握技术。

研发机构：大量研发机构被建立或扩大，以支持技术吸收。

3）再创新

科研重点：在吸收和掌握外来技术的基础上，加强原创性研发，形成具有自主知识产权的技术和产品。

政策支持：政府提供各种政策和财务支持，鼓励企业进行再创新。

全球视野：再创新不仅仅是为了满足国内市场，更是为了让中国企业在全球市场上具有竞争力。

改革开放以来，通过技术引进、吸收和再创新，中国不仅成功地缩小了与发达国家的技术差距，而且在某些领域取得了世界领先的技术地位。在这一过程中，政府政策的指导和支持、企业的积极参与，以及人才的培养和引进，都发挥了不可或缺的作用。这三个步骤形成了中国特有的技术发展模式，为中国经济的快速增长和产业结构升级奠定了坚实的基础。

11.2.2 新时代：高质量发展与技术革命

1. "创新驱动"与中国技术崛起

随着全球经济格局的演变和中国经济的持续增长，面对国际竞争和国内发展的多重压力，高质量发展成为了中国新时代的主题。技术革命与"创新驱动"是高质量发展的关键要素。以下为围绕这一主题的具体探讨：

1）创新驱动的背景

经济转型需求：随着中国经济由高速增长转向高质量发展，创新驱动策略应运而生，以应对生产成本上升、资源约束加剧等问题。

国际竞争：在全球技术领域，中国需要通过创新来增强其竞争力，尤其在关键技术和高端制造业中。

2）创新的主要领域

技术领域：包括人工智能、生物技术、新能源技术、量子技术等前沿领域。

产业结构：对传统产业进行升级，培育新兴产业，打造具有国际竞争力的"中国品牌"。

3）政策支持与环境塑造

研发投入：政府大力支持科研项目，鼓励企业增加研发投入。

科技园区：如深圳、北京中关村等地已成为全球创新的中心。

国际合作：加强与全球创新中心的合作，引进先进技术，同时输出国内技术和模式。

4）中国技术崛起

全球影响力：中国技术创新已在某些领域取得了领先地位，如5G、电子支付、高速铁路等。

自主创新：在核心技术上，减少对外部的依赖，发展自主知识产权的技术。

5）未来展望

技术突破：面向未来，中国将在更多技术领域实现重大突破。

持续发展："创新驱动"将继续是中国高质量发展的核心战略。

新时代的中国，正处于从"技术追赶"到"技术领先"的关键时期。而"创新驱动"成为了确保中国在全球技术舞台上保持领先地位的关键。从政府到企业，从学术到产业，中国正在集结全社会的力量，不断推进技术创新，为实现全面高质量发展提供坚实支持。

2. 技术安全与国家战略

在当今高度全球化和数字化的世界中，技术安全已经成为国家战略的核心部分。技术不仅仅是经济发展的工具，它还与国家的安全、主权以及未来竞争力紧密相关。以下是关于技术安全与国家战略之间的关系的探讨。

1）技术主权

定义：技术主权是指一个国家在关键技术领域内拥有决策权和控制权。

重要性：确保技术主权意味着一个国家能够在关键时刻独立地做出决策，不受外部势力的干扰或制裁。

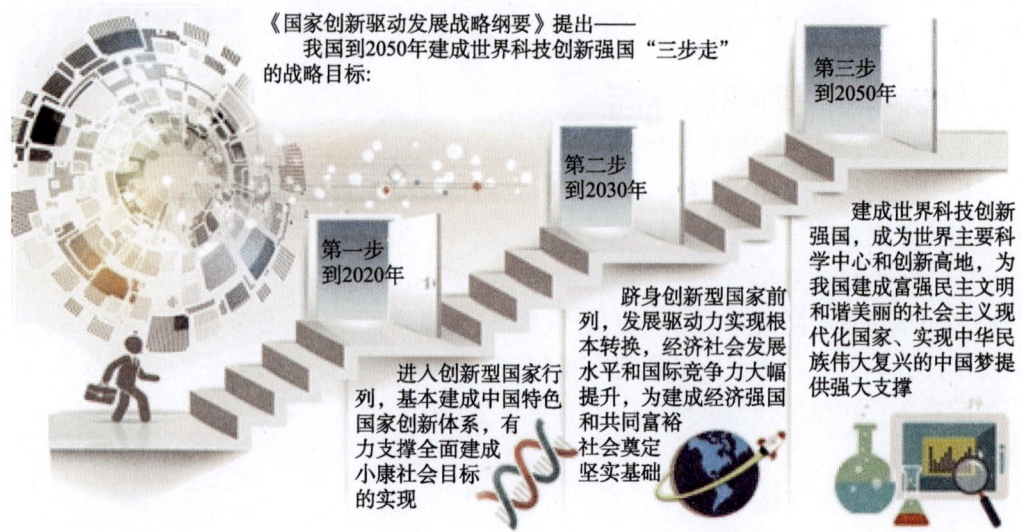

2）国家安全

技术渗透与间谍活动：高端技术可能包含安全隐患，如后门或间谍软件，这可能威胁国家的安全。

关键技术依赖：对外国技术的过度依赖可能会在关键时刻导致技术供应中断，影响国家的正常运作。

3）经济安全与竞争力

技术创新：技术是推动经济增长的关键因素，对先进技术的掌控能增强国家的竞争力。

贸易战与技术制裁：在全球经济和政治形势紧张的背景下，各国利用技术手段对敌对国家进行打压，如禁止某些关键技术的出口。

4）信息与网络安全

数据保护：保护国民的个人数据不被滥用或被外部势力窃取是国家的责任。

关键信息基础设施：确保国家的关键信息基础设施，如电网、通信网络、金融系统等不受到网络攻击。

5）技术与军事战略

现代战争：技术在现代战争中起到决定性作用，如无人机、电子战等。

军事研发：持续的技术创新是确保军事优势的关键。

6）响应策略

加强研发：鼓励技术研发，特别是在关键技术领域。

技术合作与审查：与其他国家进行技术合作，但同时加强技术引进的安全审查。

法规与政策：制定相关法规，确保技术安全与国家战略的一致性。

技术安全不仅仅关乎国家的经济竞争力，更关乎国家的主权、安全和未来。在高科技和数字化的时代，国家需要制定全面的策略，确保技术与国家战略的完美融合。

11.3 中国特色社会主义下的技术伦理与文化反思

11.3.1 中国哲学视角下的技术伦理

中国传统文化和哲学有着几千年的发展历史，这为现代技术伦理提供了独特的思考角度。在中国特色社会主义的背景下，将传统哲学与现代技术伦理相结合，为技术发展提供了方向和指导。

1. 中国传统文化与技术价值观的结合

和谐思想：中国传统哲学强调人与自然、人与人之间的和谐关系。在技术伦理中，这表现为技术与自然、技术与人类的和谐共存，避免过度消费自然资源或损害人类福祉。

中庸之道：在面对技术创新与应用时，中国哲学提倡避免走向极端，寻求平衡。这意味着在技术进步与伦理考量之间寻找一个中间的、平衡的路径。

家族与社会责任：在中国传统文化中，良好的家族和社会关系至关重要。这在技术伦理中意味着技术的发展应考虑其对家庭和社会的影响，确保技术创新能为整个社会带来福祉。

德行与人性：中国哲学注重人的道德修养和德行。技术不应该违背人性，技术的发展应当服务于人类，提高人的生活质量，而不是损害人的利益或贬低人的尊严。

宇宙观与技术的局限性：传统的宇宙观认为，宇宙有其固有的规律，人类只是其中的一部分。这使得中国哲学更加注重技术的局限性，技术应该尊重并配合自然规律，而不是试图完全控制或替代自然。

中国特色社会主义的背景下，结合传统的哲学思想与现代的技术伦理，为技术的发展提供了深刻的、独特的价值指导。在追求技术创新的同时，也强调了对传统文化、人与自然和谐关系的尊重，为技术发展创造了稳定、可持续的环境。

2. 技术发展中的和谐、人与自然的关系

技术发展已成为人类社会不可或缺的一部分，但与此同时，它对自然环境的影响也日益明显。中国的传统文化特别强调人与自然的和谐关系，这为现代技术伦理提供了有益的启示。

1）和谐观念与技术发展

中国文化中的"和"不仅仅意味着平静和平衡，更代表着一种积极的互动和协同。技术发展应遵循这一思想，促进人、社会与自然之间的和谐共生。

合作与共生：技术应为人类与自然之间建立更紧密的联系，而不是使其隔离。例如，绿色建筑不仅考虑节能减排，还与其周围的自然环境形成一个有机的整体。

技术与可持续发展：和谐的观念鼓励我们发展和使用那些既可以满足人类需求又不损害自然环境的技术。

2）人与自然的关系在技术中的体现

尊重自然：尽管技术为我们提供了更多的控制自然的能力，但是我们仍需要保持敬畏之心。我们应当认识到人类是自然的一部分，而非自然的主宰者。

模仿自然：生物模拟技术、绿色化学等领域都试图从自然中学习，从而创造出更加环保、高效的技术和方法。

循环经济：受到自然循环机制的启示，循环经济模式鼓励物品的再利用和回收，从而减少浪费和环境破坏。

3）技术伦理与人与自然的和谐

技术决策不仅仅是基于经济或效率的考量，更应该基于对人与自然关系的深入理解和尊重。

技术的人文关怀：技术的设计和应用应当考虑到其对人类心灵、情感和身体健康的影响。

社会责任：企业和科研机构在追求技术进步的同时，应该考虑其长远的社会和环境影响，努力做到科技与人类福祉、自然环境的和谐统一。

在技术快速发展的当下，中国传统的和谐观念和对人与自然关系的重视为我们提供了宝贵的启示。为了实现真正的可持续发展，技术不仅需要在物质层面为人类带来便利，还需要在精神和道德层面促进人、社会与自然的和谐共生。

11.3.2 技术全球化与中国的道路

1. 中国在全球技术竞争中的地位与策略

全球化时代，技术的流动和交互使得各国之间的联系日益紧密，中国作为一个技术崛起的大国，其在全球技术竞争中的地位和策略尤为关键。

1）中国的技术地位

技术强国的崛起：在过去的几十年中，中国已从技术的跟随者逐渐发展为技术的引领者，特别是在电子信息、人工智能、高速铁路、5G 通信等领域。

全球供应链中的关键节点：中国不仅是全球制造中心，也成为全球技术创新的重要基地，许多国际技术公司都在中国设立研发中心。

全球技术合作与竞争：中国与美国、欧洲、日本等发达国家和地区之间，既存在竞争，也存在合作。

2）中国的技术策略

自主创新：中国重视从根本上建立自主技术体系，鼓励国内研发，为此提供了大量的资源和政策支持。

全球技术合作与开放：中国一直支持全球技术合作，与其他国家共同开发技术项目，共享技术进步的成果。

保护技术产权：为鼓励技术创新，中国加强了对技术产权的保护，打击技术侵权和假冒行为。

人才培养与引进：鼓励海外留学人员在国外开展研究，同时引导留学人员回国，并为他们提供良好的发展平台，同时吸引全球顶尖技术人才。

技术与道德的平衡：在发展技术的同时，中国也重视技术应用的道德和社会影响，确保技术应用符合人民和社会的整体利益。

3）中国的全球技术视角

推动全球技术治理：中国主张建立公正、开放、透明的全球技术治理体系，确保各国在技术发展中都能受益。

支持技术援助：对于技术水平低下的发展中国家，中国提供技术援助和培训，帮助他们提高技术水平。

共建"一带一路"技术合作：通过"一带一路"倡议，中国与沿线国家进行深度技术合作，共同推进技术项目。

在技术全球化的大背景下，中国通过自主创新和开放合作，稳步提高了其在全球技术竞争中的地位。面向未来，中国将继续推动技术创新和合作，为世界的技术进步做出更大贡献。

2. "一带一路"倡议与技术的全球传播与交流

"一带一路"倡议（the Belt and Road Initiative，BRI）是中国于 2013 年和 2014 年提出的重要国际合作与发展倡议，旨在促进沿线国家间的经济合作、基础设施建设、文化交流和政策协调。与此同时，"一带一路"也成为了技术传播和交流的重要平台。

1）基础设施建设与技术应用

交通技术：中国将其高度成熟的交通技术分享给了众多合作国家，用于高速铁路、公路、港口和机场建设等。

信息通信技术：通过 BRI，很多国家的通信基础设施得到了极大的提升，例如 5G 技术、光纤网络等。

能源与环保技术：推广清洁能源技术、水资源管理和环保技术。

2）技术合作与研发

科技园区与创新中心：在一些关键国家，中国与当地政府合作建立了科技园区和创新中心。

联合研发项目：鼓励中国的科研机构与沿线国家的研究机构合作，进行技术研发和创新。

3）人才培训与技术教育

教育合作：支持沿线国家的学生到中国学习和培训，同时也鼓励中国的技术人才到这些国家分享经验和技能。

技术研讨与交流：定期举办技术研讨会、论坛和展览，促进技术的传播与交流。

4）文化交流与技术展示

技术展览与展示：通过在沿线国家举办技术展览和技术日活动，展示和推广中国的先进技术。

技术与文化的融合：将技术与当地文化相结合，推动技术的本地化发展。

"一带一路"不仅仅是一个经济和基础设施的合作项目，它也为技术的全球传播与交流提供了重要的平台。通过这一平台，中国的技术得以走出国门，与世界分享，同时也促进了全球技术合作与共同进步。

11.4 未来展望：马克思主义哲学在技术创新时代的新任务

11.4.1 面向未来的技术哲学思考

在科技日新月异、创新涌流的 21 世纪，马克思主义哲学面临着与技术进行新的对话和思考的任务。特别是在人工智能、生物技术等领域的迅猛发展下，我们需要重新审视技术对人类社会的深远影响，以及这些技术如何与马克思主义的核心理论相互作用。

1. 人工智能、生物技术与发展中的马克思主义

1）人工智能与生产关系

随着 AI 技术的日益普及，其在生产力中的地位逐渐上升。AI 的广泛应用势必改变传统的生产关系，需要思考如何在新的生产关系中实现公平分配和工人权益的保障。

2）生物技术与人的本质

生物技术，尤其是基因编辑技术，为人类提供了改变自身基因的可能，这对关于人的本质的思考提出了新的挑战。如何确保技术的发展不损害人的本质，成为一个重要的议题。

3）技术、资本与劳动

新技术的发展可能会导致劳动者被机器替代，进而加剧资本与劳动者之间的矛盾。如何在这种背景下维护劳动者的权益是人们需要思考的问题。

4）技术伦理与价值观

面对技术的道德困境，例如 AI 决策的公正性、生物技术的伦理边界等，应当提供明确的价值导向和伦理原则。

技术的快速发展为马克思主义提供了新的研究对象，同时也为其提供了新的实践机会。马克思主义在未来技术创新时代的任务，不仅仅是对技术进行反思，更重要的是要积极引导技术发展，确保其造福全人类。

2. 技术创新与生态文明建设的协同发展

随着环境危机的日益加剧，生态文明建设成为各国追求的目标。技术创新在这一过程中扮演着至关重要的角色。技术的创新不仅能为经济发展提供动力，还能为环境保护提供有效的手段。以下是技术创新与生态文明建设协同发展的几个方面。

1）可再生能源技术

太阳能、风能、潮汐能等可再生能源技术的进步，为减少化石燃料消耗和减缓全球气候变化提供了可能性。技术的进步使得这些能源更加经济、高效。

2）资源循环利用技术

现代技术使得废弃物回收、处理和再利用更加高效，从而减少了资源浪费和环境污染。

3）精准农业技术

通过现代传感器、无人机和大数据技术，农民可以更精准地管理农田，减少化肥和农药的使用，同时提高作物产量。

4）生态修复技术

技术的进步使得对于受到污染的土地、水源进行修复变得更加可行和有效。

5）智能交通系统

通过技术优化交通流，可以降低交通拥堵，减少能源消耗和空气污染。

6）绿色建筑技术

通过采用环保材料和设计，绿色建筑能够降低能源消耗，提高居民的生活质量。

7）公众参与和教育

现代通信技术使得公众更容易获取环境信息，从而加强了公众对环境保护的参与和意识。

8）生态经济模型

技术可以推动新的经济模型的发展，如共享经济，这不仅能够创造经济价值，还能减少资源消耗。

技术创新和生态文明建设是相辅相成的。技术创新为生态文明提供了手段，而生态文明则为技术创新提供了方向和目标。两者的协同发展不仅有助于解决当前的环境问题，还为未来的可持续发展奠定了基础。

11.4.2 中国与世界：新时代技术合作的挑战与机遇

1. 科技创新与全球共治的可能性

在全球化的背景下，技术的创新和应用日益呈现出跨国、跨地域的特点。尤其是在当前的数字化、网络化背景下，技术的发展已经不再受限于单一的国家或地区。在这样的背景下，中国与世界各国在技术合作方面面临着新的挑战与机遇。

1）挑战

技术壁垒：技术的转移和应用经常受到技术壁垒的限制，这些壁垒可能是法律、政策或者商业秘密所导致的。

知识产权问题：技术合作中经常涉及知识产权的问题，如何确保知识产权的公平使用和保护是一个重要的问题。

技术与文化的差异：不同的文化和价值观可能会导致技术应用的差异，如何克服这些差异，确保技术的有效传播和应用是一个挑战。

2）机遇

共享经济与开放创新：在全球化背景下，开放创新和共享经济为技术合作提供了新的可能性。国家和企业可以通过开放创新的方式，共享技术资源，实现技术的快速发展和应用。

数字化与网络化：数字化和网络化为技术的传播和应用提供了新的途径。尤其是在5G、AI等新技术的推动下，技术的传播和应用变得更加便捷和高效。

多边合作：随着全球化的发展，多边合作成为技术合作的新趋势。中国与世界各国可以通过多边合作的方式，推动技术的发展和应用。

3）科技创新与全球共治的可能性

在全球化的背景下，科技创新与全球共治变得密不可分。技术的发展不仅影响单一的国家或地区，也影响全球的经济、社会和环境。因此，如何确保技术的公平、公正和可持续的发展，实现全球的共治，是一个重要的议题。中国作为全球的重要经济体和技术大国，有责任和能力在这方面发挥重要的作用。通过与世界各国的合作，中国可以推动技术的公平、公正和可持续的发展，实现全球的共治和共赢。

2. 技术、文化与哲学的新融合

技术、文化和哲学一直是人类文明的三大支柱。它们之间的关系不断地进化和改变，但在数字化时代，它们之间的融合越来越深，为我们提供了全新的认识方式和生活方式。

1）技术与文化的融合

数字文化的崛起：数字技术，如社交媒体、AR、VR和AI，已经成为现代文化的重要组成部分，它们不仅改变了我们消费文化的方式，还为文化的创作和传播提供了新的可能性。

技术与传统文化：技术也被用来保存和传播传统文化。例如，数字化技术被用来保存濒临失传的语言和文化传统，而虚拟现实技术则使我们可以体验古代的历史和文化。

2）技术与哲学的融合

人工智能与哲学：AI 技术的发展引发了一系列哲学问题，例如关于意识、自由意志和伦理的问题。AI 也被用作哲学研究的工具，帮助我们更好地理解人类的思维和决策过程。

虚拟现实与哲学：虚拟现实技术为哲学提供了一个全新的实验场所，使我们可以更直观地探索关于现实、存在和知觉的问题。

3）文化与哲学的融合

哲学与流行文化：哲学观念和思想越来越多地渗入到流行文化中，例如在电影、音乐和艺术中。这使得哲学变得更加大众化和易于理解。

跨文化哲学：在全球化的背景下，不同文化间的哲学观念和思想开始交流和融合，为哲学研究提供了新的视角和方法。

技术、文化和哲学的新融合为我们提供了全新的认识方式和生活方式。它们不仅使我们更好地理解自己和周围的世界，还为我们的文化和哲学研究提供了新的工具和方法。在数字化时代，我们需要更加重视这种融合，并积极探索其在各个领域的应用和影响。

11.5 思考题和课程论文研究方向

思考题：

1. 如何评价马克思和恩格斯对技术哲学的贡献，特别是他们对技术与生产关系之间的看法？
2. 中国特色社会主义视野下，技术创新如何成为推动社会主义现代化的核心力量？
3. "创新驱动"在中国的技术崛起中扮演了怎样的角色？它与马克思主义的哪些原则相吻合？
4. 中国如何在全球技术竞争中定位自己，并通过"一带一路"推动技术的全球传播与交流？
5. 在人工智能、生物技术等前沿技术的背景下，马克思主义如何继续发挥其指导作用？

课程论文研究方向：

1. 马克思主义技术哲学的基础：深入探索马克思、恩格斯对科技和生产力的关系的理论基石。
2. 中国特色社会主义与技术发展：研究改革开放以来，中国如何结合马克思主义理念进行技术创新和应用。
3. 技术伦理与中国文化：从中国哲学的角度，探讨现代技术进步背后的伦理问题，以及与中国传统文化的关系。
4. 技术全球化与中国的道路：分析中国在全球技术格局中的地位，以及如何通过"一带一路"等倡议推动技术的全球化。
5. 未来技术发展的马克思主义任务：结合人工智能、生物技术等前沿技术，探讨马克思主义如何为技术创新提供哲学指导。

第4部分
艺术与科技创新

第 12 章
古典艺术与初期技术的对话

12.1 古代艺术的技术原点

12.1.1 帕特农神庙的雕塑：古希腊雕塑的技术与审美

1. 材料选择与技术：从青铜到大理石

在古希腊时期，雕塑艺术经历了一系列的技术和材料上的革新。早期，青铜是雕塑的首选材料，但随着技术的发展，大理石逐渐成为了主流。这一转变不仅代表了技术上的进步，也意味着审美观念的变化。

1) 青铜雕塑

青铜雕塑具有生动的纹理和色彩，容易铸造，能够创造出动态和细节丰富的作品。青铜雕塑常常用于表现英雄、战士和运动员的形象，因为它可以强调肌肉和运动的动态。

2) 大理石雕塑

与青铜雕塑相比，大理石雕塑更加坚硬和耐久，但也更加难以加工。然而，随着技术的进步，雕塑师们找到了创造细致、逼真的大理石作品的方法。大理石的白色和细腻的纹理使其成为了表现神祇和贵族的理想材料。

《帕特农神庙浮雕》是古希腊大理石雕塑的代表作，这件作品完美地展示了大理石雕塑的技术与审美。这些浮雕刻画了各种场景，从战争到宴会，展示了古希腊文化的多面性。这件作品也展示了古希腊雕塑师对于处理平衡和比例的精湛技巧。各个形象之间的相互作用和对比，以及他们与周围环境的关系，都经过了精心的设计和布局。

《帕特农神庙浮雕》不仅是古希腊雕塑技术和审美的杰出代表，也是古典艺术与技术结合的完美例证。这些雕塑充分地展示了古希腊对于人体比例、动态和表情的深入研究。它们在那个时代为人们提供了观察宗教、文化和历史的视角，同时也是对人类创造性和工艺技巧的致敬。

这些浮雕不仅仅是艺术品，它们也是古希腊社会、信仰和哲学的体现。无论是神祇之间的争斗，还是人们的日常生活，都在这些大理石上得到了生动的再现。这些浮雕对于后世的艺术家和历史学家来说，也是一个宝贵的研究资源，帮助他们更好地理解古希腊的文化和艺术。

2. 古希腊工艺技术：形态与动态的完美结合

古希腊的艺术和工艺技术在人类文明史中占有重要地位。他们追求的是对自然的真实再现和对人类身体与灵魂的完美呈现。古希腊工艺技术特别注重形态与动态的结合，无论是雕塑、陶瓷还是建筑，都展现出了这一特点。

1）雕塑

古希腊雕塑师重视形态和动态的和谐统一。他们追求的是雕像在静态中展现出的动感。例如，著名的"掷铁饼者"雕塑虽然是一个固定的形态，但从其姿势和肌肉的细节中，我们可以感受到运动员即将投掷铁饼的力量和动感。

2）陶瓷

古希腊的陶瓷工艺非常发达，他们的陶瓷器皿往往绘有各种场景，如神话故事、日常生活、战争和竞技等。画面上的人物形态生动，动作流畅，展现了形态与动态的完美结合。

3）建筑

古希腊建筑特别注重比例和节奏。例如，帕特农神庙的柱子不是完全垂直的，而是轻微地向中心倾斜，这样可以给人一种更加稳固和和谐的视觉感受。此外，柱子的间距和高度都经过精确的计算，以达到视觉上的平衡和流畅。

4）金属工艺

古希腊的金属工匠精于锻造和浇铸技术，创造出了许多精美的金、银和青铜制品。这些物品不仅功能性强，而且在设计上也展现了形态与动态的和谐统一。

古希腊的工艺技术注重细节、比例和动态，追求形态的真实和动感的流畅，这使得他们的艺术作品成为了永恒的经典，为后世所倾慕。

12.1.2　马家窑彩陶：古代中国的艺术与烧制技术

马家窑是中国新石器时代晚期的一个重要遗址，位于甘肃省临洮县城西南约十公里的洮河西岸的马家窑村。该遗址出土的彩陶以其精美的工艺和丰富的图案闻名。这一时期的陶瓷技术和艺术表达在中国文明史上占有重要地位。

1. 陶瓷技术的发展与艺术表达

1）烧制技术

马家窑彩陶的烧制温度较高，陶质熟透，表面平滑。这显示了古代工匠已经掌握了较为高级的烧制技术，能够制作出硬度高、质地均匀的陶器。

2）图案与装饰

马家窑彩陶的最大特点是其丰富的图案和装饰。常见的有鱼、鸟、兽等动物图案，也有几何图案和抽象图案。这些图案多用黑、红、白等颜色，通过对比、重复和变形，展现出了丰富的视觉效果。

3）陶器的造型

马家窑彩陶的造型多样，有鼎、罐、瓮、盆、碗等。这些器物既有实用功能，也有装饰和象征意义。例如，某些大型的陶瓮可能用于储存粮食，而小型的陶鼎则可能用于祭祀。

4）彩陶的文化背景

马家窑彩陶反映了古代中国社会的宗教、文化和审美观念。例如，常见的鱼、鸟、兽等动物图案可能与当时的图腾崇拜有关，而几何图案和抽象图案则显示了古代工匠对于形态和色彩的敏感和创新设计。

马家窑彩陶是古代中国陶瓷技术和艺术表达的一个重要代表，它展现了古代中国工匠的高超技艺和独特的审美观念。通过对马家窑彩陶的研究，我们可以更好地了解古代中国的文化、社会和技术发展。

2. 古代彩绘：技术与艺术的完美融合

彩绘是指在各种材料上使用彩色进行绘画的技术。从古至今，无论是在东方还是西方，彩绘都被广泛应用在各种文化艺术作品中。它不是单纯的绘画技术，而是将技术与艺术完美结合，创造出令人叹为观止的作品。

1）技术的进步与材料的选择

古代的彩绘主要使用天然的矿物颜料，如赭石、孔雀石、朱砂等。这些颜料不仅颜色丰富、持久，而且经过精细的研磨，可以获得非常细腻的效果。随着技术的进步，彩绘材料也逐渐丰富，如金、银、宝石等都被用来装饰彩绘作品，使其更加华丽。

2）绘画技巧与艺术创意

古代彩绘工匠不仅掌握了高超的绘画技巧，而且具有丰富的艺术创意。他们根据材料的特性，选择合适的绘画手法，如湿画、干画、浮雕画等。这些技巧使彩绘作品具有立体感、动感和生命力。

3）文化背景与主题选择

古代彩绘作品多以宗教、神话、历史和日常生活为主题。这些主题不仅反映了古代人们的信仰和价值观，而且通过艺术家的再创作，展现出了一种超越时空的普遍美感。

4）彩绘与其他艺术形式的结合

古代彩绘并不是孤立的，它经常与雕塑、建筑、陶瓷等其他艺术形式相结合，创造出更加完整的艺术效果。例如，古希腊的彩绘陶瓷、古埃及的彩绘墓室、古印度的彩绘岩洞等，都是彩绘与其他艺术形式完美融合的代表。

古代彩绘是一种将技术与艺术完美融合的表现形式。它不是单纯的绘画技术，而是一种文化、历史和审美的深度融合。通过研究古代彩绘，我们可以更好地了解古代人们的生活、思想和艺术追求。

12.1.3 古埃及金字塔壁画：技术与宗教艺术的统一

古埃及的金字塔是人类文明的瑰宝，它们承载着古埃及人对死亡和永生的信仰。金字塔内部的壁画则为我们提供了了解古埃及文化、宗教和社会的重要窗口。技术与艺术在金字塔的建设与壁画中完美地统一起来。

1. 古埃及建筑技术：金字塔的建设与艺术设计

1）建设材料

石料：大多数金字塔的主要建材为石灰石。高质量的白色石灰石经常被用于外覆层，而内部结构则使用了较为粗糙的石料。

木材：尽管在金字塔结构中木材的使用相对较少，但木头在施工过程中起到了关键作用，尤其在用于制作搬运巨石的滚轴、制作工具和建筑支架时。

2）设计与建筑原理

科学选址：古埃及人选择了质地坚硬的石头作为金字塔坚实的地基。此外，金字塔通常建在高地上，避免尼罗河洪水的侵袭。

定位与对齐：金字塔通常朝向正北，使用星星，特别是北极星，进行定位和对齐。

斜坡：巨大的斜坡可能被用于帮助古埃及人运输重石到金字塔的各个层。随着建造的进行，斜坡会被逐步移除或者固定到金字塔外部。

3）艺术设计

装饰与浮雕：虽然金字塔的外观简单，但其内部走廊、房间和墓室通常装饰得非常精美，有时会有浮雕和绘画。

象征意义：金字塔不仅仅是坟墓，它们也是权力、宗教和宇宙观念的象征。它们的尺寸和造型反映了法老的威望。

封顶：一些金字塔顶部覆盖有金属，可能是为了代表太阳神的金色皮肤，也增强了它在阳光下的光芒。

4）劳动与组织

劳动力：与普遍的"奴隶劳动"观点不同，现代的考古学研究认为金字塔是由农民在农业淡季期间建造的。他们为国家工作，并得到相应的报酬。

组织与管理：建设如此巨大的结构需要高度的组织和管理。这包括了对工人、工具、材料和食物的精心管理。

5）工程技术

运输：巨石的搬运是一个巨大的挑战。古埃及人可能使用了木制滚轴、滑槽、杠杆等工具。

测量技术：测量的准确性对金字塔的建设至关重要。绳子、测量尺和简单的观测仪器可能是主要的测量工具。

金字塔作为古埃及文明的标志，展示了古埃及人在建筑、工程和艺术设计上的卓越才能。

2. 壁画技术：颜料、工具与宗教审美

1）颜料

有机颜料：古埃及的画家们使用多种有机材料制作颜料，例如植物和动物。它们可以被磨碎并与黏合剂混合，如动物胶或蛋白质，以制作颜料。

矿物颜料：例如碧玺、绿松石、孔雀石等矿石被磨碎并使用。从红赭石中提取红色，从天青石中制得蓝色，而从石灰石和煤或烧焦木头中分别制得白色和黑色。

合成颜料：古埃及是最早制造合成颜料的文明之一。例如，埃及蓝（也称为埃及牛砝码蓝）是一种人工制造的颜料，由多种矿物材料在高温下熔化制成。

2）工具

刷子：制作刷子的材料通常是动物毛，绑在木杆或芦苇秆上。不同大小和形状的刷子用于完成不同的绘画细节。

调色板：通常是平坦的石板，上面有凹槽，用于混合和存放颜料。

刀和铲子：用于刮削墙面，保持平整，并为绘画做准备。

细线笔：对于细节部分，如轮廓或细节线条，可能使用更细的工具，如芦苇笔。

3）宗教审美

象征与意象：壁画中的图像通常都有深层的象征意义，如法老的神性、神的形象和死后的生活。图像通常按照它们在宗教和社会层级中的地位大小进行呈现。

规范与比例：古埃及的壁画遵循一套严格的规范和比例，确保各个元素在视觉上和象征上的和谐。

颜色的象征：壁画的颜色不仅仅是为了美观。例如，绿色通常与重生和生命有关，红色与混乱或敌意有关，而蓝色则与神性和天堂有关。

永恒：壁画通常被认为是死者永恒生命的一部分，所以它们被设计得既精美又耐久。

古埃及的壁画技术是古埃及文明艺术和宗教表达的核心部分，它们融合了精湛的技艺与深邃的象征意义。

12.2 传统艺术手工技术的崛起

12.2.1 威尼斯玻璃工艺：古代欧洲的炼制与创新

1. 玻璃吹制技术与艺术设计的演进

1）初期技术

早期的玻璃制品是通过"芯材玻璃技术"制成的，这是一种使用土芯模具浸入熔化的玻璃来形成形状的方法。

2）玻璃吹制的诞生

大约在公元前1世纪，在叙利亚或巴勒斯坦地区首次发明了玻璃吹制技术。这种技术革命性地改变了玻璃制品的制造方式，允许工匠快速而经济地生产出各种形状和大小的玻璃器皿。

3）威尼斯的探索与创新

在中世纪后期和文艺复兴时期，威尼斯成为欧洲玻璃制造的中心。威尼斯工匠发明了明亮、透明的"结晶"玻璃，这种玻璃模仿了贵重宝石的外观。

4）艺术与技术的融合

威尼斯玻璃工匠不仅精通玻璃吹制技术，而且还擅长使用彩色、金叶和多层玻璃来进行复杂、精细的设计。

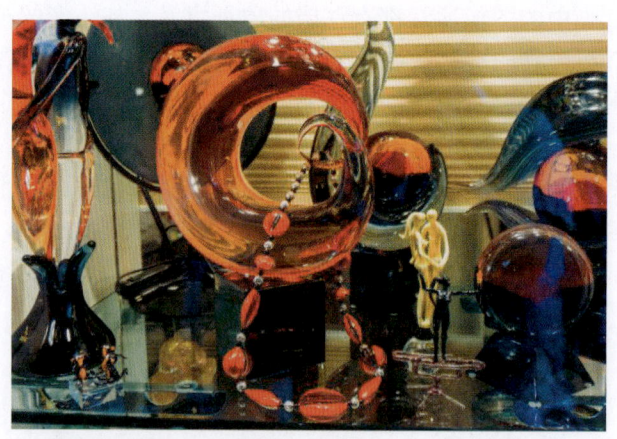

2. 从实用品到艺术品：威尼斯玻璃的审美变迁

1）初期应用

早期的威尼斯玻璃主要用于制作实用品，如窗户玻璃、瓶子和简单的饮用杯。

2）玻璃的价值上升

随着技术的发展，玻璃逐渐被用于制作贵族和富有的市民所追求的奢侈品。尤其是那些装饰精美、技术繁复的玻璃制品。

3）艺术与实用性的结合

到了文艺复兴时期，玻璃制品不再仅仅是实用品，它们也是展示工匠技能和艺术品位的途径。玻璃珠宝、玻璃雕塑和复杂的玻璃吊灯成为了威尼斯玻璃工艺的代表作品。

4）文化影响

威尼斯玻璃的声誉和影响力迅速传播到其他欧洲国家，使得玻璃工艺成为欧洲艺术和文化的重要组成部分。

威尼斯玻璃工艺是技术与艺术完美融合的典型例子，它展示了如何通过不断的创新和探索，将传统手工技术提升到艺术的高度。

12.2.2 景泰蓝：中国传统工艺与皇家艺术

景泰蓝是中国传统的珐琅彩工艺品，它的名字来源于明朝景泰年间（公元1450—1456年）。这种工艺在景泰年间达到了巅峰，且历史上常被用于制造皇家御用的物品，彰显了高级的工艺和皇家的奢华。

1. 金属锻造与珐琅彩技术的完美结合

1）金属基底

景泰蓝的基底通常由铜制成。这块铜经过精心锻造，制成所需的形状，比如碗、盘、瓶等。铜质的特性使其能够经受高温，是珐琅彩烧制的理想材料。

2）珐琅彩的制备

珐琅彩是一种特殊的玻璃釉，由多种矿物（如石英、长石）和金属氧化物（用于上色）混合而成。这种混合物经过研磨后，被称为"珐琅泥"。

3）雕刻与填充

在铜基底上，工匠们会刻出精细的图案或格子。接着，他们用工具将珐琅泥填充到这些刻痕中。

4）烧制

填充后的作品会被放入高温的窑中烧制。在高温下，珐琅泥会融化并与铜基底结合，形成坚硬、有光泽的表面。通常需要经过多次烧制以达到理想的效果和颜色。

5）打磨与抛光

烧制后，景泰蓝表面可能会有些凸凹不平。工匠们会使用砂纸和其他工具打磨表面，直到它变得光滑亮丽。

景泰蓝的制作是一个复杂且耗时的过程，需要工匠们具有高超的技艺和无尽的耐心。但成品却是无比美丽和精致的，代表着中国古代工艺的巅峰。

2. 皇家审美与技术工艺的交互影响

1）皇家审美的高标准

明清时期，中国的皇家对于艺术和工艺品的审美具有很高的标准。他们追求的是精湛的工艺、精致的细节和尊贵的象征。这为工匠们设定了非常高的要求，推动他们不断地完善技术，提高工艺，创造出超越前人的精美作品。

2）皇家的象征与主题

景泰蓝上的图案主题通常与皇家文化、历史和神话有关。例如，常见的龙、凤、莲花

等，都是皇家权威和尊贵的象征。这种对于主题的选择，是技术与皇家审美交互的直接结果。

3）技术的创新与需求

皇家对于新颖独特的工艺品总是有着浓厚的兴趣。为了满足皇家的这一需求，工匠们常常尝试新技术和新方法，不断进行创新，制作出前所未有的工艺品。这种创新不仅体现在技术层面，也体现在艺术表现手法上。

4）皇家赞助与技术的传承

由于皇家对于景泰蓝等高级工艺品的青睐，很多工匠得到了皇家的支持和赞助。这为工艺的传承和发展提供了有力的物质基础，使得景泰蓝这种工艺得以流传下来，并成为中华传统工艺的瑰宝。

5）皇家的推广与技术的传播

皇家是当时文化艺术的中心和潮流的引导者。皇家对某种工艺或艺术的喜好往往会引导社会的审美趋势。景泰蓝因为受到皇家的喜爱，其技术和艺术审美迅速在社会中传播开来。

皇家审美与景泰蓝等工艺技术之间存在着互动与影响。皇家的审美推动了技术的创新和发展，而技术的创新和发展又为皇家提供了更为精美的艺术品，形成了一个互为因果、相互推动的良性循环。

12.2.3　日本浮世绘：版画技术与流行文化

1. 传统木刻技术与多色印刷的结合

1）技术起源

浮世绘起源于17世纪的日本，是一种利用木板为版材，通过手工刻画和印刷的艺术形式。它与中国的传统木版印刷有相似之处，但在技术和艺术风格上有所不同。

2）工艺特点

浮世绘的制作涉及多个步骤。首先，艺术家会在纸上绘制图案；然后工匠将其转移到木板上并雕刻出版；最后使用不同的木板为每种颜色印刷，最终形成一幅多彩的作品。

3）多色印刷

这种多色印刷技术需要极高的精准度，因为每个颜色都需要一个单独的木板，而且每次印刷都必须与之前的颜色完美对齐。

2. 浮世绘反映当时的社会文化

1）流行文化的映照

浮世绘常常描绘的是日常生活中的风景、人物和事件，如歌舞伎演员、美女、风景名胜等。这些画作反映了当时的流行文化和社会风尚。

2）社会批判

尽管许多浮世绘展现的是轻松愉快的场景，但其中也不乏对社会和政府的批判。通过对某些事件或人物的夸张描绘，艺术家们传达了自己的政治或社会观点。

3）都市生活的记录

浮世绘兴盛于江户时代，这是日本城市化进程中的一个重要时期。许多作品捕捉了都市生活的动态，从而为我们提供了关于当时城市生活的珍贵记录。

4）与西方艺术的交流

19世纪中后期，浮世绘开始流入欧洲，并对许多西方艺术家产生了影响，如梵高、高更等。这种交流促进了东西方艺术的融合和创新。

浮世绘不仅是日本传统版画技术的巅峰之作，更是一个时代的文化和社会的缩影。其独特的艺术风格和深刻的社会内涵使其成为世界艺术史上的一颗璀璨明珠。

12.3　技术与古代艺术的影响与未来展望

12.3.1　古罗马水道：工程技术与装饰艺术的融合

1. 古罗马建筑技术与水道艺术的交织

1）技术的创新

古罗马的工程师们发展了一系列出色的建筑技术来建造强大且稳定的水道系统。其中包括混凝土的使用、拱形设计和精确的工程测量，这确保了水道的稳定性和有效性。

2）装饰与功能并重

古罗马水道不仅仅是功能性的建筑，它们也是装饰性的建筑。工程师们在设计时融入了多种雕刻和装饰元素，使这些实用的建筑成为了艺术品。

3）人与自然的和谐

水道是古罗马文明与自然的连接。工程师们注意与周围环境的和谐共存，经常利用地形和景观来提高水道的美观性。

2. 水道系统对城市文化、审美的影响

1）城市的生命线

水道系统为古罗马的城市提供了持续不断的淡水供应，它支撑了城市的生活，同时也反映了古罗马人对于技术和艺术的高度评价。

2）公共空间的装饰

水道不仅仅是供水的通道，它经常与喷泉、广场和其他公共空间相结合，成为城市的装饰和标志。

3）社会地位的象征

拥有壮观的水道系统是古罗马城市的荣耀。这不仅是技术实力的展示,也是对其居民的致敬,表明他们生活在一个文明、繁荣的社会中。

4）审美的提升

随着技术的发展,古罗马的水道系统在设计上也越来越复杂和美观,它影响了当时的建筑和艺术风格,推动了审美观念的变革。

古罗马的水道系统是技术与艺术完美结合的例子。它不仅服务于人们的日常生活,更在审美、文化和社会结构上产生了深远的影响。在今天,我们仍然可以从这些古老的结构中获得启示,思考技术和艺术如何在现代社会中更好地融合。

● 12.3.2 敦煌壁画:古代中国的技术与艺术传承

1. 壁画绘制技术与材料选择

1）技术基础

抹灰技术:制作壁画,首先要在石窟墙壁上涂抹一层黏土和稻草混合而成的灰泥,形成一层均匀、光滑的基层,为绘画打下基础。

线稿与打底:完成基层处理后,工匠们会先用简单的线条草稿画出想要绘制的画面,为后续的上色和细节描绘做准备。

层层叠加:绘制敦煌壁画时,工匠们采用层层叠加的技法,先画底层,然后逐渐添加中层和表层,使得色彩丰富且立体。

2）材料选择

颜料:敦煌壁画的颜料主要来自天然矿石、植物和一些动物材料。常用的颜料有赭石红、朱砂、石青、石绿等。这些天然材料经过研磨、混合和调制,成为了持久、鲜亮的壁画颜料。

黏合剂:为了让颜料更好地粘附在墙面上,并保持持久,工匠们使用了动物胶和植物胶等天然黏合剂。

保护材料:为了保护壁画,防止水分和外部环境对其造成损害,壁画制作完成后,工匠们通常会在壁画表面涂上一层薄薄的保护层,如蛋清等。

3）工具

敦煌壁画的绘制工具相对简单，主要包括各种大小的刷子、雕刻工具和研磨工具。刷子用于上色，雕刻工具用于在墙壁上刻画线条和细节，研磨工具则用于研磨颜料。

敦煌壁画不仅仅是一种艺术形式，更是古代中国技术与艺术的完美结合，它所使用的技术和材料都反映了古代中国工匠们对于材料性质、绘画技巧和艺术表现的深入理解和掌握。

2. 敦煌文化与技术对后世的影响与启示

1）宗教与艺术的结合

敦煌壁画主要描绘了佛教故事和寺庙日常生活。它们展现了宗教与艺术的完美结合，证明了艺术不仅仅是审"美"，还可以是灵魂的寄托和信仰的体现。

2）技术的传承

敦煌壁画的绘制技术对后世的壁画艺术产生了深远的影响。很多后代的艺术家都受到了敦煌壁画的启发，学习并继承了其绘制技术和艺术风格。

3）文化的交流

敦煌位于丝绸之路沿线，是古代人们进行东西方文化交流的重要地点。敦煌壁画不仅展现了中国的文化和技术，还吸收了西方的艺术元素和思想，成为了文化交流的重要载体。

4）历史的记录

敦煌壁画不仅是艺术品，还是历史的记录。通过壁画，我们可以了解到当时的社会风貌、人们的生活方式和宗教信仰，它们为我们提供了宝贵的历史资料。

敦煌壁画是古代中国技术与艺术完美结合的代表。它不仅反映了当时壁画绘制的高超技术和深厚文化底蕴，还为后世提供了宝贵的艺术和历史启示。在今天，我们仍然可以从敦煌壁画中获得灵感，思考如何在技术和艺术中寻找更好的结合点。

12.3.3 拜占庭马赛克：技术、宗教与艺术的融合

1. 马赛克制作技术与宗教审美

1）马赛克的技术

拜占庭马赛克是一种使用小块彩色石头、玻璃或陶瓷拼接而成的图案或图像。这些小

块的石头或瓷砖被称为"tesserae",意为"小方块"。通常采用手工切割材料,这要求工匠具有极高的技巧。

2)宗教元素

拜占庭马赛克主要用于装饰教堂和圣殿,因此它们大多描绘了圣经故事、圣人和天使等宗教题材。

3)光与色彩

马赛克的特色之一是它的光泽和色彩。使用金、银和玻璃的小方块,它们在灯光或阳光下闪闪发光,为教堂创造了一种神圣和超凡的氛围。

2. 拜占庭艺术对欧洲文艺复兴的技术与艺术影响

1)技术的传播

拜占庭艺术在中世纪欧洲广为传播,尤其是马赛克技术。这种技术不仅在拜占庭帝国内部得到传播,还传到了其他地区,为后来的文艺复兴艺术家提供了新的技术和创作方法。

2)审美转变

尽管拜占庭艺术与文艺复兴艺术在风格上有所不同,但它对文艺复兴时期的艺术家产生了深远的影响。拜占庭艺术的黄金背景和超现实主义风格启发了许多文艺复兴画家。

3)宗教与艺术的结合

拜占庭艺术的一个重要特点是它完美地融合了宗教和艺术。这种融合对于文艺复兴时期的艺术家也具有启示意义,他们学会了如何在宗教和艺术之间找到平衡,创造出既有深度又具有美感的作品。

4)跨文化交流

拜占庭帝国位于欧亚的交汇处,是多种文化的融合之地。拜占庭艺术在传播过程中融入了多种文化元素,为文艺复兴时期的欧洲艺术家提供了一个跨文化交流和创新的平台。

拜占庭艺术中的马赛克技术不仅代表一种精湛的艺术和技术的结合,而且还为后世的艺术家提供了宝贵的启示和灵感,特别是在技术、审美和跨文化交流方面。

12.4 思考题和课程论文研究方向

思考题:

1. 古代技术是如何影响和形成当时的艺术审美的?
2. 考虑《洛基与火神》和《马家窑彩陶》,古希腊和古代中国在技术与艺术的结合上有何异同?
3. 为什么说埃及金字塔壁画是技术与宗教艺术的统一?
4. 与现代艺术相比,传统手工艺技术在艺术创作中扮演了怎样的角色?
5. 如何看待技术在古代艺术中的地位和作用?它与现代技术艺术的区别和联系是什么?
6. 敦煌壁画对于中国艺术史和技术史的重要性如何?

课程论文研究方向：

1. 技术与古代艺术的互动：深入探索古代艺术作品中所体现的技术成果，以及这些技术是如何影响艺术创作和审美的。

2. 古典与现代的技术对话：从古典艺术到现代艺术，技术是如何影响艺术创作的过程和结果的？

3. 技术与宗教在艺术中的关系：分析如埃及金字塔壁画和拜占庭艺术中的马赛克技术等作品中，技术是如何与宗教审美相结合的。

4. 技术在传统文化与艺术中的传承：以敦煌壁画为例，探讨技术是如何在传统文化中被传承和发展的，以及它对后世的影响和启示。

5. 古代技术与现代艺术的融合：探索现代艺术家如何使用古代技术进行艺术创作，以及这种融合为当代艺术带来了哪些新的视角和思考。

第 13 章
文艺复兴时期的艺术与技术交融

13.1 技术革命与文艺复兴

13.1.1 达·芬奇的《机械草图》：科学与艺术的共融

1. 从人体解剖到飞行机器：技术与艺术的多面性

文艺复兴时期，欧洲的艺术、科学和技术经历了巨大的变革。在这个时期，学者和艺术家开始向古典时期寻找灵感，他们开始对人体、自然和机械进行深入的研究。达·芬奇是这个时期的代表人物，他的作品充分展示了技术与艺术的紧密结合。

1）人体解剖与艺术

达·芬奇对人体结构的深入研究使他对人体的细节和比例有了深入的了解。通过对尸体的解剖，他得以探索人体的内部结构，从骨骼到肌肉，从血管到神经。这种科学的方法对他的艺术创作有着直接的影响。例如，他的画作《最后的晚餐》和《蒙娜丽莎》展现了他对人体比例和表情的精准掌控。

2）飞行机器与技术

达·芬奇对飞行有着浓厚的兴趣。他的草图中有很多关于飞行机器的设想，从机械翅膀到直升机原型，都展现了他对飞行原理的独到洞察。尽管许多设想在当时无法实现，但它们展示了达·芬奇对将自然原理与机械设计相结合的前瞻性思维。

3）技术与艺术的融合

达·芬奇不仅是一个杰出的艺术家，还是一个出色的工程师和发明家。他相信科学与艺术是互补的，技术可以为艺术提供工具，而艺术可以为技术提供灵感。在他的机械草图中，我们可以看到他对美学与功能的完美结合，他总是试图找到技术与美学之间的平衡点。

达·芬奇的作品展现了文艺复兴时期技术与艺术的紧密结合。他的创作方法为后世的艺术家和工程师提供了宝贵的启示，展现了一个真正的文艺复兴思想家的面貌。

2. 达·芬奇笔下：机械原理与美学设计的统一

达·芬奇，作为文艺复兴时期的巨星，以其广泛的兴趣和无与伦比的天赋在各个领域都留下了深刻的印记。但在他的众多成就中，他对机械原理的研究与其美学设计的统一尤为引人注目。

1）机械原理的探索

达·芬奇的机械草图充满了创新。他的笔记中充满着各种机械设备的设计，从复杂的传动装置到创新的起重机。这些草图揭示了他对机械原理的深入理解和对未来技术的远见。例如，他设计的"涡轮直升机"可以说是现代直升机的前身。

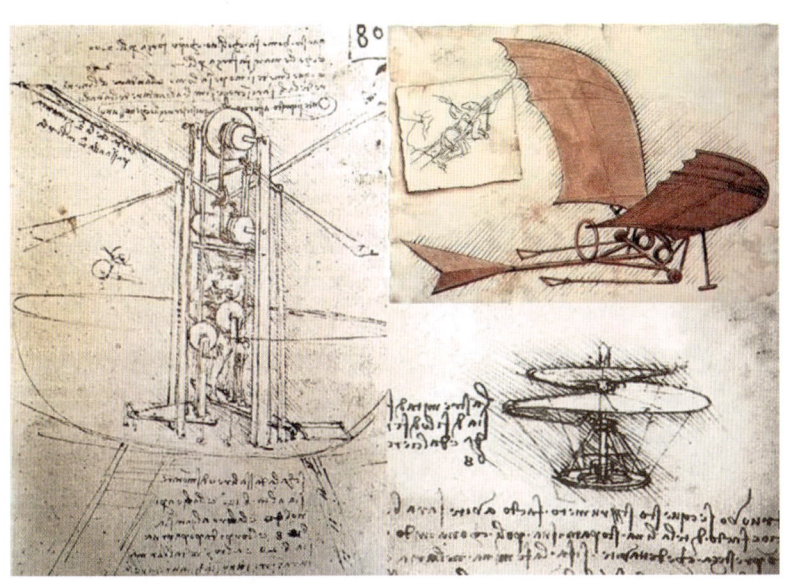

2）美学与功能的融合

达·芬奇深知，机械不仅要功能齐全，还要在美学上令人满意。他的机械设计总是充满了流线型的曲线和和谐的比例，这些都显示出他对自然的深入观察和对美的追求。他相信，真正的设计不仅是实用的，还应该是有吸引力的。

3）从自然中寻找灵感

达·芬奇坚信，自然是最伟大的设计师。他从鸟的飞翔、水流的动态和植物的结构中寻找灵感，这些都反映在他的机械设计中。他尝试模仿自然，创造出既实用又和谐的机械设计。

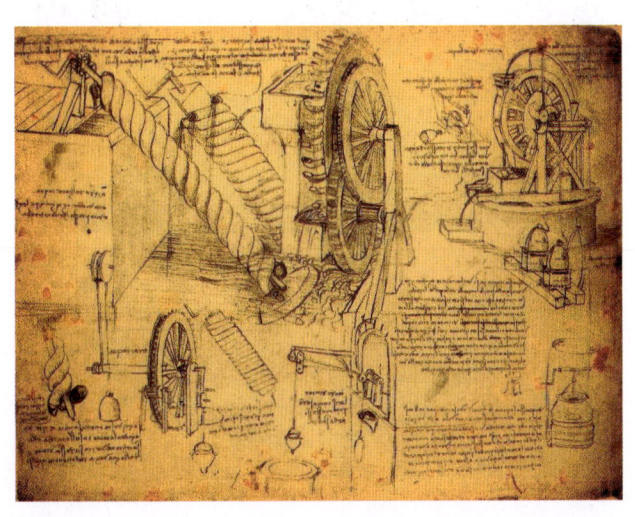

4）工程与艺术的交融

在达·芬奇的世界里，艺术与科学、工程与设计是无法分割的。他不满足于仅仅在纸上画出设计，他还致力于将这些设计变为现实，尝试制作原型并进行实验。

5）作品与启示

达·芬奇为我们展示了一个真正的多才多艺的文艺复兴时期思想家的模样。他的作品启示了后世的工程师和艺术家，让他们认识到技术与美学不是对立的，而是可以相辅相成的。

达·芬奇的机械设计体现了他对技术与艺术完美统一的追求。他的作品不仅在技术领域具有前瞻性，更在美学上具有深远影响，成为工程与艺术交融的典范。

13.1.2　布鲁内列斯基的穹顶：建筑技术与创新思维

当我们提及文艺复兴时期的建筑奇迹，菲利波·布鲁内列斯基的名字无疑是最先被提及的。他最为人们所知的作品便是佛罗伦萨大教堂的穹顶，这一杰出的建筑实例不仅展现了当时的建筑技术，更体现了在文艺复兴时期，人们对古典文化的重新解读和对知识的渴望。

1. 佛罗伦萨大教堂穹顶：挑战与创新的建筑技术

1）技术挑战

佛罗伦萨大教堂的穹顶是当时欧洲最大的穹顶建筑，其直径达到了 44 米。如何在没有现代建筑工具和技术的情况下建造这样一个庞大的结构是一个巨大的挑战。

2）双层穹顶

为解决这一难题，布鲁内列斯基提出了一个创新的方案，即采用双层穹顶的设计。外穹顶为重型，具有稳定性，而内穹顶则为轻型，减少了重量，两者通过砖和砂浆连接，增强了整体的稳定性。

3）无中心支撑的建设方法

布鲁内列斯基摒弃了传统的大型支撑架的方法，而是使用了一种可以随着穹顶建设进度而移动的环形支撑系统，这一创新大大加快了建设速度。

4）材料与工艺

他还创新地使用了一种特制的砂浆，这种砂浆可以迅速凝固并在较短时间内达到足够的硬度，这对于穹顶的建设至关重要。同时，为了减轻穹顶的重量，他选择了特定的砖块排列方式，既保证了强度，又有效地减轻了重量。

5）对古典的学习与创新

布鲁内列斯基深入研究了古罗马的建筑技术，尤其是万神庙的穹顶结构，并在此基础上进行了创新，将古典技术与当时的知识完美结合。

佛罗伦萨大教堂的穹顶是文艺复兴时期建筑的代表作，它不仅展现了布鲁内列斯基的建筑才华和创新思维，更反映了当时欧洲人们对知识和技术的崇尚，以及对古典文化的重新解读和继承。

2. 文艺复兴时期建筑审美与工程技术的对话

文艺复兴时期是欧洲历史上一个标志性的时期，其中，建筑审美与工程技术之间的对话起到了至关重要的作用。这一时期，建筑不仅实用，还成为了审美和技术完美融合的代表。

1）回归古典

文艺复兴建筑的审美基础来自对古希腊和古罗马建筑的研究与效仿。这包括了对柱式、三角楣、圆顶等古典元素的重新使用和解读。

2）对称与比例

古典建筑注重对称性和比例，这种审美观念在文艺复兴时期得到了充分的发扬。建筑师如布鲁内列斯基、阿尔贝蒂和达·芬奇等都非常重视建筑的比例和和谐。

3）技术的应用与创新

文艺复兴时期的建筑师不仅是艺术家，同时也是技术者。他们探索新的建筑技术，如穹顶结构、拱形和弧形结构等，使得建筑既美观又实用。

4）光与空间的探索

文艺复兴时期的建筑师开始对光线与空间的关系进行深入的探索。例如，用更大的窗户引入自然光，创造出充满光影变化的内部空间。

5）结构与装饰的平衡

与哥特式建筑相比，文艺复兴时期的建筑更加注重结构与装饰的平衡。装饰不再过分复杂，而是与建筑的结构和形式相得益彰。

6）科学与艺术的结合

文艺复兴时期的建筑师通常都是多才多艺的。他们不仅擅长艺术，还深谙数学、物理和工程学等知识。这使得他们能够设计出既美观又稳固的建筑作品。

文艺复兴时期，建筑审美与工程技术之间形成了一种有机的对话。这种对话推动了建筑艺术的进步，也使得建筑成为了当时欧洲文化的重要象征。

13.1.3 世界地图的演变：制图技术与艺术绘画

1. 从手绘到印刷：地图的技术与艺术进化

制图技术的进化不仅仅体现在对地理知识和技术的展现，更反映在当时的艺术绘画风格和审美观念的交织与互动。文艺复兴时期的地图不仅仅是导航工具，它们也是精美的艺术品。

1）从手绘到印刷

在文艺复兴时期之前，地图通常是手绘的，每张地图都是独一无二的。但随着印刷技术的出现，地图开始被批量复制，这使得地理知识更加普及。这就要求制图者拥有较高的技术水平和严谨的态度。

2）细节与色彩的丰富化

文艺复兴时期的艺术绘画注重细节和真实性，这种风格也影响了地图的制作。地图开始展现更多的细节，如山脉、河流、城市和海岸线。同时，使用的色彩也更加丰富和细腻。

3）透视技术的应用

文艺复兴时期的画家开始研究和应用透视技术，这种技术也被用于地图制作，使得地图更加立体和真实。

4）艺术元素的加入

地图的边框、海怪、船只、风玫瑰等装饰性元素开始出现在地图上。这些元素不仅增加了地图的艺术性，也反映了当时的文化和审美观念。

5）新大陆的发现与地图的更新

随着航海家发现新大陆，地图的内容也不断更新。制图者开始努力准确地描绘新发现的土地和海域。

6）与当时科学的交互

文艺复兴时期重视科学研究，制图者与天文学家、地理学家等科学家进行交流，使得地图更加精确。

文艺复兴时期的地图是技术与艺术的完美结合，它们既是实用的导航工具，也是展现当时文化和知识的艺术品。

2. 新大陆与文艺复兴：技术与视野的扩展

文艺复兴是欧洲历史上的一个转折点，标志着中世纪的结束和现代的开始。它是一个思想、文化、艺术和科学的大复兴时期。而新大陆的发现，作为这一时期的重要事件，进一步推动了文艺复兴的深入发展。

1）技术的推进与新大陆的发现

15 世纪和 16 世纪的航海技术，特别是航海仪器和航海术的进步，使得欧洲的探险家能够远航大洋，最终发现了新大陆。航海图的完善、指南针的广泛应用和更为坚固的船舶的制造都是技术进步的体现。

2）知识与视野的扩展

新大陆的发现揭开了未知世界的神秘面纱。新奇的动植物、原住民的文化以及丰富的自然资源都给欧洲带来了新的启示。这种知识的扩展直接培养了文艺复兴时期的好奇心和探索精神。

3）经济与文化的交流

新大陆与欧洲之间的贸易带动了欧洲的经济发展。玉米、马铃薯、可可豆、烟草等新大陆的产品进入欧洲市场。同时，欧洲的商品和技术也进入了新大陆。这样的经济交流促进了文化的相互融合和影响。

4）艺术与新视野

新大陆的风景、动植物和人文等成为文艺复兴时期艺术家们的新的创作题材。同时，新大陆的原住民文化也对欧洲艺术产生了影响，特别是在绘画和装饰艺术方面。

5）科学的进步与新大陆

新大陆的发现推动了欧洲的自然科学研究，植物学、动物学、地理学等领域都取得了重大进展。新大陆的原生植物和动物成为了科学家们研究的对象。

6）哲学与新的思考

新大陆的发现也促使欧洲的哲学家对世界有了新的认识。它带来了对文明、宗教和文化多样性的思考，进而对欧洲的哲学思想产生了深远的影响。

新大陆的发现不仅仅是地理上的一个新发现，更是给思想、文化、艺术、科学等各个领域带来了全新的启示，进一步推动了文艺复兴的发展。

13.2 光与影的魔法：绘画技术的变革

在文艺复兴时期，绘画技术得到了巨大的推进。特别是在光影处理上，艺术家们开始更为深入地探索，创造出了一系列令人震撼的作品。卡拉瓦乔的作品尤为突出，他的暗调技术和对光影的处理，为后来的绘画艺术开辟了新的路径。

13.2.1 卡拉瓦乔的夜景：暗调技术与深度感

卡拉瓦乔，意大利文艺复兴晚期的代表性画家，以其极富戏剧性的光影效果和生活化的人物表现而著称。他的暗调技术，也称为"暗箱效果"，是其独特的艺术标志。

1. 光影对比：技术与情感的交织

1）明暗对比

卡拉瓦乔善于使用明暗对比，使画面产生强烈的立体感。他将光线从一个方向投射到画面上，使物体的一侧明亮，而另一侧暗淡，从而形成鲜明的光影对比。

2）氛围的营造

通过明暗对比，卡拉瓦乔不仅仅是在技术上展现了光影的效果，更在情感上为观众营造出一种沉静、神秘的氛围。这种处理方式使他的作品中的人物更加栩栩如生，充满了生命力。

3）情感表达

卡拉瓦乔的暗调技术不仅仅是技术上的展现，更是情感的传达。光影的交织为观众提供了深入人物内心的窗口，使他们能够感受到画中人物的情感和故事。

2. 卡拉瓦乔：从技术到艺术的探索之旅

卡拉瓦乔以其极端的现实主义和创新的明暗技巧而著称，为绘画艺术的历史带来了深远的影响。但在这背后，卡拉瓦乔的成功并非一蹴而就，而是一个从技术到艺术的深入探索之旅。

1）技术的精炼与创新

卡拉瓦乔非常注重对技术的研究与探索。他研究如何使用颜料和画笔、如何处理光影以及如何准确地捕捉模特的动态。这一切都要求他具备扎实的基本功和细致的观察力。

2）现实主义的呈现

相对于其他的文艺复兴时期的艺术家的作品，卡拉瓦乔的作品更为真实、生动。他作品中的人物不是理想化的、完美的，而是具有真实肉体和情感的，他们有时是普通的甚至是边缘的人物，如乞丐、兵士和妓女。这种对现实的执着，使他的作品充满了人性的温暖。

3）对当时的艺术传统的挑战

在卡拉瓦乔的时代，艺术界普遍推崇理想化的、完美的人物形象。但卡拉瓦乔打破了这一传统，他描绘真实、有缺陷的人物，挑战了当时的艺术审美。这也为他带来了不少争议和批评，但也使他成为了艺术史上的革命者。

4）影响深远

卡拉瓦乔的技术和艺术思想，对后来的艺术家产生了深远的影响，尤其是巴洛克时期的艺术家，如伦勃朗、维米尔等。他们从卡拉瓦乔的作品中汲取灵感和技巧，不断发扬光大。

卡拉瓦乔的艺术之旅，是一个从技术到艺术的不断探索和挑战的过程。他以其独特的视角和手法，为我们呈现了一个真实、生动、充满情感的艺术世界。

13.2.2 提香的色彩：画笔技术与丰富色调

提香是文艺复兴晚期的著名威尼斯画家，他对油画技术和颜料有所革新，是当时油画艺术的重要代表人物之一。他的作品以丰富的色彩和深沉的情感著称，尤其是在肖像画和宗教题材上。提香的许多作品都被视为艺术史上的经典之作。

1. 油画与颜料：技术与艺术的变革

1）油画的技术特点

油画媒介：油画的特点是使用植物油作为溶剂和媒介，如亚麻籽油、核桃油等。当这些油暴露在空气中时，它们会慢慢氧化和硬化，形成坚韧而光滑的画面。

长干燥时间：由于油画颜料的干燥时间较长，艺术家可以在几天甚至几周内进行修改，创造出更加丰富和细致的画面。

层次叠加：油画允许艺术家使用"湿画法"的技术，即在未干的颜料上再次涂上颜料，从而实现色彩和质感的深度和丰富性。

2）颜料的变革与艺术影响

天然至合成：最初，油画颜料主要来自天然矿物和有机物质。但随着科技的进步，合成颜料开始出现，为艺术家提供了更多的色彩选择和更稳定的颜料。

颜料的丰富性：随着技术的进步，艺术家们可以使用的颜料范围大大扩展，这意味着允许他们在作品中表达更加复杂和微妙的情感。

颜料的持久性：合成颜料的出现使得油画的寿命得到极大的延长，因为合成颜料对光和空气的抵抗力更强。

3）画笔技术与艺术创作

画笔的多样性：艺术家可以使用不同的画笔创造出不同的画面效果。例如，扁平的刷子可用于广泛的笔画，而圆形的刷子则更适合细节描绘。

画笔与颜料的相互作用：高质量的画笔可以更好地携带和传输颜料，从而实现更加精细和细腻的画面效果。

2. 从平面到立体：技术引导的艺术表现变迁

艺术，作为文化和社会的反映，长期以来一直受到技术进步的影响。这种影响不仅限于艺术家们使用的工具和材料，还包括他们对空间、形态和光线的理解和表现。以下是技术如何指导从平面到立体艺术表现的变迁：

1）古代壁画与平面表现

在古代，艺术主要表现为壁画和雕刻。这些作品主要强调轮廓和形状，对空间、光线和阴影的处理相对简单。

2）透视技术的引入

文艺复兴时期，艺术家开始研究透视原理，这改变了艺术的表现方式。通过对消失点的研究和应用，艺术家可以在平面上真实地描绘三维空间。

3）光与影的运用

随着对光线和阴影的深入理解，艺术家开始探索如何通过光线和阴影在平面上创造深度和立体感，如卡拉瓦乔的明暗对比技术。

4）立体派与真正的立体

在 20 世纪初，立体派艺术家，如毕加索和布拉克开始打破传统的透视规则，创作出能够展现多个视角的作品，使物体在平面上获得了真正的立体感。

5）数字技术与虚拟空间

随着数字技术的发展，艺术家开始探索虚拟空间的可能性。这使得艺术家不仅可以在真实的三维空间中表现，还可以在数字空间中创作，为艺术创作提供了无限的可能性。

6）混合现实与多维艺术

现代艺术家正在探索增强现实（AR）和虚拟现实（VR）技术，这些技术允许观众在物理和数字空间之间自由切换，为艺术表现提供了全新的平台。

从平面到立体的艺术表现变迁是技术、文化和社会因素相互作用的结果。技术为艺术家提供了新的工具和方法，而艺术家则使用这些工具和方法去探索、挑战并重新定义他们如何看待和描绘世界。这种互动确保了艺术持续地进化，与时俱进。

13.2.3 维米尔的光：透视技术与真实感

约翰内斯·维米尔，荷兰黄金时代的一名杰出画家，以其细致的技术和对光线的处理而著称。他的作品展示了一个几乎神奇的光线效果，这在很大程度上归功于他对透视技术和光线的深入理解和运用。

1. 透视与光线：技术带来的细致与真实

1）透视的精确性

维米尔画作中的物体和人物都保持着精确的透视关系。他对消失点的使用，以及物体之间的相对大小，都展示了他对透视规则的深入了解。

2）光线与阴影的细致描绘

维米尔是光线大师。他画中的光线透过窗户，照亮了房间的一部分，而其他部分则浸没在柔和的阴影中。这种光线和阴影的对比不仅给画面带来了深度，也赋予了物体和人物真实的体积感。

3）色彩与反射

维米尔对光线如何影响物体的颜色和如何在物体上反射的理解非常深入。例如，在他的画作《戴珍珠耳环的少女》中，少女脸上的光线和阴影，以及珍珠耳环的反光，都展现了他对光线与色彩交互作用的精确掌控。

4）大气透视

除了线性透视，维米尔还精通大气透视，即通过颜色和对比度的变化来描绘空间的深度。这使他的画作获得了更加空旷和广阔的感觉。

维米尔的作品展示了如何结合透视与光线来创建真实感。他的技巧和对光线的敏感度使他的画作成为艺术史上的杰作。通过细致的观察和再现光线和阴影在物体和空间上的作用，维米尔成功地捕捉了生活中的平凡瞬间，并使它们永恒。

2. 维米尔：从技术到情感的画面传达

维米尔并不只是一个技术精湛的画家。他真正的天才之处在于懂得如何使用这些技术来传达情感和故事。在他的作品中，光线不仅仅是一个视觉元素，更是情感和情境的载体。

在《读信的女子》中，柔和的光线落在女人的身上，使我们感受到她阅读信件时的安静和专注。这不仅仅是技术的展示，更是情感的传达。

维米尔的画作往往展示了日常生活中的简单时刻，但通过他对光线和透视的处理，让这些时刻变得充满了情感和生命力。他的作品是一个完美的例子，展示了技术和情感如何在艺术中和谐地结合。

13.3 文艺复兴时期的雕塑与技术

文艺复兴时期，雕塑艺术也经历了一次重大的革命。艺术家们不再满足于复制早期的样式和技巧，而是开始探索新的技术和方法，以更好地表现人体的动态和情感。

13.3.1 米开朗基罗的《大卫》：石材技术与人体美学

米开朗基罗的《大卫》是文艺复兴时期雕塑作品中的杰出代表，它展现了一个完美的人体形态，并通过细节和情感传达了大卫准备对抗巨人歌利亚的那一刻的决心和勇气。

1. 石材选取与处理：技术与艺术的融合

1）选材

大卫雕像由一块巨大的单块白色大理石雕刻而成。这块石材在米开朗基罗接手前已被其他艺术家放弃，因为它被认为有太多的缺陷。但米开朗基罗看到了这块石材的潜力，并决定用它来雕刻他的大卫。

2）技术

米开朗基罗是一位出色的解剖学家，他对人体的理解非常深入。这使他能够创作出细致、真实且生动的人体形态。他使用了多种雕刻工具，从粗糙的凿子到细致的磨石，以确保每一个细节都被完美捕捉。

3）处理

在雕刻过程中，米开朗基罗必须非常小心地去除多余的石材，以避免损坏雕像。他使用了一种自上而下的方法，从大卫的头部开始，逐渐向下雕刻。这种方法允许他逐步展现出大卫的形态，同时确保石材结构的完整性。

4）细节与表达

米开朗基罗在雕像上捕捉了大卫肌肉的紧张、脉络的跳动和皮肤的纹理。他还通过细致地描绘大卫的眼神和姿态，成功地传达了大卫面对歌利亚的决心和勇气。

《大卫》不仅仅是一个展示人体美学的杰作，它还是米开朗基罗精湛技术的证明。从选材到处理，每一个步骤都反映了他对技术和艺术的完美融合的追求。此作品成为了雕塑史上的里程碑，展现了文艺复兴时期对人体和形式的重新发现和尊重。

2. 米开朗基罗：从技术细节到大师级创作

米开朗基罗是文艺复兴时期最伟大的艺术家之一。他不仅是一位才华横溢的雕塑家，还是一位杰出的画家、建筑师和诗人。他的作品融合了技术与艺术的精髓，展现了对形式、解剖和情感的深入理解。

1）技术之精湛

米开朗基罗投入大量时间研究人体解剖，以确保其作品中人物的身体形态、姿态和细节都是准确的。他的雕塑作品，如《大卫》和《哀悼基督》中的细节，展现了他对人体肌肉、骨骼和动作的深入理解。

2）对于材料的敏感度

无论是在雕刻大理石还是在绘制壁画，米开朗基罗都展现出对材料的深入了解。例如，他选择的大理石块，尽管被其他艺术家认为有缺陷，但他能够看到其潜在的美感，并成功地将它转化为杰出的作品。

3）创新与实验

米开朗基罗的许多作品都涉及技术上的创新。在《西斯廷礼拜堂的穹顶》中，他采用了一种特殊的绘画技术，使壁画能够在湿润的石膏上保持其鲜艳的色彩。

4）情感的深度

除了技术细节，米开朗基罗的作品也以其情感的深度而著称。他的雕塑和绘画作品经常捕捉到人物在某一特定时刻的情感，从而使观众能够与其产生共鸣。

5）对于完美的追求

米开朗基罗是一名完美主义者，他对作品的每一个细节都投入了极大的关心和努力。这种对完美的追求使他的作品具有独特的美学价值，并确保它们在历史上的显著地位。

米开朗基罗不仅仅是一个技术高超的工匠，他还是一个真正的艺术大师，他的作品展现了技术与艺术的完美结合。从他对材料和技术的深入了解到对情感和形式的精湛掌握，米开朗基罗证明了艺术不仅是对美的追求，还是对完美的追求。

13.3.2 罗丹的青铜雕塑：铸造技术与情感表达

奥古斯特·罗丹是 19 世纪末 20 世纪初的杰出雕塑家，以其充满情感和现实主义的作品而著称。他的雕塑，如《思考者》《地狱之门》和《吻》，都显示了他对于人体和情感的深入理解。这种理解在其选择的材料和铸造技术中得到了体现。

1. 铸造工艺：技术与材料的选择

1）技术的选择

罗丹主要采用"失蜡法"来制作他的青铜雕塑。这是一种古老的技术，其中模型首先用蜡制成，然后被一个泥土和石膏的混合物所包围。当这个外壳被加热时，蜡会融化并流出，留下一个空腔。熔化的金属（如青铜）被浇入这个空腔，一旦冷却，外壳就会被打破，露出雕塑。

2）材料的选择

青铜是一种经久耐用的材料，它能够保持其原始的细节和质感，且不容易受到风化的影响。这使得青铜成为罗丹和其他雕塑家的首选材料。此外，青铜的色泽和质地也增强了雕塑的情感深度和现实感。

3）细节与质感

通过失蜡法，罗丹能够捕捉模型上的每一个细节，从皮肤的纹理到衣物的褶皱。这使得他的雕塑具有惊人的真实感，同时也增强了情感的传达。

罗丹的青铜雕塑是技术与材料选择完美结合的结果。他对铸造技术的精湛掌握，以及对青铜这一材料的选择，都确保了他的作品具有持久的美感和情感深度。此外，他对细节和质感的关注，也使得他的雕塑成为了现实主义雕塑的代表作。罗丹的作品展现了如何通过技术和材料的选择来加强情感的表达。

2. 罗丹：技术与情感的完美融合

罗丹的作品经常被赞誉为情感与技术的完美融合。但是，究竟是什么使罗丹在技术与情感之间找到了如此独特的平衡？

1）对真实性的追求

罗丹坚信，雕塑不仅仅是外形的再现，更重要的是捕捉内在的情感和灵魂。他对细节的关注并不是为了实现表面的准确性，而是为了传达情感。例如，《思想者》并不只是一个坐着的男人，而是一个被深深的思考所吸引的灵魂的形象。

2）自由的形式感

尽管罗丹受到了学院的传统训练，但他并没有完全受其束缚。他不惧于违反传统，采用更为自由、抽象的形式来表达深层次的情感，这在《地狱之门》中表现得尤为明显。

3）创新的技术应用

罗丹经常试验不同的技术，从传统的失蜡法到其他先进的铸造技术，都在他的作品中得到了体现。这种对技术的探索不仅仅是为了技术创新，更多的是为了更好地传达情感。

4）与模特的深入合作

罗丹与他的模特建立了深厚的关系，他认为，为了真正捕捉人的情感，雕塑家必须深入了解其模特。这种方法使得他的作品充满了生命力和真实感。

罗丹的成功不仅仅是因为他在技术上的高超，更重要的是他懂得如何将这些技术用于情感的表达。他深知，真正的艺术不仅仅是形式，更是情感与形式之间的完美融合。通过对技术的掌握和对情感的敏感，罗丹创作了一系列令人难以忘怀的杰作。

13.3.3　细节与完美：文艺复兴的工艺与装饰艺术

文艺复兴，这一为时约三个世纪的欧洲文化运动，标志着中世纪的结束和现代历史的开始。这个时期的艺术、科学、文学、哲学和宗教都经历了巨大的变革。在艺术领域，技术和审美上的创新不断涌现，为后世留下了无数珍贵的遗产。

1. 从细节到整体：技术与艺术的相互促进

文艺复兴时期的特点是对古典时代的崇拜和模仿以及对细节的关注。这一点不仅体现在绘画和雕塑中，还渗透到了日常工艺和装饰艺术中。金工、银工、纺织、家具制作等各种工艺制作都开始展现出前所未有的细致度。

技术上的进步体现在新型研磨设备、更精细的雕刻工具等，使工匠们能够更加精确地制作他们的作品。同时，通过与艺术家的合作，这些工匠们将技术与艺术完美融合，创作出既实用又充满审美价值的作品。

2. 文艺复兴时期：技术革命与艺术审美的新高峰

技术革命，如印刷术的发明，使得知识和文化能够更加广泛地传播。这为大量的艺术家和工匠提供了古典文献，从而促进了他们对古典艺术和哲学的重新认识和应用。

同时，文艺复兴时期的社会和经济环境也为艺术的繁荣提供了有力的支持。由于城市的兴起和商业的发展，出现了大量的富裕阶层，他们渴望通过购买艺术品来展示自己的地位和教养。这为艺术家和工匠提供了广阔的市场。

因此，文艺复兴时期的技术和艺术进入了一个互相促进的良性循环。技术的进步为艺术创作提供了更多的可能性，而艺术的繁荣又鼓励了更多的技术创新。

文艺复兴时期作品的精湛细节和完美呈现体现出这一时期技术与艺术的和谐关系，它们相互促进，共同推动了欧洲文化的巨大进步。

13.3.4　拉斐尔的绘画：技术创新与艺术成就

拉斐尔·桑西（Raffaello Sanzio），是文艺复兴时期最杰出的画家之一。他的作品以其和谐的构图、优雅的形象和精湛的技术而著称。虽然拉斐尔主要以绘画闻名，但他的艺术成就同样展现了技术与艺术的完美融合。

1. 绘画技术的创新

1）透视技术的运用

拉斐尔在他的绘画中运用了透视法，使他的作品具有深度和立体感。例如，他的名作《雅典学院》通过精确的透视技巧，成功地表现了空间的层次和人物的立体感。

2）细腻的色彩运用

拉斐尔在色彩运用上也展现出了极高的技巧。他通过色彩的渐变和光影效果，创作出了柔和而生动的形象。例如，他在《西斯廷圣母》中通过色彩的微妙变化，表现出了圣母的温柔和神圣。

3）解剖学的准确性

拉斐尔深入研究人体解剖，以确保其作品中的人物形象具有真实感和生命力。在他的作品中，人物的姿态和肌肉的表现都非常准确，体现了他对人体结构的深刻理解。

2. 艺术成就

1）优雅与和谐

拉斐尔的作品以其优雅的形象和和谐的构图著称。他善于在画面中创造出一种宁静而和谐的氛围，使观众感受到美的愉悦。例如，他的作品《圣母子》系列，以其优雅的形象和温馨的氛围，成为文艺复兴时期圣母题材绘画的经典之作。

2）情感的表达

拉斐尔不仅注重技术的运用，还擅长通过细腻的情感表达来打动观众。在他的作品中，人物的神态和情感都表现得非常生动，使观众能够感受到画中人物的内心世界。例如，在《雅典学院》中，他通过人物的姿态和表情，生动地表现了古希腊哲学家的智慧和思索。

3）综合性艺术

拉斐尔不仅在绘画上有卓越的成就，还参与了建筑和装饰的设计。他在梵蒂冈宫的壁画创作中，不仅展示了他的绘画技巧，还展现了他在建筑和装饰设计上的才华。

13.4　思考题和课程论文研究方向

思考题：

1. 文艺复兴时期技术与艺术如何共同促进了欧洲的文化复兴？
2. 为何称达·芬奇为文艺复兴的代表性人物？他在技术与艺术的交融中起到了怎样

的作用？

    3. 从布鲁内列斯基的穹顶到米开朗基罗的《大卫》，技术在这些作品中的重要性是什么？

    4. 卡拉瓦乔和维米尔如何使用当时的绘画技术为他们的作品赋予深度和情感？

    5. 在雕塑领域，技术与艺术是如何相辅相成的？例如，在米开朗基罗和罗丹的作品中。

    6. 文艺复兴时期的技术进步对后世的艺术和技术有何影响？

课程论文研究方向：

    1. 达·芬奇的多才多艺：从机械设计到绘画，探讨达·芬奇如何将科学、技术与艺术融为一体。

    2. 光影魔法：深入研究文艺复兴时期绘画中光影技术的应用，如卡拉瓦乔的暗调技术与维米尔的透视技术。

    3. 建筑与雕塑：探索文艺复兴时期建筑和雕塑领域的技术进步，如布鲁内列斯基的穹顶技术和米开朗基罗的石材处理技术。

    4. 技术与文艺复兴时期艺术的相互影响：分析当时的技术革命如何推动了艺术创新，并反过来如何被艺术启发。

    5. 绘画中的技术演变：以维米尔的透视技术为例，研究文艺复兴时期绘画技术的演进和其对艺术作品的影响。

    6. 文艺复兴与现代之间：分析文艺复兴的技术和艺术对后世，特别是对现代艺术和技术的影响和启示。

第 14 章

印象派与现代艺术中的科技应用

14.1 印象派：自然光线与新颜料

印象派，起源于 19 世纪的法国，是一场对传统绘画技巧和风格的颠覆。印象派画家试图捕捉一个瞬间的感觉或印象，而不是一个具体的场景或物体。这种尝试在很大程度上得益于两个因素：新的颜料技术的发展和对自然光线的捕捉。

14.1.1 莫奈的"睡莲"：光线、色彩与技术的融合

1. 新型颜料与画面鲜活度：技术给予的多样色彩

1）新颜料的诞生与流行

在 19 世纪，随着工业化进程的不断推进，化学技术迅猛发展，许多新型颜料开始出现。这些新颜料具有前所未有的鲜艳和持久性，为画家提供了更丰富和更持久的颜色选择。

2）莫奈的色彩实验

莫奈是印象派的代表人物，他对颜色和光线有着浓厚的兴趣。新颜料的出现为他提供了一个绝佳的机会来探索和实验。他频繁地使用了锆黄、钴蓝、朱砂和绿松石蓝等新型颜料。

3）《睡莲》系列的革新

在他的《睡莲》系列中，莫奈运用了大量的新型颜料来表现光线在不同时间、不同天气下如何影响池塘、水面和睡莲的色彩和氛围。这一系列的画作以其独特的色彩组合、鲜活的画面和光线变化著称，为艺术家提供了一个独特的平台来展现新型颜料的魔力。

4）技术与艺术的结合

新型颜料不仅提供了更丰富的色彩选择，还促使了莫奈等艺术家对光线、色彩和大自然进行更加深入的探索。这种技术进步与艺术探索的结合，使得莫奈的画作达到了新的艺术高度，为后来的艺术家提供了灵感和参考。

《睡莲》系列是莫奈对光线和色彩无尽探索的代表作，新型颜料的出现为他提供了更为广阔的艺术空间。这表明技术与艺术之间存在着紧密的联系，技术的进步可以为艺术提供更为丰富的表现手法和素材，从而推动艺术向前发展。

2. 莫奈：捕捉光线与时刻的艺术与技术双重挑战

1）对光线与时间的迷恋

莫奈对光线和时间的变化抱有近乎痴迷的兴趣。他对同一景象在不同的时刻进行反复

的描绘,力求捕捉自然界不同时刻的细微差异。这种对细节的敏锐观察和精准描绘,体现了他对大自然的敬畏和对艺术的无尽追求。

2)户外写生第一人

莫奈是印象派中第一位坚持户外写生的画家。这种在大自然中直接绘画的方式,使他能够实时捕捉到自然的光线、色彩和氛围的变化。这既是一种艺术挑战,也是一种技术挑战,因为画家需要迅速而准确地捕捉到眼前的景象。

3)技术与艺术的结合

莫奈对绘画技术有着深入的探索和研究。他运用散点技法、重叠笔触、鲜明的色彩对比等技巧,创造出光线和空气感十足的画面。这些技巧不仅仅是纯技术的应用,更是他对艺术表达的探索和追求。

4)对后世的影响

莫奈的绘画方式深深影响了后来的艺术家。他不仅仅是印象派的先驱,更是现代艺术的奠基者。他对光线、色彩、时间和空间的深入探索,为后来的艺术家们提供了丰富的启示和灵感。

莫奈用他的笔触向我们展示了一个真实、生动、多彩的大自然。他的绘画不仅仅是对大自然的再现,更是对光线、色彩和时间的深入探索。这种对艺术和技术双重挑战的态度,使他成为了艺术史上最伟大的画家之一。

14.1.2 德加的"芭蕾舞者":动态与速度的表现

埃德加·德加,与其他印象派画家一样,追求捕捉瞬间。但与他们不同的是,德加的焦点往往集中在人体的动态上，特别是在他描绘的芭蕾舞者系列中。他对舞者的动作、姿势以及他们在空间中的位置有着近乎执着的关注。

1. 快速草图技术：捕捉瞬间与动态

德加的绘画技巧在很大程度上借鉴了他的素描习惯。他经常在现场进行快速的素描，试图捕捉舞者在舞台上的瞬间动作。这种方法对于捕捉运动中的人体形态是至关重要的，因为它可以帮助画家理解和表现出人体在不同动作中的结构和比例。

快速草图技术允许德加对舞者的动作进行即时捕捉。他的笔触快速、流畅，能够准确地描绘出舞者动态的姿态和形态。这种技巧的使用使得他的作品中的舞者充满了生命力和动感，仿佛她们随时会从画布上跳出来。

此外，德加也注重对光和影的捕捉，以强调舞者的三维感和深度。他使用的颜色和笔触技巧都有助于表现出舞者动态的质感和节奏，使观众能够感受到她们舞动的力量和魅力。

通过快速草图技术，德加成功地在他的作品中捕捉到了芭蕾舞者的动态美和舞蹈的魅力。这种对动态的关注使他的作品在印象派中独树一帜，展现了一个不同的、充满活力的世界。

2. 德加：技术与艺术的完美结合

德加虽然与印象派艺术家有着密切的联系，但他的艺术实践与他们有所不同。他对人类活动中的日常场景和人物的微妙动态具有浓厚的兴趣。特别是在他的芭蕾舞者系列中，德加展现了对动态捕捉的精湛技术和对人物心理的敏锐洞察。

1）技术精炼

德加经常运用精确、细致的笔触，以及他对光影的敏感处理。他的作品在技术上堪称完美，从复杂的构图到对人物服饰、动作和姿态的准确捕捉，每一个细节都展现了他对技术的精通。

2）艺术的真实感

德加并不满足于仅仅表现外部的动态和形态，他还深入探索了舞者们的内心世界。通过他对舞者的表情、眼神和姿势的描绘，观众可以感受到舞者们的情感和心态，无论是他们的疲惫、紧张还是专注。

3）与摄影的关系

德加所处的时代，摄影技术开始流行，他被认为是第一位受到摄影影响的画家。他的作品中的构图、视角和对动态的捕捉都与摄影有着紧密的联系。而他对这些摄影技术的应用，不是简单地模仿，而是将其与他自己的艺术理念相结合，创造出既有现代感又富有个性的作品。

德加将技术与艺术融为一体，他的作品展现了一个真实、生动且富有情感的世界。他不仅仅是一个技术上的大师，更是一个能够深入人心，捕捉到生活中最微妙动态的艺术家。德加证明，技术和艺术不是互相排斥的，而是可以相互促进，共同创造出更加深入人心的作品。

14.1.3 梵高的"星空"：颜料纹理与情感深度

1. 厚重的颜料：技术与情感的深度表达

文森特·梵高的《星空》是其最为人们所熟知的作品之一，充满了活力、情感和对生命的热烈追求。梵高所使用的厚重颜料技术，不仅是一个纯粹的技术选择，更是梵高情感表达的重要工具。

1）技术的创新

在《星空》中，梵高运用了与众不同的笔触技术。这些笔触既厚重又具有纹理，形成了一种几乎是三维的效果。颜料直接从管中挤出，未经稀释地直接涂抹在画布上，使得画面具有一种近乎雕塑的质感。这种技术的应用，为画面赋予了强烈的动感和节奏，仿佛每一笔都是梵高内心情感的爆发。

2）情感的深度

梵高的《星空》中的夜空，璀璨星斗之间，形成的旋涡似乎在画面中旋转、流动。这种强烈的情感表达，正是梵高对生命、宇宙和自然的热烈追求的体现。厚重的颜料为其提供了一种表现情感深度的物理媒介。每一道笔触，每一个颜色块，都充满了他对生活的渴望、对宇宙的好奇和对人类情感的洞察。

梵高的《星空》不仅仅是一幅美丽的画作，更是一次情感与技术完美结合的尝试。厚重的颜料为梵高提供了一种表达自己内心世界的工具，而他巧妙地利用这种技术，将自己对生命和宇宙的感悟深深地嵌入到了画面中。《星空》不仅是一次技术上的突破，更是梵高情感表达的高峰，充分展示了艺术家如何通过技术来增强艺术作品的情感深度。

2. 梵高：技术为其情感注入了生命

梵高是艺术史上最有影响力的人物之一，以其独特的技术和情感深度广受欣赏和研究。

然而，深入探索其作品，我们会发现他并不仅仅是一个情感深沉的艺术家，他同样是一个技术上的先锋。正是通过对技术的探索和运用，梵高成功地将其内心的情感世界转化为具有震撼力的视觉艺术。

1）探索与实验

梵高并不满足于当时流行的传统绘画技巧和方法，他持续地实验，探索新的绘画技术。无论是使用直接挤压出的油画颜料还是特定的笔触技术，他都试图通过这些新技术来更好地传达他的情感。每一次技术上的尝试都使得他的作品更加生动和具有触觉感。

2）情感与技术的结合

正是由于梵高对技术的不懈追求，使得他的情感得以在画布上得到淋漓尽致的展现。当他画夜空、向日葵或是麦田时，那些旋转的星辰、火热的色彩和涌动的风，都充满了他的情感。每一幅画都如同他的情感日记，记录了他对生活、对自然、对人性的独到见解。

3）技术赋予情感生命

梵高画布上的每一笔、每一滴颜料，都充满了生命。这并非仅仅是因为他有深沉的情感，更重要的是，他知道如何利用技术将这些情感注入作品中。他的技术不仅仅是为了绘画，更是为了让画中的每一个元素都充满活力，仿佛他的情感通过画布与观众产生了连接。

梵高的伟大，并不仅仅是因为他深沉的情感，而是他如何将这些情感通过技术转化为震撼人心的艺术作品。他不断进行的技术探索和实验，使得他的作品充满了生命力，也使得我们今天仍然能够深深地被他的作品所吸引和感动。梵高通过他的作品告诉我们，技术和艺术并不是互相矛盾的，而是可以相互促进，共同创造出令人难忘的作品。

14.2 现代艺术与工业技术

14.2.1 毕加索的立体主义：抽象与技术的解构

1. 抽象、几何与空间：技术与新维度的探索

立体主义是 20 世纪初的一个艺术运动，它将物体分解为抽象的几何形状并从多个角度同时展示它们。其核心理念是挑战传统的透视表示和形态表现，而毕加索是这一运动的主要代表。

1）技术与多维展示

在传统的绘画中，透视技术被用来模拟三维空间，使二维画面具有深度。然而，立体主义挑战了这一传统观念，试图从多个角度和时间点来展示物体。这种多角度的展示，可以看作是技术对艺术表现手法的影响。摄影机和电影让人们意识到，物体可以从多个角度被观察和记录，立体主义艺术家就是受到了这种技术的启发。

2）抽象与几何结构

毕加索和他的同行们深受非洲和大洋洲部落艺术的影响，这些部落艺术的简化和抽象特点与他们对于新技术的探索完美融合。他们不再追求高度写实的表现，而是用简化的几何结构来表示物体。这种表示方法与当时新兴的技术，如摄影、X 光和电影有着紧密的关系。这些技术揭示了物体背后的隐藏结构，使得艺术家们开始关注形态的本质。

3）技术、空间与时间

毕加索的立体主义作品，如《阿维尼翁的少女》，展示了如何将一个场景从多个角度同时展现。这种多维度的展示方式挑战了传统的时间和空间观念。技术的发展，特别是电影，使得人们开始意识到时间和空间可以在一个场景中被多重表现。

立体主义是一个典型的例子，展示了技术如何影响艺术的发展和演变。毕加索和他的同行们利用当时的新技术，如摄影和电影，挑战了传统的艺术表现手法，并创造了一种全新的、多维度的艺术语言。

2. 毕加索：跨越技术与艺术的边界

毕加索，作为 20 世纪最重要的艺术家之一，其作品经常与技术和当时的社会、文化背景交织在一起。他的艺术才华和对技术的敏感性使他能够将技术运用于艺术中，创造出富有创意的、前所未有的艺术形式。

1）透视与构图

尽管毕加索接受了传统艺术教育，但他并不满足于传统的透视和构图技巧。受到摄影的启发，他开始探索从不同角度观察物体的可能性，这促使了立体主义的诞生。这不仅是对传统绘画的挑战，也是对摄影这一新技术的回应和对话。

2）艺术与工业设计的交融

在 20 世纪初，工业化进程在全球范围内迅速发展，带来了大量新的材料和制造技术。毕加索对这些新技术和材料非常感兴趣，他开始使用金属、玻璃和其他工业材料创作雕塑和装置艺术，将艺术与工业设计融为一体。

3）技术与艺术的对话

在毕加索的一生中，他不断与各种技术进行"对话"，从摄影到金属制造，再到陶瓷艺术。他不仅使用这些技术来进行艺术创作，更重要的是，他探索了这些技术背后的哲学和意义，将它们转化为自己独特的艺术语言。

毕加索的艺术生涯展现了一个艺术家如何与技术进行"对话"的过程，他不仅利用技术进行艺术创作，更进一步思考技术对艺术的深层影响。他的作品不仅是艺术与技术的完美结合，也是对 20 世纪技术变革的深刻反思。

14.2.2 达利的超现实主义：视觉技术与梦境

1. 深度、光影与反射：技术为超现实提供新的视角

萨尔瓦多·达利，作为超现实主义的代表人物，以其充满想象的作品和独特的艺术手法而闻名。他的作品中充满了令人迷惑的形象、扭曲的物体和不可思议的场景。在这背后，达利对深度、光影和反射等技术的精湛运用为他的作品注入了独特的魅力。

1）光影的玩耍

达利非常擅长利用光线来模糊真实和超现实之间的界限，使画面中的物体仿佛同时存在于两个不同的维度。这种对光线的掌控不仅需要对绘画技巧有深厚的了解，还需要对光学和透视学进行探索。

2）反射与透明

在达利的许多作品中，我们可以看到他大量使用了镜面和透明物体来产生反射效果。这些反射不仅增加了作品的视觉深度，还为观众提供了一种全新的观看方式，使其能够从不同的角度观察同一场景。

3）技术与梦境

达利的作品往往让人感觉像是身处梦境。他成功地将自己的梦境、幻觉和思维映射到画布上，创建了一个完全不同的现实世界。为了实现这一效果，达利不仅需要有创意的思维，还需要运用精湛的技术来捕捉梦境中的细节和氛围。

达利的超现实主义作品展示了如何利用技术来拓展艺术的边界，创造出独特的视觉体验。他的技术运用不仅是为了美观，更是为了呈现出自己对世界的独特看法，与观众分享他的梦境和幻想。

2. 达利：融合技术与幻想的大师

萨尔瓦多·达利，一位传奇的艺术家，以其超现实主义的作品和独特的个性而著称。他的艺术创作既是对传统绘画技术的尊重，也是对创新和实验的追求。达利不仅是一位才华横溢的画家，还是一位真正能将技术与幻想融为一体的大师。

1）对技术的掌控

达利的绘画技术高超，他对细节的追求几乎到了疯狂的地步。无论是光影的变化、物体的质感，还是人物的情感，他都能够精确地捕捉并传达。这种对技术的高超掌握使得他的作品达到了超越现实的效果，观众仿佛被带入了一个梦幻的世界。

2）超现实的幻想

达利的创意和想象力是无与伦比的。他的作品中充满了不可思议的形象和场景，如软化的时钟、扭曲的身体和飘浮的物体。这些奇特的元素不仅来源于他对潜意识和梦境的探索，也与他对科技和现代生活的反思有关。

3）艺术与科技的互动

达利生活在一个科技迅速发展的时代，这对他的艺术创作产生了深远的影响。他不仅利用科技手段（如摄影）进行艺术实验，还尝试将科学原理和理论融入自己的作品，如双重图像和视觉错觉等。

达利是一个真正将技术与幻想融为一体的大师。他的作品不仅是对技术的完美运用,更是对人类潜意识、梦境和科技世界的独特诠释。达利用自己的才华和创意,为我们展示了一个既真实又超现实的美丽新世界。

14.2.3 基弗的大型装置:材料科学与空间艺术

1. 现代材料:技术与艺术的无限可能

在现代艺术领域,材料科学的进步为艺术家打开了一扇全新的大门,使他们能够探索前所未有的艺术形式和表达方式。尤其是在大型装置艺术中,这种影响更为明显。安塞尔姆·基弗作为大型装置艺术的先锋之一,他对材料的运用尤为出色,体现了技术与艺术的完美融合。

1)多样性与创新

随着新的材料和技术的出现,基弗开始使用各种不同的物质来创作,从传统的金属、石材、木材到现代的塑料、纤维、玻璃以及各种复合材料。这种多样性使得基弗的作品丰富多彩,具有强烈的视觉冲击力。

2)材料与主题的对话

基弗不仅仅是简单地利用新材料,更重要的是他能够根据作品的主题和内容选择合适的材料。例如,他可能使用冷硬的金属来传达一种机械化、工业化的感觉,或使用透明的玻璃和亮丽的色彩来创造一种光影交错、空灵梦幻的效果。

3)环境互动

现代材料往往具有更好的适应性和可塑性,这使得基弗的大型装置能够更好地与环境互动。无论是在室内还是室外,他的作品都能与其所处的空间完美融合,形成一种独特的和谐关系。

技术和材料科学的进步不仅为艺术创作提供了更多的可能性,更重要的是它挑战并扩展了艺术的边界。基弗的大型装置是这种技术与艺术融合的最佳例证,他通过对材料的巧妙运用,将观众带入了一个充满想象力和创意的艺术世界。

2. 基弗：技术与艺术的宏大交融

基弗是当代艺术领域的重要人物，其大型装置艺术在全球各地都引起了广泛关注。基弗的作品不仅仅是视觉的盛宴，更是对技术与艺术交融的深入探讨。

1）技术之中，艺术初现

基弗的装置作品往往规模宏大，这要求其在设计与制作过程中应用先进的技术手段。而他并不满足于仅仅利用技术为艺术服务，而是让技术成为艺术的一部分，使两者完美结合。

2）创作背后的哲学

对基弗而言，技术不仅仅是实现艺术愿景的工具，更反映出了现代社会特点和人类精神面貌的载体。他的作品往往涉及工业、战争、记忆和历史等议题，通过对材料与技术的特定应用，展现了对这些议题的深入思考。

3）互动与体验

基弗的装置作品通常鼓励观众参与和互动。这种互动性不仅仅体现在物理层面，如行走、触摸等，更体现在心灵层面的共鸣和思考。这种深度的互动与体验离不开技术的支持。通过灯光、声音、机械动作等技术元素，基弗的作品成为一个多维度的体验空间，吸引观众进入并深入探索。

安塞尔姆·基弗的艺术创作是技术与艺术完美交融的典范。他不仅仅是一个艺术家，更是一个创新者和思考者，通过其作品展现了技术与艺术如何在现代社会中相辅相成，共同探讨人类的命运和精神追求。

14.3 电影与摄影：科技与视觉艺术

14.3.1 电影的诞生：从胶片到数字的技术演变

1. 从影院到手机：技术使艺术普及化

1）革命的起点：早期影院

在电影的诞生之初，尼古拉·卢米埃尔兄弟在 1895 年首次为大众放映了他们的电影，这是一个革命性的时刻。早期的电影放映需要大型的设备，并且需要在特定的场所（如影院）中观看。这些电影往往是短片，没有声音，且内容简单。

2）技术进步：声音、彩色与特效

随着技术的进步，电影开始加入声音，使其更加真实和生动。彩色电影的出现，使观众可以看到更为丰富多彩的画面。而随着特效技术的发展，许多令人惊叹的视觉场景得以在大屏幕上呈现，如《星球大战》中的太空战斗或《阿凡达》中的异世界生态。

3）普及化的技术：家用录像机与数字化

到了20世纪70—80年代，家用录像机的出现，使得普通人也能制作电影。而随着数字技术的兴起，电影制作变得更加简单和方便。高清晰度、3D和IMAX等技术让观众感受到前所未有的观影体验。

4）艺术的普及：手机电影与短视频

近年来，随着智能手机的广泛应用和短视频平台如抖音、快手的兴起，电影和视频制作已经彻底普及化。几乎每个人都可以轻松地制作并分享自己的视频，无论是记录日常生活、分享技巧还是表达自己的创意和情感。技术使得艺术跨越了经济和地域的障碍，变得更为民主和多元。

从早期的大型放映设备到如今的手机拍摄，电影和摄影技术的发展不仅使艺术的表达方式变得更加丰富和多样，也使得更多的人能够参与到艺术的创作和欣赏中，展现了技术进步带给人类文化和生活的深远影响。

2. 早期电影：技术与叙事的创新合作

电影的初现：简单与直白的记录

电影在诞生之初被视为一种新奇的技术。早期的电影，如路易·卢米埃尔的《火车进站》，主要是对现实生活的简单、直白的记录，几乎没有复杂的叙事结构。它们的目的主要是展示这种新技术的魅力，为观众带来视觉上的震撼。

1）技术与叙事的结合

随着电影技术的发展，导演们开始认识到，除了展示技术，电影还可以用来讲述故事。例如，乔治·梅里埃的《月球旅行记》是早期电影中尝试使用特效和叙事手法的典范。此外，格里菲斯的作品，尤其是《一个国家的诞生》和《党同伐异》，进一步推进了编辑技巧和叙事技巧，为后来的电影制作奠定了基础。

2）创新与叙事的交互影响

电影技术的进步，如更清晰的画质、更长的电影胶片和初步的剪辑技术，为导演和制片人提供了更多的叙事选择。同时，对于叙事的需求也催生了新的技术创新。例如，为了创造连贯的故事情节，导演们需要在不同的场景和时间之间进行转换，从而发展出了跳跃剪辑和其他编辑技巧。

3）从实验到成熟：电影艺术的确立

在这个阶段，电影从一个单纯的技术展示逐渐发展成为一种独特的艺术形式。导演们开始深入挖掘电影的叙事潜力，发展出与文学、戏剧和其他艺术形式不同的叙事技巧和语言。电影开始被视为可以传达深沉情感、观点和社会评论的媒介。

早期电影是技术与艺术、创新与叙事之间持续互动的产物。随着技术的进步，电影艺术也不断发展，导演和制片人越来越善于利用这个媒介来讲述各种各样的故事，展示各种各样的情感和视角。这种融合确立了电影作为一种独特艺术形式的地位，并对后来的电影制作和观赏产生了深远的影响。

14.3.2 亚当斯与黑白摄影：技术与真实

1. 暗房技术：捕捉、修饰与再现

1）暗房中的魔法

在数字摄影技术发展之前，暗房是摄影师们实现艺术愿景的主要场所。它提供了一个环境，在那里，摄影师可以控制曝光、对比度、清晰度和细节，使原始照片中的每个元素得到完美的展现。

2）亚当斯：暗房的大师

安塞尔·亚当斯是20世纪最伟大的风景摄影师之一，他对暗房技术的掌握达到了前所未有的高度。他创立的"区域曝光法"是一种专门用于黑白摄影的曝光技术，目的是最大化地捕捉照片中的每个细节，从最亮的白色到最暗的黑色。

3）暗房中的技术与艺术

在暗房中，摄影师不仅可以调整照片的明暗，还可以通过各种化学技术和手工技巧来修改和增强图像。例如，通过使用不同的纸张、化学制剂和曝光时间，摄影师可以创造出从软调到硬调的各种效果。

亚当斯经常在暗房中进行实验，找到最佳的方法来展现他在现场看到的景色。他的照片经常展现出与现实相似的细节和清晰度，但他也知道如何使用技术来强化或突出某个特定的元素，使其更加引人注目。

4）暗房与真实的关系

虽然暗房技术为摄影师提供了修改和增强图像的工具，但亚当斯始终坚信摄影应该真实地反映自然的美。对他来说，暗房是一个可以实现这一愿景的场所，而不是一个创造不真实图像的地方。他的作品在技术和真实之间找到了完美的平衡，成为了黑白摄影的典范。

暗房技术为黑白摄影带来了无限的可能性。它使摄影师能够掌控照片的每个细节，并根据自己的艺术愿景对照片进行调整。亚当斯通过他的技术和才华，展示了摄影如何真实地捕捉自然的美，同时也展现了技术如何帮助摄影师实现他们的艺术愿景。

2. 亚当斯：黑白摄影中的技术魔法师

1）技术与艺术的交织

亚当斯是摄影领域的传奇人物，他对摄影的深入了解和对其进行的持续探索使他的作品达到了新的高度。他的技术精湛，但他从不让技术掩盖了自己的艺术视野。亚当斯的每一张照片都充分体现了他对自然的尊重和对美的追求。

2）"区域曝光法"与细节捕捉

安塞尔·亚当斯的"区域曝光法"是一种曝光和打印技术，允许摄影师在拍摄过程中预测并控制成像的结果。这种方法使亚当斯能够在各种光线条件下捕捉到无与伦比的细节。他通过这一技术展示了黑白摄影中的明暗对比和细节表现，使画面呈现出丰富的层次感。

3）技术、自然与真实

尽管亚当斯是一位技术高超的摄影师，但他始终相信摄影的核心是真实和自然。他认为，摄影不仅仅是捕捉一个瞬间，更是捕捉和表达这个瞬间的情感和意义。这种对真实的执着使他的作品充满了生命力和情感深度。

亚当斯是黑白摄影领域的魔法师。他将深厚的技术知识与对自然和真实的尊重完美地结合在一起，创作出了一系列令人叹为观止的作品。他的摄影不仅仅是技术的展现，更是他对世界的观察和感受的表达。

14.3.3 数字艺术与动画：从 2D 到 3D 的技术旅程

1. 技术与动画的千变万化：创意的无限展开

1）从手绘到计算机辅助设计

早期的动画，如迪士尼的经典动画，主要依赖于手绘技术。艺术家们需要逐帧绘制每一个动画画面。但随着计算机技术的发展，2D 计算机辅助设计开始为动画制作提供了新的方法。这种转变不仅提高了制作效率，还为动画创作者提供了更多的创作自由度。

2）三维动画与真实感

随着 3D 建模和渲染技术的出现，动画进入了一个全新的时代。三维动画使得虚拟角色和场景具有更加真实的外观和质感，从而为观众提供了更加沉浸式的观影体验。电影，如《玩具总动员》和《阿凡达》就是典型的代表，它们利用先进的 3D 技术为观众呈现了一个真实而又奇妙的虚拟世界。

3）动态模拟与物理效果

随着技术的进步，动画不仅仅是连续的静态画面展示，更是动态模拟的艺术。现代的动画软件可以模拟真实世界中的物理效应，如流体力学、布料摩擦、光线追踪等。这为动画创作者提供了更多的工具来创造真实感或超现实的视觉效果。

4）虚拟现实与增强现实

随着 VR 和 AR 技术的兴起，动画艺术与互动技术开始相结合，为用户创造了全新的体验。现在，观众不仅可以观看动画，还可以进入动画世界，与动画角色互动，真正实现沉浸式的体验。

技术为动画带来的千变万化不仅体现在制作技术上，更体现在为创作者打开了无限的创意空间。从 2D 到 3D，从静态到动态，从被动观看到主动参与，动画与技术的结合正推动着这一领域不断进化，为我们带来了前所未有的艺术体验。

2. 从皮克斯到现代：技术与动画的进步之路

1）皮克斯的开创性

皮克斯动画工作室（以下简称"皮克斯"），作为 3D 计算机动画的开创者和领导者，将技术与艺术完美地结合在一起。1995 年，他们推出了第一部使用全计算机生成技术制作的动画电影《玩具总动员》。这不仅是一个技术的突破，更是电影史上的里程碑。该电影的成功证明了计算机动画不仅仅是一个新技术，更是一种全新的艺术形式。

2）技术革新带来的变化

皮克斯的每一部作品几乎都在技术上取得了新的突破。例如，在《海底总动员》中，他们创造了令人震撼的水下效果；在《怪兽电力公司》中，展示了毛发动态的真实模拟；在《飞屋环游记》中，展示了成千上万的气球带来的视觉盛宴。

3）多样化的创意和技术融合

从皮克斯开始，众多的动画工作室开始涌现，如梦工厂、蓝天和 Illumination 等。他们不仅在技术上进行了创新，更重要的是，他们都有各自独特的艺术风格和叙事方法。技术的进步为动画创作者提供了更多的工具，但最终，仍然是故事和角色决定了一部作品的成功。

4）未来的展望

随着技术的不断进步，我们可以预见，动画将会越来越逼真，同时也会越来越有创意。虚拟现实和增强现实技术的出现，可能会为动画制作带来更多的可能性和挑战。同时，人工智能和机器学习也可能为动画制作提供新的方法。

从皮克斯到现代，技术与动画的进步之路上，我们看到了技术如何推动艺术的创新，同时也看到了艺术如何驱动技术的进步。这是一个相互促进的过程，预示着未来的动画世界将更加丰富和多彩。

 ## 14.4 思考题和课程论文研究方向

思考题：
1. 印象派艺术家如何利用新的颜料和技术手段来传达他们对于光线和颜色的观察？
2. 为什么说德加成功地结合了技术与艺术，以捕捉舞者的动态？
3. 在梵高的作品中，颜料纹理与情感深度之间存在怎样的关系？
4. 从立体主义到超现实主义，技术如何影响了现代艺术的形态与创作手法？
5. 电影和摄影如何与科技进步相辅相成，并推动了彼此的发展？
6. 比较传统的摄影技术与数字技术在艺术表现上的差异与优势。

课程论文研究方向：
1. 莫奈与光线：探讨莫奈如何使用新颜料和技术手段来捕捉和表现光线变化，以及这对其艺术作品的影响。
2. 现代艺术与技术的交叉：深入研究毕加索、达利和基弗等艺术家如何在他们的作品中融入技术元素，以及这为现代艺术带来了哪些创新。
3. 电影的技术革命：分析从早期的手摇电影到数字电影技术演变过程中，技术如何改变了电影的制作和观看体验。
4. 摄影中的技术与艺术：从暗房技术到数字修饰，探讨技术如何影响摄影的表现手法和观念。
5. 数字艺术与动画的进步：分析从 2D 到 3D 技术的发展，以及这如何为动画创作带来了无限的可能性和创意空间。
6. 现代与传统：比较现代艺术与传统艺术在使用技术时的方法和哲学，以及二者如何互相影响。

第 15 章
中国古代的艺术与科技交汇

 15.1 古代建筑与城市规划的智慧

● **15.1.1 宫殿、寺庙和园林：功能、技术与美学**

1. 皇家宫殿的建筑技术与审美

木结构的精密与持久：榫卯结构是中国古代建筑中的核心技术。不使用钉子，仅靠精密的工艺，让木头部分相互咬合，形成坚固的结构。这不仅体现了工匠的高超技艺，还因其可拆卸、重组的特性，与中华文明中"变与不变"哲学相契合。

1）屋顶的曲线与颜色

古代皇家宫殿的屋顶采用飞檐翘角的设计，这种曲线美既体现了天然的柔和，也代表了皇家的威严。颜色的选择，如黄瓦、绿瓦，反映了宫殿的等级与地位，同时与周围的自然景观和谐统一，达到美的平衡。

2）空间布局与象征意义

皇家宫殿的空间布局往往严格遵循中轴线对称原则，体现了"天人合一"的哲学思想。从宫门到主殿，逐渐提升的空间层次不仅起到了分隔内外、高低的作用，还充分展现了皇权的神圣与尊贵。

3）装饰与符号学

宫殿的各种装饰，如雕梁画栋、石狮、瓦当等，都有深厚的文化和历史背景。它们不仅是纯粹的艺术表现，更蕴含了丰富的象征意义，象征着皇家的神圣、权威和永恒。

4）与自然的融合

皇家宫殿的建筑设计往往与其所在的自然环境紧密结合，如紫禁城与景山、北海的关系，展现了人与自然和谐共生的哲学理念。这也从侧面反映出，古代中国的宫殿建筑既重视技术与实用，又强调审美与哲学的融合。

2. 佛教与道教寺庙的艺术与功能性结合

1）寺庙的布局与哲学

无论是佛教寺庙还是道教宫观，它们的空间布局都与其宗教哲学紧密相连。例如，佛教寺庙中的中轴线通常从山门、天王殿、大雄宝殿、藏经楼到塔院，每一步都象征着修行者走向涅槃的道路。道教宫观则强调与自然的融合，常建于山林之中，借助自然地势，体现"道法自然"的理念。

2）雕刻与壁画的教化功能

在寺庙内部，壁画和雕刻都充当着向信徒传达教义的媒介。佛教寺庙中的壁画常描绘佛陀和菩萨的故事，以及经文中的道理，而道教宫观的壁画则展现了道家的神仙和宇宙观。这些艺术作品既有高度的审美价值，又起到了宗教教化的作用。

3）建筑材料与技术的选择

与皇家宫殿相比，寺庙和宫观在材料和技术的选择上有所不同。为了体现出宗教的谦逊与朴素，它们往往选择更为天然、未经过多加工的材料，如未上釉的砖瓦、未漆的木头。但在细节处理上，如木雕、石刻等，仍然展现了工匠的高超技艺。

4）音乐与法会的结合

音乐在宗教仪式中占有重要的地位。佛教的梵音和道教的清音都是对信仰的一种赞美和表达。寺庙和宫观内的钟、鼓、木鱼、法螺等乐器，不仅是宗教活动中不可缺少的工具，也是古代技术与艺术的结晶。

5）人与自然的和谐

尤其在道教宫观中，人与自然的和谐是其建筑设计的核心理念。不仅选择建于深山老林中，还在建筑的形式、颜色、布局上强调与周围的自然景观和谐统一，如采用流水、假山、庭院等，旨在实现"天人合一"的最高境界。

15.1.2 古代城市的规划与设计：从长安到北京

1. 长安：唐代的都城与其都市规划

1）都市格局与设计

唐代的长安城是当时世界上最大的城市，规模宏大，布局严谨。长安城的设计体现了严格的网格化管理，与汉代的设计有许多相似之处，但在规模和精细度上都有所增加。长方形的城墙围绕整个都市，内部则按照严格的坐标网格进行规划。

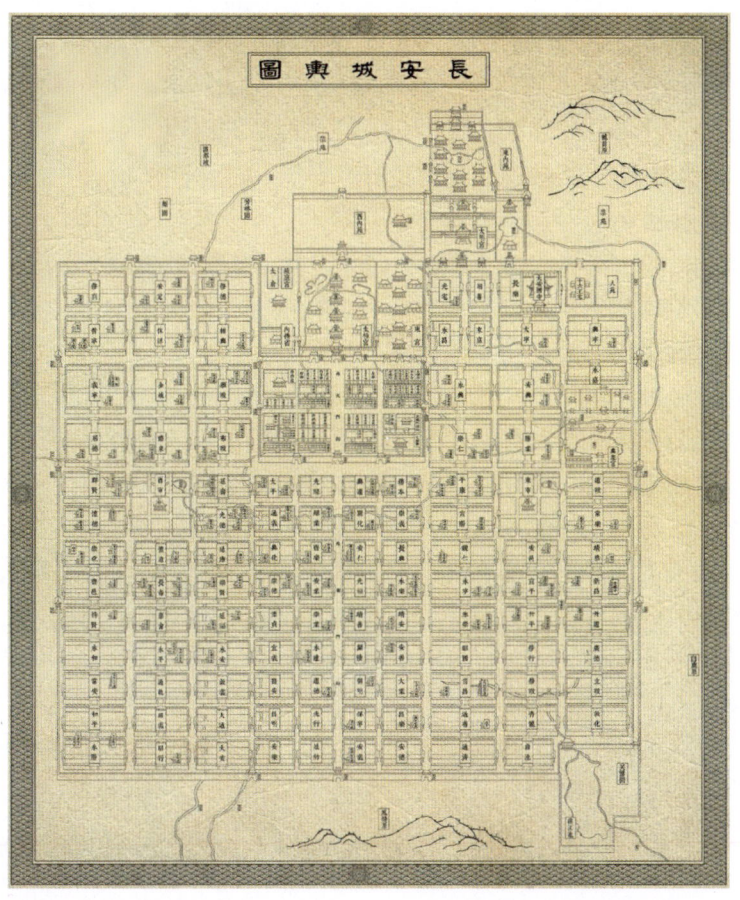

2）城门与交通

长安城共有十一座城门，每一座都与城市的交通网络紧密相连。这些大道不仅是城市的交通要道，也是商业和文化交流的场所。城门的设置也充满着宗教和哲学意味，代表着通向不同方位的门户。

3）皇宫与政府机构

大明宫是唐代皇帝的居住地，也是政府的中心。宫殿、庭院、园林和其他建筑都按照等级和仪式的需求精心设计和布局。

4）商业与市场

长安城的市场也具有独特的意义。东市和西市是两个主要的商业中心，吸引了来自全国各地甚至中亚的商人。这里不仅交易丝绸、陶瓷和稀有商品，还是文化和艺术的交流中心。

5）住宅区与生活

长安城的住宅区按照社会等级和职业进行划分。每个区域都有其特色，如手工艺人区、学者区和贵族区。这些区域不仅反映了当时的社会结构，还体现了城市居民的生活方式和审美取向。

6）园林与休闲

长安城的园林是其文化和艺术的展现。无论是皇家的御花园还是贵族的私家园林，都是技术与艺术的结合，体现了当时的审美观念和生活哲学。

唐代的长安城是一个技术与艺术、政治与文化、商业与生活完美结合的都市，它在当时无疑是中华文明的中心，也影响了后世对于理想都市的构想。

2. 北京：明清时期的帝都与其都市设计

1）都市框架与结构

北京，特别是在明清两代，经过多次扩建与重建，逐渐成为了一个由坚固的城墙围绕、格局清晰的都市。城墙内有内城和外城之分，城门众多，使得城市交通方便，与长安城不同的是，北京更多地考虑了军事防御的需求。

2）皇城与故宫

北京的中心是皇城，而皇城的核心则是举世闻名的故宫。故宫是明清两代皇帝的居住地，也是政治和文化的中心。其建筑风格、装饰和布局都展现了中国传统文化的精华。

3）胡同与四合院

与皇城形成鲜明对比的是分布在北京各处的胡同与四合院。这些是普通人的居住地，简单但充满生活气息。四合院的设计体现了中国传统家庭观念，而胡同的迷宫般的布局则展示了北京古老的城市风貌。

4）市场与商业

明清时代的北京有着繁华的市场。王府井、前门等地都是商业活动的中心。这里不仅有各种各样的商品交易，还有各种艺术表演和文化交流。

5）宗教与寺庙

明清时期的北京也是宗教文化的中心。白塔寺、法源寺和雍和宫等都是这一时期宗教活动的重要场所，反映了当时社会的多元化和包容性。

6）城市防御与工程

明清时期的北京非常重视城市的防御功能。除了高大坚固的城墙外，护城河和箭楼都是城市防御系统的重要组成部分。这也体现了当时社会背景下的政治和军事需要。

明清时期的北京不仅是政治和文化的中心，还是技术和艺术的交汇点。其都市设计体现了当时的社会思想、文化取向和技术水平，为后世留下了宝贵的文化遗产。

15.1.3 古代建筑工艺与技术：木结构与砖石

1. 木工技艺：榫卯结构的巧妙与持久

1）榫卯原理

榫卯结构是中国古代建筑中最为显著的特点，它采用特定形状的榫头与卯孔相互嵌合，从而实现木材间的连接。与现代钉子或螺丝固定方式不同，榫卯结构不需要任何辅助材料，而是完全依赖木材本身的形态与质地。

2）持久与稳固

榫卯结构的优势在于它的稳固性与耐久性。榫卯结合处的接触面积大，分散了受力，减少了单一点的集中受力，从而增强了结构的稳固性。同时，由于不使用金属材料，避免了因金属腐蚀导致的连接松动问题。

3）艺术与技术的结合

榫卯不仅仅是一种技术，它也是一种艺术。工匠们根据需要设计出各种形状与大小的榫头和卯孔，这需要高超的技艺和对木材特性的深入了解。同时，精美的榫卯结构在古建筑中往往也起到了装饰的作用。

4）环保与可持续

榫卯结构完全不使用金属、胶水等辅助材料，这意味着在拆卸或修复建筑时，材料可以被完全回收利用。这种建筑方式对环境友好，体现了古代人对自然的尊重与敬畏。

5）技术传承与发展

尽管榫卯结构源于古代，但其原理与技艺至今仍被广泛应用，特别是在传统建筑修复和部分现代建筑设计中。这证明了其出色的技术性能和持久的价值。

榫卯结构是古代中国建筑技术的瑰宝，它不仅体现了工匠的高超技艺，也代表了古代中国对和谐、稳固、美观和环保的追求。

2. 砖石工艺：雕刻与结构的坚固性

1）砖石的选材与制备

在古代，砖石的选材与制备受到了高度的重视。工匠们根据建筑的用途和地理位置选择最合适的石材和砖土。例如，青砖被广泛用于北方的建筑，而南方则更多地使用瓦和石头。选择合适的材料确保了砖石在不同的气候和地理环境下的耐久性。

2）砖石的雕刻艺术

除了其坚固性，砖石在古代建筑中还承担了很大的装饰功能。砖石上的雕刻常常表现出精湛的技艺，包括神话、传说、动植物以及各种吉祥图案。这些砖石雕刻不仅美观，还往往具有深厚的文化和历史含义。

3）结构与防震

古代中国的建筑师早就意识到了地震的威胁。为了应对这种自然灾害，他们在建筑设计中引入了多种砖石结构技巧，确保建筑的稳固性。例如，一些建筑的基座会采用锁石结构，使得石块之间形成紧密的连接，增强其防震性。

4）砖石与文化的交融

砖石不仅仅是一种建筑材料，它还与古代的文化和信仰紧密相连。例如，寺庙的地面常常使用特殊的砖石铺设，其上的雕刻往往与佛教或道教有关。这些砖石表现了当时的宗教信仰和社会价值观。

5）技术传承与创新

古代的砖石工艺至今仍然影响着现代建筑。许多传统的制砖和雕刻技术都被传承下来，同时也与现代技术创新相结合。

古代的砖石工艺不仅展现了中国古代工匠的技艺和创意，还体现了古代中国对于坚固、美观和文化传承的追求。这种工艺与艺术的完美结合使得古代建筑能够跨越千年，成为现代人们欣赏和研究的对象。

15.2 绘画与书法：天人合一的哲学

15.2.1 自然材料与书法技艺

1. 毛笔与墨的制作与演变

1）毛笔的起源与制作

毛笔被认为是中国古代的伟大发明之一。据史书记载，毛笔的起源可以追溯到公元前300年左右。传统的毛笔由动物毛发（如羊毛、黄鼠狼毛、兔毛等）制成，与此同时，笔杆通常由竹子或木头制成，而笔尖则需经过严格的选拔与加工，确保其吸墨性强、柔软度高且富有弹性。

2）墨的制作与种类

墨是古代书法的主要工具。传统的墨由煤炭、松烟、动植物油脂、香料等原料研磨而成。根据制作材料和工艺，墨可以分为多种类型，如松烟墨、油烟墨等。每种墨都有自身显著的特点，如流动性、浓淡、香气等，可以满足书法家的不同需求。

3）技术的演变与创新

随着时间的推移，毛笔与墨的制作工艺也在不断地发展与完善。例如，毛笔的毛料开始出现了更多的选择，墨的制作也更加精细，能够产生更具有美感的效果。此外，为了满足日常书写的需要，毛笔和墨也发展出了多种形式和规格。

4）毛笔与墨的文化与艺术意义

在古代中国，毛笔不仅仅是书写的工具，更是一种艺术和文化的表现。毛笔与墨在书法中扮演着至关重要的角色，它们不仅影响了文字的形态和风格，还成为了文人墨客表达自我、传达情感的重要媒介。

毛笔与墨作为书法的基础，其制作与演变过程反映了古代中国对于技术、艺术和文化的深入探索和追求。在历史的长河中，它们不仅记录了人们的生活和思想，还成为了中国文化的瑰宝之一。

2. 书法流派与其背后的技术

1）流派的形成与技术

书法，作为中国文化的核心组成部分，经历了多种流派的演变。每一种流派的形成，都与当时的书写材料、技术和社会背景紧密相关。例如，篆书是在甲骨文和金文基础上发展而来的，与古代铭文刻石的技术息息相关。

2）笔法与技术

不同的书法流派有其独特的笔法特征。例如，楷书注重笔画的规整和均匀，行书则追求流畅与连贯。这些笔法特征的形成，与毛笔的性能、墨的质地以及书写材料的特性密不可分。毛笔的软硬、墨的浓淡及纸张的吸墨性，都直接影响到书法的表现和风格。

3）纸与技术

古代的书法家在选择纸张时，也会考虑其与墨的匹配性。例如，宣纸因其细腻的纹理和良好的吸墨性，成为了书法家的最爱。纸的制作技术和材料选择，影响了其与墨水的交互方式，进而影响书法的最终效果。

4）书法的传播与技术

随着技术的发展，书法作品可以被复制和广泛传播。不同的复制技术如摹拓、印刷等，都对书法的传播和普及起到了关键作用。

5）书法与现代技术

在现代，传统书法与现代技术相结合，产生了数字书法、书法机器人等新形式。这些技术不仅为书法的传播和学习提供了便利，也为书法艺术的创新开辟了新的道路。

书法，作为一种古老而又生动的艺术形式，从未停止过技术创新。从古代的刻石与铭文，到现代的数字技术，书法与技术的相互影响为这一艺术形式注入了持续的生命力，使其在历史的洪流中独树一帜。

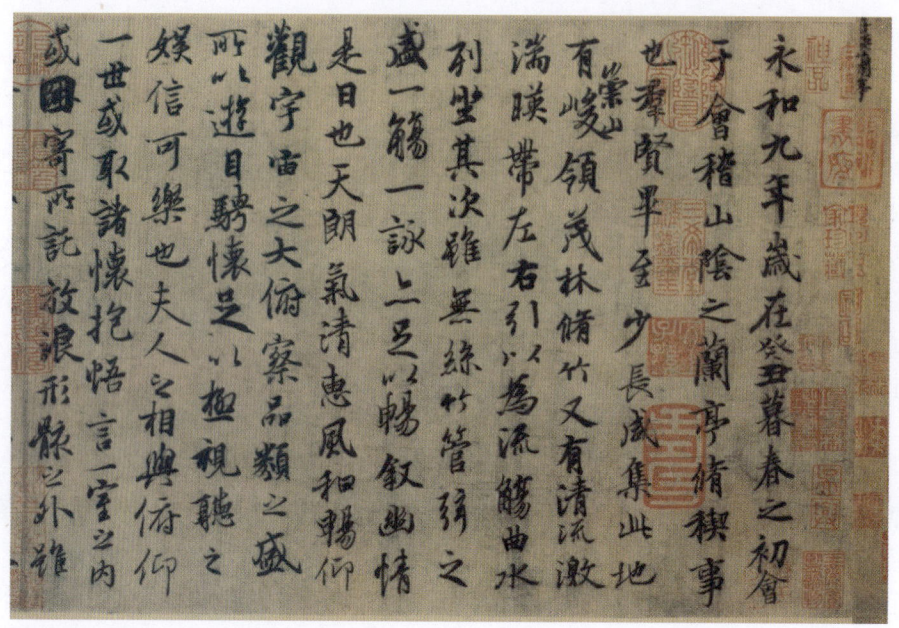

15.2.2 山水画中的技术与哲学

1. 山水画中的颜料与绘画技术

1）颜料的选取与制备

中国古代山水画使用的颜料主要为矿物颜料和植物颜料。古代的颜料是通过手工采集和加工得到的。例如，蓝色的靛蓝是由菘蓝植物制成的，而翠绿和赭红则是由矿石如绿松石和赭石研磨制成的。

2）毛笔与绘画技巧

山水画的绘制离不开毛笔的配合。不同的笔锋和毛质，可以创造出各种不同的笔触和纹理效果。艺术家们会根据画面的需要，选用羊毛、鼠毛、黄鼠狼毛等不同材质的毛笔，以及大小不同的笔尖，来达到所需的效果。

3）墨的运用

在山水画中，墨不仅仅是颜色，更多的是一种情感的表达。通过墨的深浅、浓淡，画家可以表达出远近、明暗、雨雾等不同的景象。古代画家会根据需要，选用不同的墨块和研墨技术，以达到画面上所需的墨色效果。

4）技巧与纹理

山水画中的山石、水流、树木等元素，都有其特定的绘画技巧和纹理。例如，画家们会使用"点石""皴法""披麻皴"等技巧来表现山石的质感，而对于水流，则可能用"撇水"或"泼墨"等方法来描绘。

5）色彩与情感

古代的山水画家重视用颜料的色彩表达情感。他们会根据画面的主题和情感需要，调和颜料，创造出梦幻、抽象或者写实的效果。

山水画是中国传统绘画的代表之一，它将自然的美景与人的情感完美结合。而其背后的绘画技术和材料选择，则为画家提供了丰富的工具和可能性，使其可以自由发挥，创造出千变万化的画面效果。

2. 山水画背后的道家哲学与艺术交融

道家思想与山水画：道家哲学认为宇宙万物都遵循一种"道"，这种"道"既是自然的法则，也是生命的律动。山水画正是在这种思想指导下，展现了人与自然、人与宇宙的和谐关系。画中的山、水、树、石都被看作是宇宙中的生命体，它们与人类共同存在，共同遵循"道"的原则。

1）"无为而治"与画面构思

道家提出"无为而治"的理念，即不刻意干涉，顺其自然，这种思想在山水画中得到了充分的体现。画家们不刻意追求画面的完美和对称，而是让画面保持一种自然的、未加修饰的状态，从而展现出大自然的真实美。

2）人在画中的地位

在山水画中，人物通常被画得很小，这并不是因为画家忽视了对人物的描绘，而是要表现出人与自然的关系，即人是大自然中的一部分，人应该与自然和谐共存，而不是试图征服自然。

3）寂静、遐想与冥思

许多山水画都给人一种宁静、深沉的感觉。这与道家强调的内心的宁静、与世界的和谐相契合。画家们通过画面，引导观众进入一种冥思、遐想的状态，感受自然的美和宇宙的奥秘。

4）符号与隐喻

山水画中的许多元素都带有特定的象征意义，这些象征意义与道家的哲学观念紧密相连。例如，远处的山代表了超脱和仙境，而流水则代表了生命的流动和时光的流逝。

山水画不仅仅是对自然美景的描绘，更是哲学与艺术交融的体现。通过画面，画家们传达了自己对于宇宙、生命、自然的理解和感悟，使山水画成为了中国文化和哲学的重要载体。

15.2.3 人物画与花鸟画：技艺与生活的映照

1. 人物画中的造型与细节

1）线条与笔触

古代中国的人物画非常重视线条的使用。通过细腻的笔触，画家们能够描绘出人物的服饰纹理、面部表情以及身体的肌肉与骨骼。线条的流畅与断续,都能展现人物的状态和情感。

2)面部表情与情感

古代的人物画很少过于夸张地展现情感,而是通过微妙的面部表情,如眼神、嘴角的微微上扬或下垂,来展现人物的内心情感和故事背景。

3)服饰与社会地位

通过对服饰的细致描绘,人物画不仅展现了当时的时尚和审美,还能反映出人物的社会地位和身份。例如,官员、贵族和平民的服饰有着明显的差异。

4)身体语言与动态

除了面部表情,人物的姿态和动作也是传达情感和故事的重要手段。艺术家们会通过人物的站立、坐姿或手势来展现他们的情感和活动背景。

5)背景与故事

很多人物画并不是孤立存在的,而是与背景和其他元素结合,共同讲述一个故事。这种故事性使得人物画更加生动有趣,也更能引起观众的共鸣。

人物画是古代中国艺术家们对人性、情感和生活的深入挖掘。通过对人物造型的细致描绘,它不仅展现了当时的审美和生活,还成为了历史和文化的重要记录。

2. 花鸟画的技术与自然之美

1)细腻的笔触与色彩

花鸟画注重对细节的刻画。细腻的笔触能够呈现花瓣的纹理、鸟羽的层次感,以及其他细微之处。同时,使用多种颜料可以更真实地再现自然中的色彩,如柔和的花瓣、鲜艳的果实和光彩照人的羽毛。

2)物种的选择与意象

不同题材的花鸟画有着不同的象征意义。例如,牡丹代表富贵,松鹤则寓意着长寿。艺术家会根据画作所要传达的意涵,选择合适的物种进行刻画。

3）构图与动态

艺术家们会巧妙地安排画面的构图,以展现花鸟的动态和生机。例如,鸟儿或飞翔或栖息,花朵或盛开或含苞待放,都能给人带来不同的视觉和情感体验。

4）背景与环境

花鸟画中的背景也同样重要。通过对水流、石头、云彩等自然元素的描绘,可以为花鸟创造一个生活的环境,使画面更加完整和和谐。

5）与诗词的结合

很多花鸟画会结合诗词来增强画面的意境和深度。这些诗词往往与画面中的内容呼应,帮助观众更深入地欣赏和理解作品。

花鸟画是古代中国艺术家对自然美的赞美和追求。它不仅展现了自然界的美丽和和谐,还融合了人们对生活、哲学和情感的理解,成为了中国传统艺术中的瑰宝。

15.3 古代音乐与器乐技术

15.3.1 古代乐器的制造与创新

1. 古筝、笛子与鼓:制造工艺与音乐特色

1）古筝

制造工艺:古筝主要由木头、丝线和骨或玉制成。木材的选择尤为重要,常见的为梧桐木,因其质轻而传音良好。每一根弦都对应一个音,弦的松紧和材质影响筝的音质。

音乐特色：古筝的音色空灵、清脆，常用于描述自然景观或表达深沉的情感。

2）笛子

制造工艺：在古代，笛子主要由竹子制成。笛子上孔洞的位置、大小和数量都会影响其音质。制造时需要对竹子进行烘烤、除湿，确保其质地坚硬、不易变形。

音乐特色：笛子的音色柔和、纯净，常用于表达对家乡的思念、描述田园风光等。

3）鼓

制造工艺：鼓一般由木头和皮革制成。木头为鼓提供了坚固的骨架，而皮革则是鼓面，关系到鼓声的深浅和响度。选择鼓皮时，常常选用牛皮或羊皮，它们被张紧在鼓的木架上。

音乐特色：除了作为乐器，鼓还被用于军事、宗教仪式和各种庆典。它的音色浑厚、震撼，能够调动人们的情绪，鼓舞士气。

古代的乐器制造融合了人们对自然材料的深刻理解和对音乐的独特追求。每一种乐器都有其特色和魅力，为古代音乐增添了独特的色彩。

2. 音乐与社会：技术进步与音乐风格的演变

1）古代音乐与宫廷文化

在古代，音乐主要是宫廷和庙宇中的艺术。皇帝和贵族会雇用音乐家为他们演奏。这些宫廷音乐家会创作出代表皇家权威和壮丽的作品，如《秦王破阵乐》。

2）技术与乐器的创新

随着时间的推移，乐器制作技术逐渐改进，如使用金属弦代替丝弦，使得乐器的音色更为饱满，音域更广。这些技术创新直接推动了音乐风格的变革。

3）民间音乐的崛起

除了宫廷音乐，民间音乐也开始崛起。它们更加接地气，反映了普通百姓的生活和情感。如《二泉映月》和《彩云追月》等曲目被用来表达人们对大自然的赞美之情。

4）音乐教育与流派的形成

古代中国的音乐教育起步于宫廷和庙宇，后来逐渐向民间扩散。这促使了不同的音乐流派和风格的形成，如儒家的音乐哲学强调"和"，而道家则更注重自然与人的和谐。

古代中国的音乐与社会紧密相连，音乐不仅仅是一种艺术形式，它还是历史、文化和社会变迁的重要见证者。随着技术的进步，音乐风格也在不断地演变和创新，但它始终贯穿着中国传统文化的精髓。

15.3.2 音乐的科学与美学

1. 古代对音乐的科学研究：音律与和声

1）音律的起源与发展

古代中国的音律学研究始于《周礼》，其中详细记录了古代音律的基础知识。《礼记·乐记》也深入探讨了音律与天文、历法之间的关系。

黄钟大吕：古代中国的音乐基于五声（宫、商、角、徵、羽）和十二律。五声是中国音乐的基本音阶，而十二律则是将一个八度分为十二个等份的音律系统，包括黄钟、大吕、太簇、夹钟、姑洗、仲吕、蕤宾、林钟、夷则、南吕、无射和应钟。黄钟是十二律的起始音律，大吕是黄钟的五度音。黄钟大吕体现了中国古代音律制度的基础，它是基于物理学和数学原理，通过五度相生法形成的，反映了古代中国音乐理论的高度精确性和复杂性。

研究工具：为了测量和确定各种音高，古代音乐家和学者使用了一系列独特的工具，如"律尺"和"管笛"，它们帮助音乐家和学者确切地定位每一个音。

2）和声的理解与探索

尽管古代中国的音乐并没有像西方那样发展出复杂的和声体系，但对于单音的审美和音的叠加组合，仍有着深入的研究和应用。例如，通过不同乐器的配合，创造出和谐的音乐效果。

3）音乐与宇宙哲学

古代中国的音乐家相信，音乐与宇宙、自然界有着深厚的联系。他们认为音律可以反映宇宙的秩序和谐。这种哲学思考也影响了音乐的制作和表演。

古代中国对音乐的研究并不局限于对纯音乐技术的探讨，而是涉及哲学、数学、物理和宇宙观念的整合，使音乐成为了宇宙和人类心灵之间桥梁的载体。

2. 音乐与儒家、道家的文化交融

1）儒家与音乐

礼乐文化：在儒家文化中，音乐与礼仪紧密结合，被认为是教化民众、传达社会秩序的重要工具。《论语》中提到："君子和而不同，小人同而不和"，这体现了儒家认为音乐能够使人们和谐相处且具有教化作用。

音乐与德行：儒家认为，音乐能够反映个人的道德品质和德行，好的音乐能够陶冶情操，使人向善。

儒家音乐教育：在古代中国，音乐被视为儒家教育的重要组成部分，与诗、书、礼并列，共同构成了古代教育体系的基石。

2）道家与音乐

音乐与宇宙：道家认为宇宙是一个和谐统一的整体，音乐是宇宙和谐的体现，可以帮助人们实现与宇宙的和谐统一。

音乐的冥想效果：道家强调冥想和内省，认为音乐可以帮助人们达到冥想的状态，实现身心的平衡。

自然音乐：道家哲学强调"顺应自然"，在音乐上，道家倾向于自然的、未经加工的音乐，如山水声、风声、鸟鸣等。

3）音乐作为文化交流的桥梁

在古代中国，儒家和道家的音乐观念经常相互影响和交融。例如，一些儒家的音乐作品中融入了道家的自然观念，而道家的音乐作品也受到儒家礼乐观念的影响。

儒家和道家分别从他们的哲学观点出发，给予音乐深厚的文化内涵。在古代中国，音乐不仅仅是艺术表现，更是文化、哲学和宇宙观念的载体，反映了中国古代人们对世界的认知和感悟。

15.4 中国古代的雕塑与工艺品

15.4.1 陶俑与玉器：技术与信仰

1. 秦始皇陵兵马俑与制陶技术

秦始皇陵兵马俑，位于今陕西省西安市，是秦始皇陵的一部分，被誉为"世界第八大奇迹"。

1）制陶技术

原料选择：兵马俑采用了优质的黏土作为主要材料，这种黏土可以在烧制过程中保持形状，且不易开裂。

模具技术：为了在短时间内生产大量的陶俑，秦代的工匠采用了模具技术。基本的身体部分如身体、头部、四肢等都是使用模具制作的，而面部则是手工细致雕琢，以确保每一个陶俑都有独特的面部表情。

烧制与釉料：兵马俑在制作完成后，需要进行高温烧制。釉料的使用使得陶俑的表面更加光滑，并且能够防止风化。

彩绘与修饰：烧制完成后，兵马俑被精心地彩绘，这增加了它们的生动性和真实感。由于时间的流逝，大部分彩绘已经褪色，但仍可以从一些保存较好的陶俑上看到当初的色彩。

2）功能与象征意义

兵马俑不仅仅是艺术品，更是对秦始皇统一中国的历史见证。这些俑代表了秦军的不同部分，包括步兵、骑兵、弓箭手等，他们被安置在地下的"军营"中。

3）影响

秦始皇的兵马俑展现了古代中国的陶瓷制作技术的高度。这种规模和技术在当时是前所未有的，对后世产生了深远的影响。同时，它也成为了中国文化的重要代表，吸引了全球无数游客前来参观。

2. 玉器的雕刻技术与玉的文化象征意义

1）玉器的雕刻技术

材料挑选：古代的玉工匠非常注重玉石的质地与颜色，选择最适合雕刻的原料。玉的种类众多，包括软玉、硬玉等，每种玉石都有其独特之处。

工具与技法：早期的玉器雕刻多依赖于简单的磨石和锯，通过摩擦雕刻出所需的形态。随着技术的进步，玉工匠们使用更加精细的工具，如金属锥、钻、锯等，以实现更加细致的创作。

打磨与抛光：玉器在雕刻完成后，还需要经过仔细的打磨和抛光，这使得玉器表面光滑如镜，显示出玉的细腻与光泽。

图为楚国和氏璧仿制品

2）玉的文化象征意义

纯洁与高贵：在中国文化中，玉长久以来被视为纯洁与高贵的象征。它的细腻肌理和光泽，使得人们相信它具有特殊的品质。

生命与永恒：玉的坚硬性与耐久性使其成为生命与永恒的象征。古代王族和贵族经常将玉与死亡联系起来，认为玉可以保护死者的灵魂，帮助其得到好的转世。

健康与吉祥：玉也被认为具有保健和护身的功能。许多人相信佩戴玉饰可以驱邪避害，带来身体健康和好运。

3）影响与传承

无论是王朝的宫廷还是平民家庭，玉都占据着特殊的地位。古代的玉器、玉佩、玉戒指等物件，不仅仅是日常用品，更是人们身份和地位的象征。至今，玉仍然在中国文化中具有深远的影响，玉器艺术继续被传承与发扬，成为中国非物质文化遗产的重要组成部分。

15.4.2　金银器与漆器：皇家与日常的艺术

1. 金银器的铸造技术与装饰艺术

1）金银器的铸造技术

选材与提炼：古代的金银制品往往从天然矿石中提炼。技师们必须确保金银的纯度，以便进一步的加工和制造。

铸造与锻造：传统的金银器多使用铸造技术，即将熔化的金银倒入模具中，形成所需的形状。此外，锻造也是一种常见的制造方法，即通过锤打金银块或板，使其达到所需的形状。

焊接与拼接：复杂的金银制品可能需要多个部分进行拼接。古代技师使用特殊的焊料和工具，进行焊接，确保金银制品的坚固性。

2）装饰艺术

雕刻与凿刻：金银具有良好的延展性，容易进行雕刻和凿刻。技师们常常在金银器上雕刻出精美的花纹、神话人物或历史故事。

錾刻与点缀：除了基本的雕刻外，还会使用特殊的工具进行錾刻，创造出精细的纹理和细节。同时，为了增加金银器的豪华感，技师们可能还会在其上点缀宝石、珍珠等。

镀金与烧蓝：为了增加金银器的美观度和耐用性，技师们还可能采用镀金或烧蓝技术。这些表面处理技术不仅可以改变金银器的颜色，还可以增加其防腐蚀和抗氧化的能力。

3）文化与历史背景

金银器在古代中国不仅是财富的象征，更是权力和地位的标志。从皇室到贵族，金银器是他们日常生活和典礼、宴会中不可或缺的物品。同时，精美的金银器也常常作为礼物，用于国家之间的外交礼赠，反映出当时的外交策略和国际关系。

2. 漆器的制作与其在日常生活中的应用

1）漆器的制作

原材料获取：古代漆器上的漆主要取自漆树。通过在树干上切口，收集滴出的液体，即生漆，这是制作漆器的主要材料。

基体制作：原始的漆器基体可由木、竹、布、纸等制成，为漆的涂布提供基础。

涂刷与打磨：生漆被反复涂在基体上，每涂一层后都需要待其自然干燥。之后会进行打磨，使表面平滑，然后再涂上新的一层。这个过程需要重复多次，以得到所需的厚度和光滑度。

装饰工艺：漆器常常配以镶嵌、彩画、雕刻等技艺进行装饰。例如，描金、嵌贝、嵌玉等，都是古代常见的装饰方法。

2）漆器在日常生活中的应用

餐饮用具：许多漆器被用作碗、盘、杯等餐饮用具，其光滑的表面和美观的装饰使之成为宴会中的抢眼之物。

个人饰品与用品：漆器还可以制成梳妆盒、首饰箱、笔筒等。其细致的工艺和丰富的装饰，使其成为日常生活中的小奢侈品。

图为故宫漆器

3）文化与社会背景

中国漆器具有悠久的历史和深远的文化内涵。它不仅仅是日常生活中的实用品，更是一种艺术形式和文化象征。从皇家到平民，漆器都有其特定的社会地位和象征意义。而随着技术的进步和文化的交流，中国的漆器工艺也影响到了其他国家，如日本和朝鲜。

15.5 古代中国的技术与艺术在现代的影响

1. 古技在今：古代工艺在现代的继承与发展

1）工艺的现代化进步

随着技术的进步，许多古代的制作工艺如陶瓷、丝绸和漆器制作逐渐现代化，但其核心技术和传统方法仍然在现代生产中占有一席之地。

2）文化与传统价值的传承

今天的工匠们仍然遵循古代的传统技艺，他们在制作过程中尊重并传承古代的文化和价值观。例如，使用手工方法制作的茶具和瓷器，仍然被视为最高品质的代表。

3）古代技术在当代艺术中的应用

许多现代艺术家和设计师受到古代中国工艺的启发，将传统技术融入他们的作品中。例如，现代时装设计中的丝绸材料和传统绣花技术，或是当代建筑设计中的古代建筑元素。

4）经济与市场影响

由于对传统工艺品的需求持续增长，这些工艺品在国内外市场上都有很高的价值。许多企业也看到了这一点，开始生产"复古"或"传统"风格的商品，以满足消费者对古代艺术和技术的怀旧情怀。

5）教育与技能传承

在中国，仍然有很多学校和机构提供传统工艺的教育和培训，以确保这些珍贵的技艺得以传承。年轻一代的工匠和艺术家正在学习并掌握这些古老的技能，将它们带入新的创意领域。

6）全球文化交流

古代中国的工艺和技术在全球范围内都受到了高度赞誉。许多国家和地区的艺术家和工匠都从中受到启发，并与中国艺术家进行交流和合作，将这些技术融入他们的作品中。

古代中国的工艺和技术在现代仍然有着广泛的影响和应用，它们不仅是技术的传承，更是文化和传统的继续。

2. 艺术的永恒：古代艺术对现代审美与文化的塑造

1）审美趋势的传承

古代的山水画、书法、陶瓷和其他艺术形式在塑造现代中国审美观念中起到了关键作用。它们的简洁、自然和和谐的特点深深影响了现代设计、艺术和建筑。

2）古代符号与现代标识

许多古代艺术中的图案和符号，如龙、凤、莲花等，已成为现代文化和品牌识别的关键元素，传达着权力、财富、纯洁和再生等意义。

3）时尚与设计的启示

当代服装、珠宝和家居设计经常汲取古代艺术的元素。例如，丝绸和绣花在现代时装中的应用，以及古代铜器和瓷器风格的现代化家具设计。

4）现代艺术与古代艺术的对话

许多现代艺术家在他们的作品中直接引用或重构古代艺术，以此探讨历史、文化和身份，创造出跨越时代的艺术对话。

5）电影与流行文化的影响

中国的古代艺术和文化在电影、电视和其他流行媒体中得到了广泛展现，这不仅加强了古代和现代之间的联系，还使全球观众对中国文化有了更深入的了解。

6）全球化与古代艺术的交融

随着全球化的进程的加速，古代中国的艺术元素也在全球范围内得到了传播和接受，与其他国家和文化的艺术形式相结合，产生了独特的跨文化艺术创作。

7）教育与研究

在学术界，古代艺术对现代审美和文化的影响是一个热门研究领域。许多学者和研究人员都在探索古代艺术如何影响现代文化，并如何在教育中将这种影响传递给下一代。

古代艺术不仅为现代审美和文化塑造奠定了坚实的基础，还与现代艺术和设计形成了有趣和富有意义的对话，展示了艺术的时间性和跨越时代的价值。

15.6　思考题和课程论文研究方向

思考题：

1. 中国古代的建筑技术如何结合了功能性和美学？
2. 长安和北京作为古代重要的都城，它们的城市规划有何特点和异同？
3. 为什么说中国的山水画背后有深厚的哲学思想？
4. 中国古代音乐与器乐技术是如何受到当时社会文化影响的？
5. 秦始皇的兵马俑是如何反映出那个时代的制陶技术和信仰的？

6. 中国古代的技术与艺术在现代有哪些持续的影响和价值？

课程论文研究方向：

1. 古代城市规划与现代城市发展：研究长安和北京的古代都城规划与现代城市发展的关系，以及现代城市可以从古代城市中学到什么。

2. 山水画的技术与哲学：深入探讨山水画背后的技术与道家哲学的关系，以及山水画如何反映了古代中国人的世界观。

3. 古代音乐的科学与美学：分析古代对音乐的研究，以及音乐与儒家、道家文化的交融。

4. 陶俑与玉器的技术与信仰：探讨秦始皇的兵马俑和玉器如何结合了当时的制陶技术与信仰，以及这些艺术品对后世的影响。

5. 金银器与漆器在古代与现代：分析金银器和漆器的制造技术与艺术，以及这些工艺品在古代与现代的应用和价值。

6. 古代技术与艺术在现代的继承与发展：探讨古代技术和艺术在现代的影响，以及现代如何继承和发展这些古老的技术和艺术。

第 16 章
数字艺术与未来的创意边界

16.1 虚拟现实（VR）与艺术的新维度

16.1.1 沉浸式体验：从受众到参与者

1. VR 技术的革命：观众成为了参与者

1）虚拟的交互性

传统的艺术作品往往要求观众与作品保持一定的距离，是一个单向的体验。然而，随着 VR 技术的发展，这种传统观念受到了挑战。VR 技术为观众提供了一种沉浸式的体验，使他们能够成为艺术作品的一部分，与其互动并对其产生影响。

2）改变的视角

在 VR 艺术作品中，观众不再只是一个旁观者，而是一个探索者、一个旅行者，甚至是一个创作者。他们可以自由地选择自己的视角，探索艺术作品中的每一个细节，甚至改变作品的内容和结构。

3）创作的自由度

对于艺术家来说，VR 技术为他们提供了一个全新的创作平台。他们不再受到物理空间的限制，可以创造出无法在现实世界中实现的场景和效果。这种自由度为艺术家们提供了无限的创意空间，使他们能够创作出更为惊艳和创新的作品。

4）观众与艺术的新关系

在传统的艺术作品中，艺术家是创作者，观众是接受者。但在 VR 艺术作品中，这种关系发生了变化。观众不再只是被动地接受艺术家的创作，而是成为了作品的一部分，与艺术家共同参与创作过程。这种互动性为观众与艺术之间建立了一种全新的连接模式，使他们能够更深入地理解和感受艺术。

VR 技术的革命不仅仅是技术上的进步，更是对艺术的重新定义。它为艺术家和观众提供了一个全新的交流平台，使他们能够共同参与创作过程，共同体验艺术的魅力。这种革命性的变化为艺术领域带来了无尽的可能性和机会。

2. 从传统画廊到虚拟空间：艺术的界限与无限

1）无墙的展览

传统的画廊和博物馆往往被墙壁和空间所限制。每一次展览，都需要对艺术品进行物理的摆放和展示。而通过 VR 技术，这样的物理界限消失了。艺术家和策展人可以创造出无边界的展览空间，为观众提供一种 360 度的沉浸式体验。

2）多维的体验

在虚拟空间中，艺术不再只是静态的图像或雕塑，而是动态的、有声的甚至是可以触摸的。这为艺术的表现形式提供了更多的可能性，使观众可以从多个维度去体验和感受艺术。

3）个性化的展览

传统的画廊和博物馆往往只能为观众提供一种单一的展览体验。而通过 VR 技术，每一位观众都可以根据自己的喜好和兴趣，选择自己想要看的内容，走自己想走的路线，甚至与作品进行互动。这种个性化的展览体验，使艺术更加贴近观众，更能满足他们的需求和期望。

4）艺术的民主化

虚拟空间为艺术的展示和传播提供了一个更加开放和包容的平台。任何人都可以在这个平台上展示自己的作品，与观众分享自己的创意和想法。这为那些没有机会在传统画廊中展出自己作品的艺术家，提供了一个展示自己的机会，使艺术更加民主化。

虚拟空间为艺术的展示和传播提供了无限的可能性。它不仅仅代表了技术的革新，更是对艺术的重新定义和解读。在这个无界的空间中，艺术与观众之间的距离被拉近，艺术的表现形式和内涵也得到了更深入的挖掘和探索。总之，这是一个技术与艺术相互促进，共同进步的平台。

16.1.2 数字雕塑与 3D 打印：实体与虚拟的边界

1. 创意与技术：3D 打印为雕塑带来的无限可能性

1）打破物质限制

在传统雕塑中，艺术家的创作受到所用材料的限制。而 3D 打印技术允许艺术家使用各种材料，从塑料到金属，甚至生物材料，为雕塑创作带来前所未有的材料选择和设计自由度。

2）精细度与复杂性

3D 打印技术能够实现微米级别的精细度，使得艺术家可以设计出极为复杂且细致的结构，这在传统雕塑技术中是难以达到的。例如，内部交错的结构、精微的纹理或者其他微观的艺术创意可以通过 3D 打印技术完美展现。

3）快速原型制作技术

在传统雕塑中，一个错误可能意味着需要重新开始。但 3D 打印技术为艺术家提供了快速原型制作的可能，使他们可以迅速看到实体模型，根据需要进行调整。这为艺术创作过程带来了前所未有的灵活性。

4）数字化与保存

3D 打印技术为艺术家带来了全新的创作方式。艺术家不仅仅是在创作一个实体作品，他们同时可以将作品转化为数字化文件。这意味着作品可以被无限复制，而且不会失去原作的细节和质感。同时，这也为艺术的保存和传播提供了新的方式。

5）跨学科的融合

3D 打印为雕塑艺术与其他学科的融合提供了机会。艺术家可以与工程师、科学家甚至生物学家合作，探索雕塑与机械、科学或生物之间的关系，创作出既有艺术价值又有实用价值的作品。

3D 打印技术为雕塑艺术带来了前所未有的变革。这种技术赋予了艺术家更大的创作自由度，使他们可以突破传统材料和技术的限制，创作出更加精细、复杂且独特的作品。同时，这也为艺术与其他学科的融合打开了大门，开创了新的艺术形式和风格。

2. 从设计到创作：数字工具带来的便利与创新

1）无缝的设计流程

在过去，雕塑家需要依靠手绘草图和实体模型来形成和完善他们的设计想法。如今，利用数字设计工具如 CAD（计算机辅助设计）软件，艺术家可以快速地将他们的想法转化为三维模型，并进行实时的调整和优化。

2）精确模拟与预览

数字工具提供了模拟和预览的功能，允许艺术家在实际创作之前查看其设计的每一个细节。这不仅可以节省时间和资源，还可以在实际制作之前预测和解决可能出现的问题。

3）材料和技术的整合

数字设计软件通常具有与 3D 打印机、CNC 机床等数字制造工具直接连接和操作。这意味着艺术家可以直接从设计阶段转到创作阶段，无须经过烦琐的中间步骤。

4）交互式创作

一些先进的数字工具允许观众与作品互动。例如，艺术家可以创建一个可以实时改变形状或颜色的雕塑，观众可以通过移动或触摸来与作品互动，为艺术创作带来了前所未有的动态性。

5）开放的创作平台

随着开源文化和共享经济的兴起，许多数字设计和制造工具都变得易于获取和使用。

这使得更多的人能够参与到艺术创作中来，带来了大量的创新和多样性。

数字工具为艺术创作提供了无数的便利和创新机会。从设计到创作的整个流程变得更加流畅和高效。同时，这些工具也为艺术家和观众之间的互动提供了新的平台，使艺术创作变得更加开放和多元。在未来，我们可以期待更多利用数字工具创作的前沿艺术作品涌现。

16.1.3　音乐与 VR 技术：沉浸式音乐会的可能

1. 虚拟音乐现场：技术给予的全新音乐体验

1）360°的舞台视角

在传统的音乐会或演唱会中，观众的视角通常受到自己的座位位置的限制。而在虚拟音乐现场中，观众可以获得360°的无障碍视角，无论是站在舞台中央、与乐手并排，还是在观众席中自由移动，都能得到最佳的观看体验。

2）立体音效体验

利用 VR 技术，音乐制作人可以为观众提供立体声的音效体验。观众可以准确地感知声音从何处传来，仿佛真的置身于音乐会现场，每一个音符、每一个和弦都仿佛在耳边响起。

3）互动与参与

VR 音乐会为观众提供了与表演者互动的机会，而不仅仅是被动观赏。通过 VR 手套或其他输入设备，观众可以实时参与到表演中，例如和乐队一同击鼓、弹琴或跳舞。

4）个性化的体验

VR 技术允许每个观众获得个性化的体验。他们可以根据自己的喜好选择观看的角度、位置甚至与特定的乐手互动。此外，观众还可以根据自己的喜好调整音量、灯光和其他效果。

5）扩大音乐的边界

VR 音乐会不仅仅是对现有音乐体验的增强，它还为艺术家提供了一个全新的创作空间。艺术家可以利用 VR 技术创作出超越传统界限的音乐和视觉艺术作品，为观众提供前所未有的感官体验。

虚拟音乐现场为观众提供了一种全新的音乐体验。不再受限于现实世界的物理条件，观众可以获得前所未有的沉浸式体验。随着技术的进步和艺术家的创新，我们可以期待在未来享受更多令人震撼的 VR 音乐会。

2. 从听到"在场"：技术改变的音乐审美

1）音乐的立体感

在传统音乐体验中，观众通过立体声或环绕声系统聆听，但仍然是在一个相对静态的位置。而在虚拟现实环境中，观众可以在虚拟的音乐空间中自由移动，从而体验到不同角度、不同位置的声音变化，这增强了音乐的立体感和空间感。

2）沉浸式的情感连接

传统的音乐会虽然可以给人带来情感上的共鸣，但 VR 技术则使观众有可能与音乐、表演者以及其他观众建立更深层次的情感连接。观众可以感受到自己真正置身于现场，与音乐和表演者形成一种真实的互动。

3）关注音乐细节

在虚拟现实环境中，观众可以更加关注音乐的细节。他们可以靠近乐器，观察乐手的手势，甚至可以听到每一个音符的微妙变化。这种深度的聆听体验增强了观众对音乐的欣赏和理解。

4）音乐的视觉化

虚拟现实为音乐创作提供了一个新的视觉平台。艺术家可以用 VR 技术将音乐视觉化，这种音乐与视觉的结合给观众带来了更为丰富的感官体验。

5）审美的变革

传统上，音乐的欣赏往往侧重于听觉。而 VR 技术使得观众不仅可以听到音乐，还可以"看到"音乐、感觉到音乐的空间性，甚至参与到音乐的创作中。这种全方位的体验正在改变人们对音乐的审美标准和期望。

技术不仅改变了我们听音乐的方式，还改变了我们对音乐的感知和审美。从简单的听到真正的"在场"甚至"参与"，技术为我们提供了更为深入、细致的音乐体验，使我们能够以全新的视角欣赏和感受音乐的魅力。

 16.2　人工智能与创意产生

16.2.1　AI 画家与作曲家：机器创意的本质

1. 人工智能的艺术创作：新颖还是复制？

1）数据驱动的艺术

AI 在艺术创作中的应用大多基于大量的数据。例如，AI 画家和作曲家可能会被训练在数万幅画作和音乐作品上，从中学习各种风格、技巧和形式。但其创作的本质是基于这些数据的模式，而非真正的原创思考。

2）创意的界定

人类的创意往往基于情感、经验和对周围世界的认知。而 AI 缺乏这些情感和经验，它的"创意"是基于算法和模式识别。这使得人们对于机器创作的艺术作品和音乐作品的真正创意性持有质疑。

3）技术的完善与局限

随着技术的进步，AI 现在可以创作出越来越令人信服的艺术和音乐作品。然而，它们仍然受到训练数据的限制，这意味着它们的创作很难超越其数据集的范围。

4）人与机器的合作

一些艺术家和作曲家选择与 AI 合作，利用其强大的数据处理能力来辅助创作。这种合作模式充分融合了人的创意与机器的计算能力，创作出既新颖又具有深度的作品。

作者利用 AI 绘制的莫奈风格油画——校园女孩

5）未来的可能性

随着 AI 技术的进步，我们或许可以期待机器创作出更为复杂和深刻的艺术和音乐作品。但是否可以称其为真正的"创意"，仍是一个有待探讨的话题。

人工智能为艺术和音乐创作带来了新的可能性和挑战。它可以模仿和复制现有的艺术风格和音乐风格，但其真正的创意性仍是一个值得深入探讨的议题。未来，人和机器之间的合作或将定义新的艺术和音乐边界。

2. 从工具到创作者：技术与艺术的新关系

1）传统的角色

在传统艺术创作中，技术（例如画笔、雕刻刀或照相机）通常被视为艺术家手中的工具。音乐创作中，乐器和作曲软件也是如此。艺术家和作曲家使用这些工具来表达自己的情感、思想和观点。在这种关系中，工具是被动的，而创意与艺术方向完全由艺术家和作曲家决定。

2）AI 的介入

随着 AI 的发展，这种关系开始发生变化。AI 不再仅仅是一个被动的工具，它具备了分析、学习和甚至"创作"的能力。在某些情况下，AI 可以根据其训练数据独立产生艺术和音乐作品，这使其从单纯的工具升级为参与创作的实体。

3）协作的新模式

许多艺术家和作曲家开始与 AI 进行合作。在这种新的协作模式中，AI 提供了新的视角、技巧和方法，而艺术家和作曲家则为机器提供指导和创意的方向。这种合作使艺术和音乐创作的过程更加丰富和多元。

4）重新定义艺术与音乐

当机器开始创作艺术和音乐时，我们必须重新考虑"艺术"和"音乐"的定义。AI 创作的艺术和音乐作品能否与人类创作的作品平起平坐？艺术和音乐的价值是否仅仅在于其创作过程，还是也在于其背后的思想和情感？

5）未来的展望

随着技术的不断进步，我们可能会看到更多机器主导的艺术和音乐创作。然而，艺术和音乐的真正价值可能仍在于它们能触动人心的能力，无论它们是由人创作的还是由机器创作的。

技术与艺术和音乐之间的关系正在经历一个转折点，从传统的工具-艺术家模式转变为更为复杂的合作模式。这种转变为艺术和音乐界带来了新的机遇，也带来了对艺术和音乐定义与价值的新的思考。

16.2.2　自动化与电影制作：技术如何参与叙事

1. AI 在编剧与导演中的角色

1）数据驱动的故事创意

AI 技术，尤其是机器学习和深度学习，可以分析大量的文本、电影和电视剧，从中识别出流行的主题、情节和角色设定。这意味着 AI 可以帮助编剧识别出当前受众可能感兴趣的故事元素，或者预测未来可能的流行趋势。

2）自动生成脚本

某些 AI 系统被训练成能够自动编写故事脚本。这些脚本可能是基于已有的文本或是完全原创。虽然这些脚本可能仍需要人类编剧的修饰和完善，但它们提供了一个出发点，特别是对于短片或实验性内容。

3）场景选择与摄影

AI 也能够参与到导演的决策中。例如，通过分析历史数据，AI 可以建议在特定时间或天气条件下拍摄某个场景，以获取最佳的视觉效果。此外，AI 还可以协助导演在海量的拍摄素材中选择最佳的镜头。

4）演员的情感分析

通过分析演员的面部表情、声音和身体语言，AI 可以为导演提供关于演员表演情感深度的反馈，这可以帮助导演决定是否需要重拍。

5）预测观众反应

在电影完成之前，AI 可以模拟不同的观众群体来预测他们对电影的反应。这可以为制片人和发行商提供宝贵的反馈，帮助他们决定如何成功地推广和发行电影。

6）SORA 系统

SORA（Scriptwriting, Organization, Rehearsal, and Analysis）是一个集成了 AI 技术

的综合系统,可以在编剧、组织、排练和分析等多个环节中为电影制作提供支持。SORA可以帮助编剧生成和优化脚本,协助导演安排拍摄计划,支持演员排练,并在影片制作的各个阶段提供数据分析和反馈。通过SORA,AI在电影制作中的作用得到了进一步的扩展和深化。

尽管AI在电影制作中的应用仍处于初级阶段,但其潜力巨大。未来,AI不仅将作为电影制作的工具,还可能成为编剧和重要的合作伙伴,参与到电影创作的每一个环节中。

2. 电影制作的自动化:技术与艺术的合作与冲突

随着技术的进步,电影制作的各个环节都有可能实现自动化。从剧本创作、场景选择、摄影技术,到后期剪辑和特效制作,自动化和AI技术都有其独特的作用。但这也引发了技术与艺术之间的合作与冲突。

1)合作的可能性

提高效率:自动化技术可以大大提高拍摄和后期制作的效率,减少人为错误,加速制片过程。

降低成本:自动化可能降低了某些高昂的生产成本,如特效制作或场地租金。

扩展创意界限:AI和其他自动化技术可以为电影制作者提供新的创意工具,如基于算法的故事生成、自动生成的特效等。

个性化体验:通过AI分析,电影可以根据观众的喜好进行定制,为观众提供更为个性化的观影体验。

2)冲突的核心

艺术的真实性:自动化可能使得电影失去某种"人为"的、不完美的质感,这种质感往往为艺术品赋予了真实性和深度。

创意的减少:过度依赖技术可能导致电影制作变得公式化,缺乏真正的创新和个性。

工作机会的减少:自动化技术的应用可能导致传统的电影制作岗位减少,如摄影师、剪辑师等。

技术决定论的问题：如果制片人过度依赖技术来决定如何拍摄和编辑电影，可能导致电影失去人类情感的深度和复杂性。

电影制作的自动化和 AI 技术无疑为电影产业带来了巨大的潜力和机遇，但同时也带来了伦理和艺术的挑战。电影制作者需要找到技术和艺术之间的平衡，确保电影不仅仅是技术的展示，而是真正的艺术作品。

16.2.3　算法与舞蹈：计算机编码的舞动

1. 人工智能与舞蹈设计：创新还是束缚？

舞蹈是一种古老且充满情感的艺术形式，代表了人类的表达、情感和创意。而 AI 是指计算机系统能够模拟人类智能的一种技术。当这两者交融时，带来了许多激动人心的可能性，但也带来了关于创新与束缚的争议。

1）创新的方面

新的舞蹈形式：通过算法，我们可以创建出以前从未想象过的舞蹈动作和组合，为舞者提供了新的创意灵感。

个性化体验：AI 可以根据每位观众的喜好和反应，实时调整舞蹈的动作或节奏，为观众提供个性化的表演体验。

互动舞蹈：结合 AI 和虚拟现实技术，观众可以与舞者实时互动，成为表演的一部分。

辅助创作：AI 可以为舞蹈编排者提供动作建议、音乐匹配和其他创作工具，帮助他们更高效地完成创作。

2）束缚的方面

失去人性：舞蹈是一种情感的表达，过度依赖算法可能导致舞蹈失去其原有的情感深度和真实性。

创意的限制：如果完全按照算法的建议进行舞蹈创作，可能导致舞蹈变得公式化和机械化。

技术过剩：在某些情况下，过多的技术可能会分散观众的注意力，使他们更加关注技术而非舞蹈本身。

人工智能与舞蹈的结合提供了许多新的机会，但也带来了许多挑战。舞蹈家和技术专家需要密切合作，确保技术服务于艺术，而不是反过来。在这个过程中，我们也将重新定义舞蹈的意义和价值，探索舞蹈与技术之间的新边界。

2. 从人到机器：舞蹈的新定义与挑战

原始舞蹈最初就是人类情感、故事和文化的表达手段。传统上，舞蹈的创作和表演依赖于人类舞者的身体、技巧和情感。但随着技术，特别是人工智能和机器学习的发展，舞蹈的定义和界限正在发生改变。

1）新的定义

机器舞蹈：机器人和自动化系统可以被编程来执行特定的舞蹈动作。这种"舞蹈"可能更加精确和一致，但是否还保持了舞蹈的原始情感和意义是一个值得探讨的问题。

混合现实舞蹈：结合虚拟现实、增强现实和实际的舞蹈表演，创造一个沉浸式的体验，观众不是旁观者，而是参与者。

2）挑战

情感的缺失：尽管机器可以完美地模拟舞蹈动作，但它们缺乏真正的情感和人类的经验。舞蹈不仅仅是动作，还是一种情感的交流。

创意的受限：过度依赖技术可能限制了人类的创意自由，使舞蹈失去了其独特性和新颖性。

技术的依赖：舞蹈的美学和技巧可能会因过度依赖技术而受到妥协。原本需要多年训练和技巧的动作，现在可以通过技术轻松实现，这是否减少了对舞蹈家的尊重和赞赏？

观众的角色变化：当观众从旁观者变成参与者，或者当舞蹈从现实转移到虚拟空间，观众的期望和体验可能会发生改变。

尽管技术为舞蹈带来了新的可能性和定义，但舞蹈的核心仍然是人类情感和故事的表达。技术可以作为一个工具，帮助舞蹈家创作和表演，但它不能替代人类的情感和创意。为了保持舞蹈的真实性和意义，舞蹈家、技术专家和观众都需要重新思考并定义舞蹈在这个数字化时代的角色和价值。

16.3 跨学科的科技与艺术的融合

16.3.1 生物艺术与科技：从基因到艺术品

1. DNA 数据的视觉表现：技术与生命的碰撞

1）生物技术与艺术的交汇点

在现代科技的驱动下，生物技术和艺术之间的界限正在逐渐模糊。艺术家们正在利用最前沿的生物技术，如基因编辑、细胞培养和生物打印，将 DNA 数据转化为创意和艺术表达。

2）DNA 数据的艺术呈现

可视化：通过将 DNA 序列转化为彩色的图形或 3D 结构，艺术家能够创造出独特的视觉体验。这不仅可以帮助人们更好地理解复杂的遗传信息，而且还为观众提供了一种全

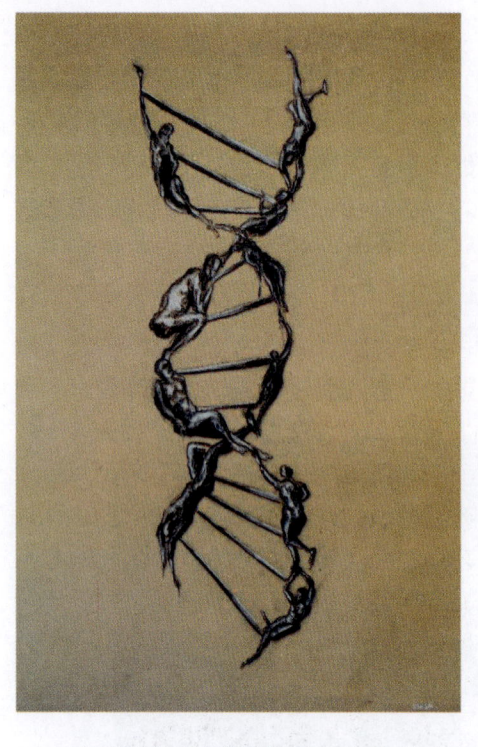

新的艺术体验。

声音艺术：一些艺术家将 DNA 序列转化为音乐和声音，每个碱基（例如腺苷、鸟嘌呤、胞嘧啶和胸腺嘧啶）都被赋予特定的音调或节奏。

实体艺术品：使用生物打印和细胞培养技术，艺术家可以根据 DNA 数据制造出实体的生物艺术品，这些艺术品可能是活的、可以成长的，甚至有可能与观众互动。

3）技术与生命的交融

探索与挑战：利用 DNA 数据进行艺术创作带来了一系列的伦理和哲学问题。例如，当艺术家修改或创建生命时，他们是否拥有对这些生命的所有权？这种艺术是否还保持了其原始的生命意义？

生命的重新定义：在生物技术与艺术的融合中，生命本身的定义也在发生变化。它不再仅仅是生物学上的定义，而是包含了创意、文化和社会的多重维度。

随着科技的不断发展，生物艺术正在打破传统的创作边界，为艺术家和观众提供了一种全新的方式来探索和体验生命的奥妙。这种交融不仅展示了技术和艺术的无限可能性，而且也促使我们重新思考生命、艺术和技术之间的关系。

2. 生命本身作为艺术：技术与道德的交汇点

1）生命的艺术化

当我们将生命本身视为一种艺术形式，它超越了纯粹的科学和生物学，进入了一种哲学和审美的领域。在技术的辅助下，生物艺术家可以修改、设计或创造生命，从而赋予其新的形式和含义。

2）技术的使命与挑战

创造与设计：现代技术如基因编辑和生物打印允许艺术家设计和创造新的生命形式，无论是微观的细胞结构还是宏观的生物体。

生命的持续性：技术还能够维持和延长生命，使其成为一个持续的艺术项目。例如，细胞培养技术可以使细胞保持生命，并在特定的条件下生长和繁殖。

3）道德的边界

创造与干预：当我们开始设计和创造生命时，我们不得不面对一系列的道德和伦理问题。在何种程度上对生命进行干预是可以接受的？我们是否有权利修改或创造生命？

权利与责任：当生命成为艺术品时，它的所有权和责任又该如何界定？艺术家是否对其创造的生命体负有持续的责任？

价值与意义：生命的价值是否因其作为艺术品而改变？艺术化的生命是否与其他生命有同等的价值和权利？

将生命视为艺术是一种既令人兴奋又充满挑战的前沿探索。在技术的推动下，生命的艺术化为我们提供了一种全新的方式来理解和欣赏生命的复杂性和美学。然而，这也为我们带来了一系列的道德和伦理挑战，需要我们在追求创新的同时，仔细考虑和权衡生命的真正价值和意义。

16.3.2　环境艺术与可持续技术：为地球创作

1. 艺术与环境保护的结合：技术的力量

1）环境艺术的出现

环境艺术（也称地艺或生态艺术）是一个相对较新的艺术运动，它关心的是环境和地球的持续性。这种艺术形式强调与自然界的互动和对其的尊重，并借助各种媒体和技术来传达其信息。

2）技术的作用

数据可视化：借助先进的传感器和数据分析工具，艺术家可以收集关于气候变化、环境污染或物种灭绝的数据，并将这些数据转化为触动人心的视觉艺术作品，让更多的人意识到环境问题的严重性。

生态工程：如生物降解材料、太阳能和风能技术等技术，都可以被纳入艺术作品中，不仅呈现美学，同时也传达可持续发展的信息。

VR 与 AR 技术：通过这些技术，观众可以身临其境地体验被污染的地区或受威胁的生态系统，从而加深他们对环境问题的理解。

3）创意与环境的结合

环境艺术家经常与科学家、工程师和社区合作，以寻找解决环境问题的创新方法。例如，使用艺术来改善城市的生态系统、创作可持续的公共艺术作品或通过艺术提高公众对环境问题的关注。

在技术的推动下，艺术与环境保护的结合为我们提供了一种新的方式来看待和应对全球的生态危机。通过这种结合，艺术不仅仅是为了审美，更是为了地球的未来和我们的生存环境。

2. 从创意到行动：艺术与技术的环保响应

1）艺术作为启示和激励

环境艺术经常采用引人注目的方式来突出显示全球性的问题，从气候变化到物种灭绝。这种表达形式的目标是触动观众的情感，使他们受到启发并采取行动。

2）技术作为工具

数据收集：现代技术允许我们以前所未有的方式收集数据。无人机、卫星图像和遥感设备可以为艺术家提供关于受损环境的详细信息。

互动性：通过 AR 和 VR 技术，艺术家可以创建互动的展览，使观众能够直接与作品互动，增强其对环境问题的认识。

可持续材料：科技进步使我们能够开发出更加环保、可快速降解的材料，这为艺术创作提供了更多的选择。

3）实践与应用

许多环境艺术家正努力将他们的艺术融入实际的环保行动。例如，他们可能会与当地社区合作，利用艺术项目进行城市绿化，或者与环保组织合作，利用艺术作品为某一环保事业筹款。

4）技术的影响力

通过技术，艺术家的作品能够触及更广泛的受众，无论是通过社交媒体、数字展览还是在线工作坊，技术都为环保信息的传播提供了更大的平台。

从创意到行动，艺术和技术都在为解决我们面临的环境问题做出积极的响应。通过这种结合，我们不仅可以提高公众对这些问题的认识，还可以鼓励他们参与进来，共同为保护我们的地球采取行动。

16.3.3 宇宙艺术与天文技术：探索宇宙的创意之旅

1. 宇宙的视觉表达：技术与宇宙的对话

1）深空摄影与宇宙的美学

随着天文技术的不断进步，我们得以观察到宇宙中令人震撼的美景。深空摄影，尤其是哈勃太空望远镜捕捉到的图像，为艺术家提供了无尽的灵感来源。这些图像展现了如猎户座星云中恒星的诞生、螺旋星系的结构以及行星状星云的形成过程，以其不可思议的色彩和形态吸引着我们。

2）数字技术与宇宙艺术

利用现代计算机技术，艺术家能够模拟宇宙的各种现象，从黑洞到超新星爆炸，从而创作出令人叹为观止的数字艺术作品。这些作品不仅展示了宇宙的奥秘，还展现了科学与艺术之间的融合。

3）虚拟现实与宇宙探索

虚拟现实技术使观众得以亲身体验宇宙的奇观。这种沉浸式体验可以带领观众走进遥远的星系、探索宇宙的边界，甚至感受黑洞的强大引力。

4）艺术与科学的结合

宇宙艺术不仅是视觉的表达，它还是科学的传播。许多艺术家与天文学家合作，以确保他们的作品既有艺术价值，又有科学准确性。

宇宙艺术与天文技术的结合为我们打开了一个探索宇宙的创意之窗。技术使我们得以接触到宇宙的奥秘，而艺术则使我们得以以全新的方式体验宇宙的壮丽。

2. 艺术与科学：共同探索宇宙的奥秘

1）宇宙的描绘

科学为我们提供了对宇宙的理解，而艺术则为我们提供了感知宇宙的方式。宇宙的巨大、复杂和神秘性使其成为科学家和艺术家共同的探索目标。

2）科学的精确性与艺术的解读

天文学家用仪器和数学模型捕捉宇宙的真实景象，而艺术家则使用颜色、形状和音乐等手段将这些景象转化为情感和感知的体验。艺术家的创作经常基于科学的发现，而科学家则从艺术中获得灵感和新的视角。

3）跨学科合作的崛起

现代艺术与科学的合作越来越普遍。天文学家与视觉艺术家、音乐家甚至舞蹈家合作，共同为公众呈现宇宙的奥秘。例如，通过将深空图像与音乐相结合，可以为观众创造出沉浸式的宇宙体验。

4）教育与公众参与

艺术与科学的结合不仅仅是为了创作，它还是一种强大的教育工具。宇宙艺术项目吸引了广大公众，使他们对天文学产生兴趣，并提高了科学知识的普及率。

5）未来的探索

随着科学与技术的发展，我们对宇宙的了解将更加深入。艺术家会继续与科学家合作，用新的方式表达这些知识，从而进一步推动公众对宇宙的认知与欣赏。

艺术与科学在探索宇宙的奥秘方面是互补的。两者的结合为我们提供了一个既富有知识又充满情感的宇宙体验，使我们得以更加深入地理解和欣赏这个浩渺无垠的宇宙。

16.4 思考题和课程论文研究方向

思考题：
1. 如何理解"从受众到参与者"在虚拟现实艺术中的转变？
2. 3D 打印技术如何为雕塑艺术创造新的可能性？
3. 虚拟音乐体验与传统音乐会有何不同？
4. AI 在艺术创作中的角色是如何从工具逐渐转化为创作者的？
5. 人工智能在电影制作中如何参与叙事，并可能引发哪些艺术上的冲突？
6. 如何看待算法参与舞蹈设计和编排的趋势？
7. 在生物艺术中，技术与生命、道德之间的界限如何定义？
8. 艺术与环境保护如何结合，使得技术成为地球的守护者？
9. 宇宙艺术与天文技术结合可以为人类带来哪些新的认知？

课程论文研究方向：
1. 虚拟现实与艺术的结合：研究虚拟现实技术如何为艺术创作提供新的维度和体验。
2. AI 与艺术的交汇：深入研究 AI 如何参与艺术创作，以及这种参与对艺术的本质和定义有何影响。
3. 跨学科的科技艺术融合：探讨如何将不同学科的技术与艺术结合，创造新的艺术形式。
4. 宇宙艺术与探索：分析技术如何帮助艺术家表达对宇宙的理解，以及这种表达如何与科学探索相结合。
5. 环境保护与艺术的结合：研究如何将艺术与环境保护结合，创造有利于地球可持续发展的艺术作品。
6. 生物艺术与伦理考量：探讨在生物艺术创作中，技术与生命、道德之间的界限和挑战。

结　　语

科技与人文：创新之源与导向

在这个技术高速进步的时代，每一个人都身处其中，受益于其带来的便利和机会。然而，真正的创新并不仅仅是新技术的产生，它还需要与文学、历史、哲学和艺术等人文领域结合。

人文科技：文学的力量

在数字化时代，文学作为人类精神的一部分，为我们提供了一个理解自己和外部世界的方式。技术为文学创作、传播和保存提供了前所未有的机会。大学生应该学会如何运用技术去挖掘文学中深层的人文价值，并以此作为灵感源泉，推动创新。

回顾与前瞻：历史的智慧

历史是人类经验的宝库。它为我们提供了关于技术如何影响社会、文化和个人的深入理解。在这个快速变化的时代，大学生需要结合历史的教训，去预见和应对技术带来的各种挑战和机遇。

哲学与科技：思考的边界

在技术的浪潮中，哲学为我们提供了一个停下来思考的空间：我们为什么这样做？我们应该怎样做？大学生应该学会用哲学的方法来质疑、思考和引导技术的发展，确保它服务于人类的真正需要。

艺术与科技：创意的双翼

艺术与技术是创意的双翼。一方面，艺术为技术提供了新的表达方式和创意灵感；另一方面，技术为艺术开创了新的媒介和可能性。大学生需要学会如何在这两者之间找到平衡，并以此为基础进行真正的创新。

因此，科技与人文不是孤立的，它们相互补充，相互推动。对于大学生而言，这种结合为其提供了一个更加全面、深入的学习和思考平台，也为其创新之路提供了强大的动力和指导。